경성대학교 한국한자연구소 번역총서 9

규율과 방향
: 변천 중인 음운 구조

規律與方向: 變遷中的音韻結構

規律與方向: 變遷中的音韻結構
© 1997 by He Daan (何大安)
This Korean edition is published by arrangement with
Institute of Linguistics, Academia Sinica, Taipei.
through Wuhan Loretta Media Agency Co., Ltd.& Bestun Korea Agency.
Korean Translation Copyright ⓒ 2025 by Youkrack Publishing Co., Seoul
이 책의 한국어판의 저작권은 중국의 우한 로레타 미디어 에이전시와
베스툰 코리아 에이전시를 통해 타이완 저작권자와 계약한 '도서출판 역락'에 있습니다.
저작권법에 의해 한국 내에서 보호를 받는 저작물이므로
무단전재나 복제, 광전자 매체 수록 등을 금합니다.

경성대학교 한국한자연구소 번역총서 ❾

규율과 방향
: 변천 중인 음운 구조

規律與方向: 變遷中的音韻結構

허다안(何大安) 지음
신세리·김기원 옮김

역락

감사의 말

이 작은 책이 무사히 완성될 수 있었던 것은 우선 「인용서목(引用書目)」에 이름을 올려주신 여러 선생님들 덕분이다. 그분들의 노고와 공헌 덕분에 이 책은 자료 수집과 논의에서 가장 근본적인 근거를 가질 수 있었다.

다음으로는 나의 네 분 스승님, 즉 딩방신(丁邦新) 선생님, 리런구이(李壬癸) 선생님, 룽즈춘(龍宇純) 선생님, 그리고 장이런(張以仁) 선생님께 감사드린다. 오랜 세월 동안 가르침과 영감을 주신 데 대해 감사드리며, 특히 학생을 향한 인내와 관용에 깊이 감사드린다. 그 덕분에 공무와 강의 부담을 덜고 학문에 전념할 수 있었다.

또한 나를 도와주신 여러 스승과 벗들에게 감사드린다. 그들의 이름은 영원히 잊지 않을 것이다. 앞서 언급한 네 분 스승님 이외에도, 다음과 같은 분들께 감사의 뜻을 전한다.

리팡구이(李方桂) 선생님, 양스펑(楊時逢) 선생님, 저우즈판(周子範, 法高) 선생님, 장츠야오(張次瑤, 琨) 선생님, 왕스위안(王士元) 선생님, 챠오번완타이랑(橋本萬太郎) 선생님, 메이주린(梅祖麟) 선생님, 궁황청(龔煌城) 선생님, 장위훙(張裕宏) 선생님, 로랑 사가르(Laurent Sagart) 선생님, 커칭밍(柯慶明) 선생님, 장광위(張光宇, 賢豹) 선생님, 정치우위

(鄭秋豫) 선생님, 양슈팡(楊秀芳) 선생님, 린잉진(林英津) 선생님, 웨이페이취안(魏培泉) 선생님, 쑨톈신(孫天心) 선생님, 우디에빈(吳疊彬) 선생님, 린칭위안(林淸源) 선생님.

이분들은 책의 여러 장에 걸쳐 교정과 조언을 해주셨으며, 특히 딩방신 스승님과 장위훙 선생님께서는 전반적인 내용을 세심히 검토해 주셨다. 또한 장츠야오 선생님은 귀한 자료를 여러 차례 인쇄해 보내 주셨을 뿐만 아니라, 자주 서적을 보내 격려해 주셨다. 이분들이 후학을 향한 엄격한 지도와 격려를 보내주신 것에 대해 특히 깊이 감사드린다.

이 책의 일부 내용은 과거에 단편적인 형태로 발표된 바 있다. 발표된 매체로는 《중앙연구원 역사언어연구소 집간(中央研究院歷史語言研究所集刊)》, 《한학연구(漢學研究)》, 《제2회 국제한학회의 논문집(第二屆國際漢學會議論文集)》, 《왕징즈 선생 칠십 수경 논문집(王靜芝先生七十壽慶論文集)》 등이 있다. 이제 이 단편들을 책 속에 녹여내면서 형식과 내용이 과거와 다소 달라졌으나, 이를 발표할 기회를 주신 출판기관에도 감사를 표한다. 그 덕분에 미리 여러 선생님들의 의견을 들을 수 있었으며, 그 과정에서 많은 오류를 줄일 수 있었다.

허다안(何大安) 삼가 씀
民國 77년(1988년) 3월 7일

역자 서문

『규율과 방향: 변천 중인 음운 구조』는 중국어 방언 간 접촉을 중심으로 음운 구조의 변천 과정을 탐구한 허다안(何大安) 선생의 대표 저작이다. "언어는 끊임없이 변화하는 구조"라는 명제를 바탕으로, 방대한 실증 자료와 이론적 고찰을 통해 언어 내부의 구조가 어떻게 변화하고, 그 변화가 일정한 규칙성과 방향성을 지니는지를 입체적으로 분석하고 있다.

허다안 선생은 중국 성운학과 방언 음운사 연구에서 폭넓은 시야와 정밀한 분석으로 널리 알려진 학자이다. 특히 그는 구조 변화의 내적 원리를 설명하는 데 있어 이론적 추상과 자료 해석 사이의 균형을 유지하면서, 음운 변화의 실제 양상을 정교하게 드러낸다. 이 책은 그러한 학문적 성과를 집대성한 저작이자, 한국어권 독자들에게 중국 음운사의 이론적 방법론 및 실증적 분석을 제공한다.

이 책은 총 8장으로 구성되어 있다. 제1장은 개념적 기초를, 제8장은 전체 내용을 정리한다. 제2~4장은 음운 구조 변화의 이론적 측면(규율의 성격과 변천의 방향, 구조 조정)을 다루며, 제5~7장은 방언 접촉이 실제 구조 변화로 이어지는 구체적 사례를 분석한다. 용싱(永興) 방언, 깐(贛) 방언, 그리고 중국 남서부 지역의 음운 확산 현상 등을 통해, 규칙이 어떻게 생성·전파·변형되는지를 살펴볼 수 있다.

번역 과정에서는 저자의 문제의식을 최대한 충실히 전달하고자 노력하였다. 이 책이 한국어권 독자들에게 언어 변화의 규칙성과 복잡성을 이해하는 데 도움을 주는 동시에, 방언학과 음운사 연구의 넓은 지평을 여는 데 작은 디딤돌이 되기를 바란다.

2025년 봄

차례

감사의 말   4
역자 서문   6

1장   개념과 구조   11
제1절 변화하는 구조   13
제2절 연구 목적   21
제3절 기본 접근 방식   23
제4절 논제(論題)의 선택   31
제5절 각 장의 간단한 소개   33

2장   규율에 대한 몇 가지 성찰   37
제1절 규율의 의미   39
제2절 규율의 형식   43
제3절 규율과 변천의 단계성   46
제4절 규율과 구조적 특징   53

3장   특수한 변화 방향   67
제1절 회귀적 변화   69
제2절 규율 역전   73
제3절 유추적 변화(比附演變)   93

4장	**구조 조정**	105
	제1절 재평가	107
	제2절 비평행적 변화	111
	제3절 무중생유(無中生有)	115
	제4절 음운 타협(音韻妥協)	121

5장	**방언 접촉: 용싱(永興) 방언의 유기유성성모에 대한 고찰**	129
	제1절 두 세트로 대립되는 유성성모	131
	제2절 유기유성성모의 음운 조합 특징	134
	제3절 유기유성성모의 형성	136
	제4절 주가오(竹篙) 방언의 사례	146
	제5절 유성음의 무성음화 과정	151

6장	**방언의 역사: 깐방언(贛方言)**	155
	제1절 특징 없는 방언	157
	제2절 원시 깐어(贛語)의 특징	162
	제3절 깐방언과 커방언의 관계	167
	제4절 깐방언의 발전	173
	제5절 논의가 필요한 문제	181

7장	**규율 영향면 연구: X/F의 서남**	199
	제1절 문제의 범주	201
	제2절 네 가지 유형의 지리적 분포	206
	제3절 RA	210
	제4절 RB	217
	제5절 RC	225
	제6절 RD	228

제7절 규율 요약 229
제8절 쯔중(資中)과 린샹(臨湘) 232
제9절 규율의 동태적(動態的) 측면 238

8장   요약   249

참고문헌 255
용어 264
색인 267

개념과 구조

1장
개념과 구조

제1절 변화하는 구조

　이 책은 중국어 방언을 소재로, 방언 접촉의 관점에서 음운 변천에 관해 저술한 것이다. 이 책을 관통하는 가장 중요한 기본 개념은 「언어는 끊임없이 변화하는 구조이다」라는 점이다. 이 장에서는 이 개념에 대한 여러 차원의 고찰을 설명하고, 이 개념을 바탕으로 한 연구 틀을 제시하여 후속 분석과 논의를 하고자 한다.

　현대 언어학 연구자들에게 언어가 하나의 구조라는 개념은 낯설지 않다. 왜냐하면, 소쉬르(F. de Saussure), 야콥슨(R. Jakobson), 촘스키(N. Chomsky) 모두 구조주의 언어학자로 불릴 수 있기 때문이다.[1] 이

1　(원주) 구조주의(structuralism)는 광의의 기호학(semiology)을 연구하기 위해 분석적 구조를 제안하는 방법론을 의미한다. 여기서 기호학은 언어학, 인류학, 사회학, 문학, 심리학 등 "의미"(meaning)의 표현과 해석과 관련된 학문을 포함한다. 이러한 분석적 구조는 주로 소쉬르(Saussure)와 야콥슨(Jakobson)의 언어 분석에서 영감을 얻은 것이다. 주요 분석 과정에는 다음이 포함된다: 위의 각 인문 현상을 독립적이지 않은 구조로 보고, 그 구조 안에서 대립되는 구성 요소를 분석하고, 구성 요소 간의 상호 관계와 상호 작용 과정을 확립한 후, 이 현상을 지배하는 기본 원칙을 찾아내는 것이다. 이러한 주장 아래, 소쉬르와 야콥슨 같은 구조주의 언어학자(structural linguist)는 구조주의자(structuralist)임이 분명하며, 촘스키(Chomsky)가 주도한 변형 문법 학파 역시 언어학 내에서 과학적 혁신을 가져왔음에도 불구하고 여전히 구조주의자로 볼 수 있다. 촘스키의 1960년대 파생 구문 및 변형 이론은 규칙적 형식 관계를 통해 화자의 언어 능력을 표현하려고 했으며, 방법 면에서 구조주의 언어학자들이 음소 대립과 구문 단위의 연쇄적(syntagmatic) 또는 계열적(paradigmatic) 특성으

점에 대해서는 이견이 없다.

  이 책에서 강조하고자 하는 것은 이 구조가 끊임없이 변동한다는 측면이다. 이 입장을 보다 상세히 설명하기에 앞서 「구조」라는 용어에 대해 간략히 정의하고자 한다.

  「구조」는 구조주의 언어학자들이 흔히 사용하는 개념이지만, 그 어떤 구조주의 언어학자의 교과서에서도 「구조」에 대해 명확히 정의한 예는 없다. 소쉬르(F. de Saussure, 1916), 블룸필드(L. Bloomfield, 1933), 해리스(Z. Harris, 1951), 마르티네(A. Martinet, 1960)는 「구조」에 대한 명확한 정의를 내린 적이 없다. 그들이 제시한 것은 단지 분석의 절차와 구조 목록일 뿐이다. 구조가 무엇인지에 대해서는, 아마도 그들 사이에 암묵적인 합의가 있었을 것으로 보인다. 그러나 우리는 한 개

로 언어를 공시적(synchronic)으로 묘사하는 방식과 크게 다르지 않다. 1970년대 후반부터 촘스키는 그의 보편 문법 연구에서 원칙 체계(system of principles)와 제한된 규칙(예: Move-α)을 사용하여 기존의 변형 이론을 대체하고자 했지만, 그 목적은 여전히 인간 언어나 마음의 내재적 구조(innate structure)를 표현하는 데 있었다. 그의 목표와 수단 모두에서 그는 엄연한 구조주의자이다. 이에 대해서는 P. Pettit 1975년 제1장, E. Kurzweil 1980년, J. Passmore 1985년 제2장을 참고할 수 있다. 촘스키에 대해서는 Chomsky 1968, 1975b, 1980을, 특히 Chomsky 1982a 제1장과 1982b Part I을 참고하면 그의 현재 작업에 대한 간략한 설명을 확인할 수 있다. 그러나 주의할 점은, 촘스키는 여러 곳에서 구조주의 언어학자들과의 차이를 분명히 밝혔으며, 구조주의를 지칭할 때 구조주의 언어학(structural linguistics)이라는 용어를 사용했다는 점이다. 촘스키가 지적한 차이점은 주로 구조주의 언어학이 지나치게 기계적이고, 언어 설명에서 이론적 의미와 함의를 결여하며, 설명의 효율성이 부족하다는 불만이었다(Chomsky 1979 제5장:117-118). 그러나 촘스키의 저서는 구조적 분석의 입장을 배제하지 않았으며, 그의 저서 제목 몇 개만 보더라도 이를 쉽게 이해할 수 있다. 예를 들어, *Syntactic Structures*(1957)와 *The Logical Structure of Linguistic Theory*(1975a) 등을 들 수 있다.

념을 이해하는 데 있어 서로 다른 초점을 취할 경우 결과가 크게 달라질 수 있음을 충분히 알고 있다. 그렇기에 「언어는 일종의 구조다」라는 명제를 수용하기에 앞서, 단순히 암묵적 이해에 의존할 것이 아니라, 「구조란 무엇인가?」라는 문제를 분명히 밝힐 필요가 있다.

본 책에서 구조란 다음 각 항목의 총합을 의미한다고 본다.[2] 첫째, 대상이나 현상 자체가 반드시 하나의 전체여야 한다는 점, 즉 전체성(wholeness)을 가져야 한다는 것이다. 이 전체를 구성하는 각 부분은 원천적으로 반드시 동질성을 가지지 않을 수도 있지만, 작동할 때는 이 전체의 일부로서 작용한다. 예를 들어, 많은 언어에는 외래어가 포함되어 있는데, 이러한 외래어의 출처는 다를 수 있지만 모두 차용된 언어의 문법 규율이나 사용 규율을 따르기 때문에 차용된 언어와 하나로 융합될 수 있다. 둘째, 이 전체는 다양한 구성 성분으로 추가 분석될 수 있으며, 이러한 구성 성분은 다양한 관점(dimension)에 따라 서로 결합하여 작동하는 단위를 형성하고, 이러한 단위들이 서로 결합하여 전체의 각 부분을 형성한다. 따라서 기본 구성 성분을 분석할 수 있다는 것은 구조의 필수 조건이라 할 수 있다. 분석할 수 없는 대상이라면 구조가 없다고 할 수 있다. 언어가

---

[2] (원주) 내가 구조에 대해 이해하게 된 데에는 J. 피아제(J. Piaget, 1968)로부터 얻은 영향이 가장 크다. 그의 이론에서 가장 중요한 부분은 구조 내에서의 변환(transformation)에 대한 논의라고 생각한다. 변환이 특히 두드러지는 이유는 그의 인지 발달 건설 이론(construction theory)과 깊은 연관이 있기 때문이다. 그러나 변환은 구조 내 구성 요소 간 관계의 변화도 포함하므로, 단순히 "구조"보다는 "구조 변천"으로 분류하는 것이 더 적절하다고 생각한다. 따라서 이후 논의에서 나는 그의 견해를 전적으로 따르지는 않을 것이다.

반드시 구조를 가진다는 점은 특히 명백하다. 셋째, 이 구성 성분들 사이의 다양한 관계를 지배하는 일련의 법칙 또는 규율 체계가 반드시 존재한다. 이러한 관계에는 병존, 대립, 상보, 선택, 배열, 함축, 대체 등이 포함된다. 가령 p, t, k 등의 음소가 언어의 기본 구성 성분이라면, 음절 형성 규칙, 어휘 형성 규칙, 구 규칙, 형태소 변형 규칙, 통사론 규칙과 더불어 소리 배열과 형태소, 문장 형성에서의 여러 제약이 곧 이러한 구성 성분 간의 관계를 드러내는 규칙 체계라 할 수 있다.「전체」,「구성 성분」,「관계」는 구조를 이루는 세 가지 필수 요소이다. 다시 말해, 구성 성분 간에 일정한 관계가 있는 전체만이 구조라 할 수 있다. 구조체로서의 구성 성분과 관계는 그 구조체의 두 가지 주요 기둥이며, 어느 하나도 빠져서는 안 된다.

　언어는 구성 성분이 서로 일정한 관계를 맺으면서도 끊임없이 변동하는 구조체이다. 우리가 언어의 구조성을 이해하게 된 것은 비록 한 시점에서의 단면을 통해 관찰한 결과이지만, 언어는 변화 과정에서 개혁이나 전환이 일어나더라도 여전히 자립적인 존재로 유지된다. 이때「고정된 단면」은 관찰을 편리하게 하기 위해 설정한 것이며, 결국 관찰의 초점은 끊임없이 대사(代謝)하는 하나의 생명체로서의 언어 그 자체로 돌아가야 한다. 언어 현상의 기본 속성 중 하나는 끊임없는 변화이며, 이러한 변화는 언어 구조를 이루는 구성 성분과 그 관계 양 측면에서 일어난다. 결국 구성 성분이 변하거나 두 요소 간의 관계가 달라짐에 따라 언어 구조성도 변화하게 된다.「언어는 끊임없이 변동하는 구조」라는 개념은 바로 이러한 관점에서 비롯된 것이다.

그림1은 이 개념의 설명도이다. t1과 t2는 서로 다른 시점을 나타내고, A와 B는 어떤 언어가 t1과 t2 시점에서 절단된 단면을 의미한다. 이 단면은 언어의 구성 성분인 a, b, c와 구성 성분 관계를 나타내는 규율 체계인 x, y, z로 이루어져 있다. A에서 B로 가는 동안 언어의 구성 성분과 관계가 변할 수 있으며, 이러한 변화를 표현하는 진화 규율은 R1, R2, R3 ······으로 표현한다. 실선은 변하기 전을, 점선은 변한 후를 나타낸다.

이 책에서는 규칙(規則)과 변화 규율(演變規律)을 서로 다른 개념으로 구분하여 사용한다. 규칙은 하나의 언어가 지닌 공시적 구조(synchronic structure) 내에서 음운, 형태론, 통사론에 대한 다양한 규정을 의미하며, 여기에는 문장 변형과 형태소 변형 등이 포함된다. 반면 변화 규율은 언어 간 또는 한 언어의 통시적(diachronic) 변화 과정을 가리킨다. 구성 성분의 변화이든, 관계의 변화이든 모든 변화는 그 형식적 표현 방식을 통해 변화 규율로 나타난다.[3]

---

3 (원주) 규칙(規則)과 음운 변화 규율(演變規律)은 형식적으로 일부 동일한 표현을 가지는데, 곧 A>B 또는 A>B/_C와 같은 형태가 그것이다. 이하에서는 음운 변화 규율을 간단히 '규율(規律)'이라 부르겠다. 이 책은 오로지 변화 규율만을 다루고, 규칙은 다루지 않으므로, 이 둘이 혼동될 일은 없을 것이다. 만약 나중에 두 가지를 동시에 언급해야 할 상황이 온다면, 각각을 따로 명시하기만 하면 오해가 생기지 않을 것이다. 더불어 일부 공시적(共時的) 구조의 형태소 변형 규칙이, 사실은 통시적으로 '존고(存古)'나 '창신(創新)'의 변화를 반영하고 있을 수도 있는데(何大安 1984 참조), 논의 편의를 위해 이를 규칙 혹은 규율로 볼 수도 있다. 또한 규칙 체계와 규율 체계의 서술 방식(表述法) 역시 서로 다를 수 있다. 전자(규칙 체계)의 예로는 여러 제약(constraint)과 변환 규칙(transformation rule) 등을 들 수 있고, 후자(규율 체계)의 예로

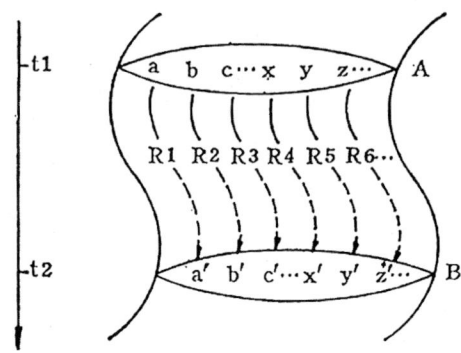

그림1 변동의 구조

    나아가, 언어의 구조적 변화는 일반적으로 두 가지 상황에서 발생한다. 첫 번째는 언어 내부의 분화이다. 분화의 원인은 매우 다양하다. 인구 이동으로 인한 지리적 격리나 사회적 분화, 다른 계층, 연령 집단, 성별 차이, 결혼 관계 등으로 인해 동일한 언어 공동체 내에서 언어적 변이를 야기한다. 두 번째는 외부적 요인, 즉 언어 간 또는 방언 간의 접촉이다. 언어 또는 방언 간의 차이가 클수록, 그리고 접촉 기간이 길수록, 그로 인한 구조적 변화는 더욱 두드러지게 나타난다. 따라서 언어 구조의 변화를 연구하려면 내부적 분화와 외부적 접촉, 이 두 가지를 동시에 고려해야 한다.
    그림2와 그림3은 분화와 접촉의 설명도이다. 범례는 그림1과 같다.

는 '영향 규율(影響規律)'(제2장 제2절 참조) 등이 있다.

1장
개념과 구조

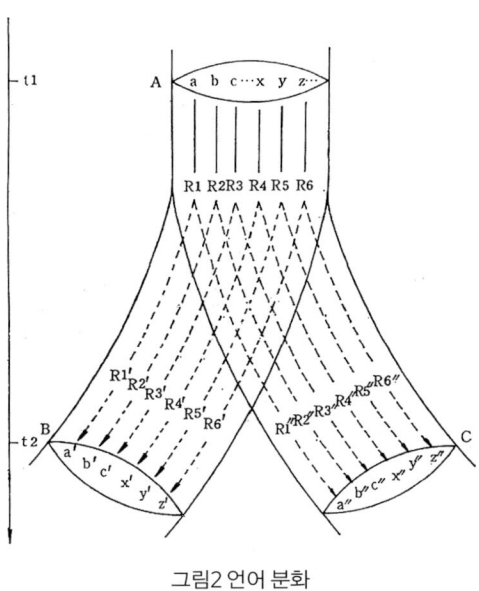

그림2 언어 분화

그림2는 언어 A가 방언 B와 C로 분화되는 과정을 보여준다. 이 분화는 서로 다른 규율을 적용한 결과이다. 규율의 차이가 클수록 방언 간의 거리가 커지게 된다. 물론, R1'/R1", R2'/R2", R3'/R3"과 같이 짝을 이루는 규율 간에 반드시 동시에 적용되는 것은 아니며, 반드시 일정한 선후 관계가 있는 것도 아니다. 실제 상황에서는 일부 규율은 선후 관계와 무관하게 적용될 수 있지만, 다른 규율은 일정한 순서가 요구되는 경우도 있다.

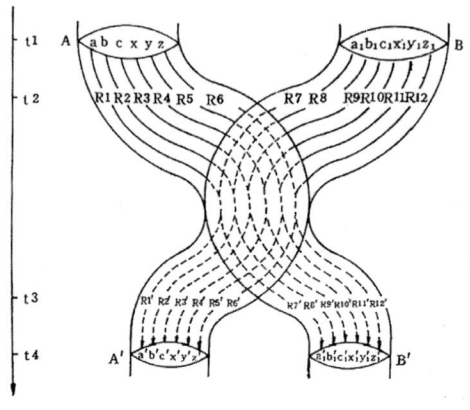

그림3 언어 접촉

그림3은 A와 B 두 언어 또는 두 방언이 접촉으로 인해 각각 A'와 B'로 변화하는 상황을 보여준다. 원래 A와 B는 각각 R1-R6, R7-R12 으로 발전하지만, 두 언어가 t2와 t3 사이에서 접촉하면 구조적으로 유사하거나 가까운 부분에서 상호 영향을 주고받아 새로운 변화를 일으키게 된다(R1'-R6', R7'-R12'). 이때 영향의 정도가 작을수록 변화도 작고, 영향이 클수록 변화 역시 커진다. 접촉의 결과로 A'와 B' 간의 차이는 A와 B 간의 차이보다 줄어들게 된다. 극단적인 경우, 두 언어가 완전히 하나로 합쳐지는 현상이 나타날 수 있는데, 이는 그림4에서 설명된다. 두 언어나 방언 간의 구조적 차이를 측정할 수 있다고 가정하면, 그 값을 D로 표시할 수 있다. 그리고 A와 B가 계속해서 접촉을 유지한다면, 시간이 지남에 따라 구조적 차이 D는 점차 0에 가까워져, 마침내 새로운 언어나 방언 N으로 융합될 수 있다.

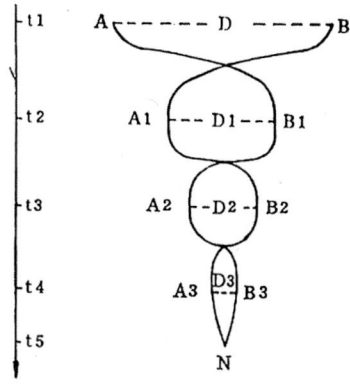

그림4 언어의 접촉과 융합

그림2, 3, 4는 언어 변천의 이상적인 모델로, 연구의 편의를 위해 설정된 것이다. 일반적으로 대부분의 언어는 분화와 접촉이 교차적으로 진행되면서 발전해 나간다는 점을 잘 알고 있다.

제2절 연구 목적

본격적으로 논의하기에 앞서, 우리는 왜 언어의 구조 변천을 연구해야 하는가라는 문제를 명확히 할 필요가 있다. 이 책이 실질적으로 언어 변천의 몇 가지 사례를 기록하거나 묘사하고 있을지라도, 기록이나 묘사 자체가 연구의 최종 목적은 아니다. 이 문제에 대한 답은 최소한 다음 세 가지 층위에서 찾을 수 있다.

언어 변천을 연구하는 첫 번째 목적은 언어 본질에 대한 이해를 높이는 것이다. 언어는 세로와 가로 두 면으로 나눌 수 있다. 구조주의 언어학자들은 지금까지 언어 본질에 대한 연구에서 주로 가로 단면을 분석해왔고, 세로 단면에 대한 연구는 상대적으로 적었다. 촘스키의 GB 이론에서는 통사 구조의 역사적 발전을 통해 그가 제시한 보편 어법의 원칙 체계를 탐구하거나 검토하는 연구가 거의 없다.[4] 이러한 탐구 방법론 역시 더 충실히 발전할 필요가 있다. 우리는 세로 단면의 구조 변천 연구가 언어에 대한 이해를 더욱 풍부하고 균형 있게 만들어 준다고 말할 수 있다.

19세기 이래 역사 언어학자들은 내부 재구와 비교 연구 방법을 활용하여 여러 개별 언어의 발전 역사를 구축해 왔다. 이를 통해 중요한 성과가 축적되었고, 구조 변천 연구 또한 역사 언어학과 상당 부분 겹친다. 두 연구 모두 언어 발전의 역사를 다룬다는 공통점을 가지지만, 구조 변천은 변동 중인 구조 자체에 주목하는 반면, 역사 언어학은 구체적인 언어적 특징의 변화에 더 초점을 맞춘다. 역사 언어학이 다양한 언어 변화 사례를 제공한다면, 구조 변천 연구는 이러한 역사적 설명에 구조적 고려를 보완하여 함께 이해할 수 있게

---

4 (원주) D. Lightfoot(1979)는 파생 변환 학파(衍生變換學派)에서 역사 구문론을 다룬 저작 중 가장 뛰어난 책으로 꼽힌다. 통사론 변천(句法變遷) 연구에 있어 이 책은 많은 예시를 제시하고, 여러 유용한 원칙도 함께 제안한다. 그러나 기본적으로는 여전히 초기의 EST(Extended Standard Theory) 틀을 채택하고 있으며, GB(Government and Binding) 이론을 따르지는 않는다. 이와 유사한 다른 저작도 많지 않다. 결론적으로 볼 때, 촘스키 학파가 언어의 본질 혹은 보편적 원리에 대해 살피는 방향은 대체로 횡적 접근이라고 할 수 있다.

만든다. 따라서 두 분야는 상호 의존 관계에 있으며, 서로의 이해를 넓히는 데 기여한다. 이것이 곧 구조 변천 연구의 두 번째 목표이다.

마지막으로, 필자는 언어가 하나의 인문적 표현이라고 생각한다. 언어는 사회·경제·문화·역사 등 다른 인문 현상들과 마찬가지로 끊임없이 구조적인 변화를 겪는다. 따라서 언어의 변천을 연구한다는 것은 단순히 좁은 의미의 언어학 연구에 그치는 것이 아니라, 인류 문명의 발전 과정에 대한 관심과도 밀접하게 연결되어 있다. 언어는 사회나 경제처럼, 우리가 인문적 성취를 이해하는 하나의 관점이자 척도이다. 그리고 언어 변천에 대한 연구는 사회 변천이나 문화 변천에 대한 연구와 마찬가지로, 구조적 변화를 관찰함으로써 더 넓은 범위의 인문 현상이 어떤 방식으로 변모해 왔는지를 파악하고자 하는 데에 그 적극적인 목적이 있다.

제3절 기본 접근 방식

언어의 구조 변천을 연구하는 데에는 여러 가지 접근 방식이 있다. 예컨대 특정 언어나 방언에 초점을 맞추어, 일정 시기에 걸쳐 그 언어나 방언이 겪은 구조적 변화를 관찰할 수 있다. 이는 언어사 또는 방언사 연구의 가장 흔한 접근 방식으로, 이 분야의 연구 저작은 무수히 많으며 발생학적 연구법이라고도 불린다. 본서의 제6장은 이러한 방언사 연구의 한 사례를 다루고 있다.

두 번째 접근 방식은 구조 변천의 규율 자체에 초점을 맞추어 특정 규율이 인접한 언어나 방언 간에 어떻게 이동하는지를 관찰하는 것이다. 이러한 관찰의 목적은 두 가지이다. 첫째, 동일한 변천 규율이 언어나 방언 사이에서 어떻게 다르게 표현되는지를 통해 그 규율의 다양한 발전 단계나 논리적 순서를 밝혀내어 규율 간의 내적 질서를 이해하려는 것이다.[5] 둘째, 서로 다른 언어나 방언이 동일한 규율에 어떻게 반응하는지 파악할 수 있다. 특히 원래 구조적 차이가 큰 방언이나 언어의 반응이 다를 경우 이를 통해 해당 언어나 방언의 구조적 특성을 더 깊이 이해할 수 있다. 본서의 제7장은 이러한 규율의 영향을 탐구한 사례로, 규율의 역사에 대한 한 시도를 담고 있다.

세 번째 연구 방법은 언어 보편성(linguistic universal)을 탐구하는 접근 방식이다. 서로 다른 언어나 방언에서 유사한 성격을 지닌 변천 규율을 비교하여 그중 동일한 부분을 공통 요소로 추출하고, 차이점은 후에 개별적으로 추가된 특수 요소로 본다. 이러한 공통 요소는 인간 언어의 보편 문법에 포함되어 언어 본능의 일부가 되며, 특수 요소는 특정 언어나 방언이 특정 매개변수(parameter)를 달리 선택한 결과이다. 이 책에서는 이러한 문제를 별도의 장으로 다루지 않으므로 간단한 예를 들어 설명하고자 한다.

---

5   (원주) 논리적 선후는 발생 시간의 선후와 동일하지 않다. 이 부분에 대한 논의와 예시는 제2장 제1절을 참고.

구개음화(顎化)는 여러 언어에서 공통적으로 관찰되는 변화이다.[6] 근대 중국어 관화의 발전사에서 설근음성모(舌根音聲母, k, kh, x)가 설첨 파찰음(舌尖塞擦音) 및 마찰음(擦音, ts, tsh, s)은 모음(元音)과 개음(介音) i 앞에서 차례로 구개음화가 발생한다. 설근음의 구개음화가 먼저 일어나고, 설첨음의 구개음화가 뒤따른다.[7] 즉, (1) a와 (1) b와 같다.

(1) a. k, kh, x > tś, tśh, ś / _i
    b. ts, tsh, s > tś, tśh, ś / _i

여기서 (1) a가 (1) b보다 먼저 일어난다.

인도유럽어 학자들(W. Lehmann, 1955)의 연구에 따르면, 인도유럽어의 자음은 파열음 부분에서 주로 네 가지로 구분된다. 순음(脣音) p, b, bh, 설첨음(舌尖音) t, d, dh, 설근음(舌根音) k, g, gh, 그리고 원순 설근음(圓脣舌根音) k^w, g^w, g^wh이다. 이 중 설근음과 원순 설근음은 역사적으로 두 번의 중요한 구개음화 과정을 겪었다.[8] 첫 번째 구개

---

6 (원주) D.N.S. Bhat(1978)은 발음 생리학적 관점에서 다양한 언어의 구개음화 현상의 일반적 특징을 연구한 바 있다. Bhat의 논점은 공시적이고 음성적인 관점에서 이루어졌으며, 본서가 강조하는 구조 변천과는 큰 차이가 있다.

7 (원주) 관화(官話)에서 구개음화가 발생한 순서에 대해서는 본서 제2장 제3절에서 더 자세히 논의한다. 應裕康, 1972: 490-494, 鄭錦全, 1980, 何大安, 1985 참조.

8 (원주) 아래는 인도유럽어에서 발생한 구개음화의 역사에 대한 설명으로, Burrow(1973: 73-74, 77-78)와 Anderson(1973: 51-54)에서 인용한 내용을 바탕으로 한다. 실제로 인도유럽어에는 또 한 번 중요한 구개음화가 있었으며, 이는 로망스(Romance) 여러 언어의 변천 과정에서 발생한 것이다. 그러나 본 절에서는 간결함을 유지하기 위해 이에 대한 구체적인 인용은 생략한다. Anderson(1973: 141-148) 참조.

음화에서 설근음은 설면음(舌面音)이 되었고, 원순 설근음은 원순 성분을 잃고 일반 설근음이 되어 구개음화된 설근음의 빈자리를 채웠다. 이러한 구개음화는 인도유럽어족에서 잘 알려진 centum 언어(게르만어, 이탈로-켈트어, 그리스어, 토카리아어 등)와 satem 언어(발트-슬라브어, 인도이란어, 알바니아어 등)[9]의 구분을 만들어냈다. satem 언어는 이러한 구개음화를 겪은 언어이다. 두 번째 구개음화는 원순 성분을 잃은 설근음이 다시 구개음화하여 설면음이 되게 하는 과정이었다. 이 변화는 satem 언어 중에서 인도이란어와 발트-슬라브어를 더욱 구분 지었다. 인도이란어는 두 번째 구개음화를 겪은 언어이다. 이 두 번의 구개음화는 모두 설근음에서 일어났고, 구개음화 조건은 전설 모음 i, e였다. 이는 역사적으로 다른 시기의 변화가 동일한 규율을 따른다는 것을 의미하며, 이는 (2)와 같다.

(2) k, g, gh > č, g', gh/_i,e

다음으로 알타이어의 상황을 살펴보자.[10] 고(古)알타이어의 자음은 네 가지 조음 위치로 구분된다.[11] 순음 p·b·m, 설첨음 t·d·n·s·l₁·l₂·r₁·r₂, 설면음 č·j·ś, 그리고 설근음 k·g·ŋ이다. 이 가운데 설첨음은 몽골어와

---

9   (역주) 원서에는 Satam으로 되어있으나, Satem이 맞는 말이다.

10 (원주) 알타이어 관련 논의는 Poppe(1965: 197-199)의 내용을 바탕으로 한다.

11 (원주) 그중 설근음(舌根音)은 자음 조화의 영향으로 설근음과 구개수음(Uvular consonant 중국어: 小舌音)의 두 그룹으로 나뉜다. 설근음은 전설 모음(前元音)과 결합하며, 소수음은 후설 모음(後元音)과 결합한다.

만주어의 초기 단계에서 모두 구개음화를 겪었는데, 구개음화의 조건은 의 i 및 ĭ에서 유래한 전고모음 i 앞이었으니, 이를 (3)으로 요약할 수 있다.

(3) t, d, s > č, j, ś / _i

(1), (2), (3)은 각각 중국어, 인도유럽어, 알타이어에서 나타나는 구개음화의 세 가지 유형을 가리킨다. 구개음화가 인류 언어의 보편적 현상인 만큼, 이 세 유형을 비교함으로써 우리는 비록 초기적인 가설 수준이라 하더라도 구개음화라는 현상에 대한 원칙적 이해를 제시할 수 있을 것이다. 이러한 이해는 음성적 관점에만 머물러서는 안 된다. 구개음화의 결과로 음운들이 합쳐지거나 구조 관계가 달라질 수 있으므로, 구조 자체에 주목해야 한다. 이와 관련하여 우리는 여러 관점에서 의견을 제시할 수 있다. (1), (2), (3)의 음운적 특징에서 공통점을 도출해 내고, 이를 바탕으로 이 세 가지 유형을 모두 포괄할 수 있는 (4)와 같은 규칙을 제안해 볼 수도 있다.

(4) [-고위(高位)] > [+고위] /_ [+설면 앞]

[-고위] ([-high])는 경구개 앞의 설첨음과 경구개 뒤의 설근음을 포함한다. [+고위] ([+high])는 경구개에 닿는 설면음으로 구개음화된 음을 가리킨다. [+설면 앞] ([+front])은 i, e와 같은 모음을 포함한

다. 이처럼 (4)는 구개음화의 보편 규칙(universal rule)이라 할 수 있다.

그러나 이 규칙에는 큰 결함이 있다. 먼저, 변화 항목의 [-고위], 생성 항목의 [+고위], 그리고 조건 항목의 [+설면 앞] 사이에는 논리적 연관성이 전혀 없다. 만약 구개음화의 조건이 단순히 i라면, 조건 항목에 [+고위]를 추가하여 이 문제를 해결할 수 있다. 그러나 그렇게 하면 인도유럽어에서 일어난 두 차례의 구개음화를 설명하지 못한다. 이 두 차례 구개음화는 분명히 전설 모음을 조건으로 했으며, 단순히 전고모음만을 의미하는 것이 아니기 때문이다. 다음으로, 규칙 (4)를 관화(官話)와 알타이어에 적용하려면 조건 항목에 [+고위] 제약을 추가해야 하므로 [+설면 앞, +고위]가 되어야 한다. 왜냐하면 이 두 언어에서는 구개음화가 i 앞에서만 일어나고, 다른 전설 모음 앞에서는 일어나지 않기 때문이다. 결과적으로 세 언어 중 두 언어가 i 앞에서만 구개음화가 일어나는데, 그 결과 이 두 언어의 조건 항목은 훨씬 제한적이고 더 많은 자질을 명시해야 한다. 반면 소수 언어인 인도유럽어에서는 조건 항이 오히려 더 보편적이어서 단 하나의 자질만을 명시해도 충분하다. 종합해 보면, 이러한 상황에서 규칙 (4)는 현재로서는 설득력 있는 가설이라고 보기 어렵다.

우리는 또 다른 학설을 상정해 볼 수 있다. 언어를 「후위(後位) 우세」 언어와 「전위(前位) 우세」 언어로 나눌 수 있다고 가정하는 것이다. 「후위 우세」란, 해당 언어가 구강 후부의 음운적 대립을 중시한다는 뜻이다. 예컨대, 구강 후부에 속하는 음소의 종류가 더 많거나, 이 음소들이 가진 특징이 두드러진(marked) 경우를 말한다. 알타이어에서는 설근음만이 자음 조화로 인해 별도의 구개수음(小舌音) 세트를 추가로 갖게 되는데, 설첨음에는 이런 일이 일어나지 않는다. 혹은 알타이어 계통에 속하는 일본어를 살펴보면, 전설 모음 i, e와 후설 모음 ɯ, o의 개수가 동일하지만, 후고모음(後高母音)인 ɯ가 지니는 [+원순]특징은 상당히 두드러진 것이어서, 특징의 대립 면에서 후설 모음이 전설 모음보다 더 부각되는 면이 있다. 따라서 알타이어, 그리고 오늘날의 일본어 같은 언어가 바로 「후위 우세」 언어에 속한다. 후위 우세 언어는 구강 후부 음운의 대립을 더 중요하게 여기므로, 이러한 음운이 변화를 일으키거나 바뀌는 경우가 드물다. 그래서 알타이어 계열인 만주어나 몽골어에서는 설첨음만 구개음화가 일어나고, 설근음은 구개음화가 일어나지 않는다. 한편, 인도유럽어는 두 종류의 설근음을 지닌 「후위 우세」 언어에서 점차 「전위 우세」 언어로 전환되어 왔다. 그 결과 전설 모음이 음운 변화에서 특히 중요한 역할을 하게 되었고(그리하여 [+설면 앞]이라는 특징이 나타남), 동시에 후설 음운들도 전반적으로 '앞쪽'으로 이동함으로써 그 수가 줄어들었다. 근대음을 바탕으로 하는 관화(官話) 방언의 경우, 설치음(舌齒音)이 발달해 있는 것으로 보아 분명히 「전위 우세」 언어라 할 수 있으며, 따라서 설근음에서 먼저 구개음화가 일어났다.[12]

---

12 (원주) 적어도 중고시기(中古時期)까지 중국어는 세 가지 서로 다른 위치의 설치음(舌齒音)을 명확히 구분하고 있었다. 설치음은 설첨음(舌尖音: t, tʰ, d, ts, tsʰ, dz, s, z), 권설음(捲舌音: ṭ, ṭʰ, ḍ, tṣ, tṣʰ, ḍẓ, ṣ), 설면음(舌面音: tś, tśʰ, dź, ś, ź)이 있다. 자세한 내용은 李方桂, 1971:5 참조. 중고음(中古音)에서 현대 관화(官話)에 이르는 동안 설치음은 많은 변화를 겪었지만, 세 가지 구분은 지속적으로 유지되었다. 또한, 본서에서 중고음

이러한 가정을 바탕으로, 우리는 (5)와 같은 원칙을 제시할 수 있다.

> (5) 구개음화 원칙: 후위 우세의 언어는 설첨음이 먼저 구개음화되고, 전위 우세의 언어는 설근음이 먼저 구개음화 된다.

원칙(5)가 규율(4)보다 설득력이 있어 보이지만, 여전히 만족스럽지는 않다. 한 언어가 '후위 우세'인지 '전위 우세'인지 구분하는 기준이 단지 음소(音類)의 많고 적음이나 그 음소들이 지니는 자질만으로 가능한가? 그 밖에도 음소가 어휘에 분포되는 비율처럼 다른 요소들도 고려해야 하지 않는가? 이러한 여러 요소를 어떻게 측정하고 비교해야 하며, 만약 요소들이 서로 충돌한다면 어떻게 판단해야 하는가? 또한 전위 우세도 후위 우세도 아닌 언어인데도 구개음(顎化音)을 가진 경우가 있을 수 있는데, 그렇다면 이를 원칙 (5)로 어떻게 설명할 것인가?

궁극적으로 원칙 (5)가 모든 언어를 딱 둘로 나누는 '보편 원칙'인지, 아니면 국부적인 현상만을 다룰 수 있는 임시적 설계인지도 확실하지 않다.

규율 (4)와 원칙 (5)에 대한 논의는 여기서 마무리하고자 한다. 이는 구개음화라는 구조 변화의 원리에 대해 성급한 결론을 내리려는

에 관련된 내용은 빈번히 다루고 있으며, 특별히 명시하지 않은 경우, 李方桂의 음운 재구(擬音)를 참조했음을 밝힌다.

의도가 아니다. (4)와 (5)라는 두 가지 추정을 제시한 이유는, '보편 원리 연구'가 아직 개척될 여지가 많은 분야임을 보여 주기 위함이다. (4)와 (5)가 가진 거친 면모와 불완전함이야말로 앞으로 더 많고, 더욱 창의적이며 정교한 연구를 자극할 수 있으리라 믿는다. 현대 언어학의 공시적 구조를 다루는 보편 원리 연구와 달리, 구조 변천에 관한 보편 원리 연구는 아직 본격적으로 시작되었다고 보기는 어렵다.[13] 그러나 구조 변천 연구의 세 가지 목표를 되새겨 보면, 이 분야 또한 결코 소홀히 할 수 없음을 알 수 있다.[14] 이것이 바로 우리가 세 번째로 시도해 볼 수 있는 탐색의 길인 셈이다.

제4절 논제(論題)의 선택

언어 구조 변천을 연구하는 데에는 앞서 언급한 세 가지 측면 말고도 여러 방향이 있을 것이다. 그러나 개인 차원에서 이 분야에 처음 발을 들이는 입장에서, 위에서 제시한 간단한 틀을 곧바로 전반적으로 탐색하기는 어려움을 잘 알고 있다. 따라서 본서는

---

13 (원주) 공시적 관점에서 언어 유형학(typology)과 언어 보편성(universal)에 관한 논문과 전문서는 최근 들어 상당히 많이 출간되었다. 스탠퍼드 대학의 J.H. Greenberg가 집필한 Universals of Human Language(1978)는 이를 대표하는 중요한 예라고 할 수 있다.

14 (원주) 제1장 제2절 참조.

다음과 같은 몇 가지 선택을 통해 논의를 전개하고자 한다.

첫째, 자료의 범위를 중국어 방언으로 제한한다. 중국어 방언을 자료로 삼는 이유는, 이 분야의 자료가 점차 풍부해지고 있다는 점도 있지만, 그보다 이들 방언 자료 안에서 「중국어의 경험」을 찾아내길 기대하기 때문이다. 10억 인구가 사용하는 중국어는 적어도 일곱 개의 큰 방언권으로 나눌 수 있는데,[15] 이렇게 다양한 방언이 제공하는 언어 현상은 매우 풍부하고도 계발적이어서 우리가 언어에 대해 더 깊이 이해하는 데 큰 도움을 줄 것이다.

현재 중국어 방언 연구는 서서히 새로운 단계에 접어들고 있다. 한편으로는, 언어 사실에 대한 더욱 방대하고 정밀한 기록이 필요하고, 다른 한편으로는, 방언학자들이 전통적인 주제를 넘어 새로운 연구 시각을 모색하고, 새로운 문제를 제기하여, 그 문제의식으로 방언 조사와 연구를 이끌어 나가는 작업이 요구된다. 중국어 방언에 대한 우리의 인식은 아직 상당히 제한적이기 때문에, 서로 다른 방향에서 이뤄지는 시도들은 그만큼 더 큰 도전과 기대를 갖게 한다.

둘째, 논의하는 현상은 음운 부문에만 집중하며, 통사론이나 형태론은 다루지 않는다. 이는 현재 중국어 방언 조사 방식이 음운을 상대적으로 자세히 기록하는 반면, 통사론이나 형태론은 간략하게

---

[15] (원주) 오늘날의 공시적(共時的) 관점에서 보면, 중국어는 최소한 일곱 개 주요 방언 구역으로 나눌 수 있다. 일곱개 주요 방언으로는 관화(官話), 우-(吳), 샹(湘), 민(閩), 위에(粵), 깐(贛), 커지아(客家)이 있다. 최근 한어 방언의 분구(分區)에 대한 논의는 袁家驊(1960), 詹伯慧(1981), 丁邦新(1982) 참조.

다루는 경향이 있기 때문이다. 장단을 따져 보았을 때, 음운 분야를 중심으로 논의하는 것이 적절하다고 판단했다.

셋째, 연구의 초점은 주로 방언 접촉에 맞추었다. 이는 역사적 현실을 고려한 선택이기도 하다. 중국어는 폴리네시아어나 오스트레일리아어처럼 다른 언어와의 접촉이나 내부 방언 간의 융합이 거의 드러나지 않는 경우와는 정반대의 양상을 보인다. 오히려 중국어는 외부 언어·방언, 내부 방언 간 접촉이 매우 빈번하다. 한족(漢族)의 남방 개척과 북방 민족의 변방에서 중원으로의 이주 과정에서, 중국어와 비(非)중국어가 남북 양방향으로 어우러지는 언어 접촉이 이루어져 왔다. 이에 따라 중국어가 비중국어적으로 변화하거나 비중국어가 중국어화하는 현상이 역사적으로 끊임없이 지속되어 왔다. 더 나아가 전란이나 기근으로 인한 한족의 대규모 이주 역시 「역사에서 끊이지 않았다」고 할 만하며, 지난 2~3천 년 동안 통일 국가의 기틀 위에서 정치적·문화적 표준어가 지방 언어에 장기간, 깊이 있게 미쳐온 영향도 작지 않다. 이처럼 중국어의 발달은 끊임없는 접촉의 국면이 이어져 온 셈이다. 그러므로 접촉이라는 측면에 집중하여 논의하는 것은 충분히 타당한 선택일 것이다.

제5절 각 장의 간단한 소개

마지막으로, 이 책의 나머지 각 장에서 무엇을 다루는지 간단히 소개하고자 한다.

　이 책은 총 8장으로 구성되어 있다. 제1장은 전반적인 개론, 제8장은 전체의 요약이다. 나머지 6장은 다시 두 부분으로 나뉘어, 제2·3·4장은 변천 중인 음운 구조를 일반적으로 고찰하고, 제5·6·7장은 변천 중인 음운 구조를 실제로 관찰한 내용을 담고 있다.

　먼저 제2장에서는 규율의 몇 가지 특징을 집중적으로 논의한다. 제1장 그림1의 도해(圖解)에 따르면, 규율은 구조 변천의 형식적 표상(representation)이다. 이를 관찰함으로써 구조 변천의 성격과 과정을 파악할 수 있기에, 이 장에서는 규율의 의미(제1절), 규율의 형식(제2절), 규율 간의 단계성 혹은 내적 순서(제3절), 그리고 규율이 반영하는 변천과 언어 구조의 상호 관련성(제4절)을 세밀하게 분석한다.

　제3장에서는 변천의 결과인 방향을 논의한다. 언어의 공시적(共時的) 차이와 통시적(通時的) 차이는 규율에 대한 상이한 선택에서 기인한다. 기초의 시발점에서 볼 때, 다른 결과는 곧 다른 선택 방향을 의미한다. 그래서 이 장에서는 우리가 평소에 크게 주목하지 않았던 몇 가지 특별한 변천 방향을 살펴본다. 예컨대 회귀적 변천(回頭演變, 제1절), 규율 역전(規律逆轉, 제2절), 유추적 변화(比附演變, 제3절) 등이 있다.

　규율이 표상하는 것은 구조체 내에서 구성 성분이 변화하는 것이지만, 구성 성분이 달라지면 그 성분 사이의 관계 역시 바뀐다. 이를 '구조 조정(結構調整)'이라 부르는데, 제4장에서는 이 구조 조정에 대해 간단히 살펴본다. 제1·2절에서는 재평가(重估)와 비평행변천(非

平行演變)에서 나타나는 관계 변화를 논하고, 제3절에서는 구조 조정 과정에서 나타나는 특수 현상인「무중생유(無中生有)」를 다룬다. 무중생유로 인해 새로운 대립이나 공존 관계가 생겨나게 된다. 제4절에서는「음운 타협(音韻妥協)」이라는 현상을 소개한다. 이를 통해, 한 언어가 외부적 영향에 어느 정도까지 대응하고 수용할 수 있는지를 살펴볼 수 있다.

제5장은 용싱(永興) 방언의 유기유성성모(送氣濁聲母) 형성과정을 면밀히 검토함으로써, 방언 접촉이 일으키는 구조 변화를 구체적으로 살펴보는 사례를 제시한다. 용싱 방언에서 새로 생겨난 유기유성성모는 방언 접촉을 통해 나타난「무중생유」현상의 한 예로서, 이는 중국어는 물론이고 다른 여러 언어들의 발달사에 대해서도 시사하는 바가 크다고 할 수 있다.

제6장에서는 대규모 접경 방언인 깐(贛)방언의 방언사를 멀리서 조망하듯 살펴본다. 오늘날 깐(贛)방언이 '독특한 개성'을 잃고 중립화된 양상을 보이는 것은, 주변 방언으로부터 지속적인 영향을 받아온 결과임을 밝히는 데 주안점을 둔다.

제7장은 규율의 영향면을 고찰한 연구로서, 어떤 변화를 X/F라 할 때 이것이 중국어 서남 지역에 어떻게 전파·확산되었는지를 추적한다. 이 변화가 미치는 범위가 매우 넓어, 본 장에서는 212개 방언을 다룬다. 그 결과 방언들 사이에서 드러나는 상이한 반응, 그리고 규율이 다양하게 실현되는 양상은 많은 시사점을 제공한다. 다만 지면 관계상 모든 방언을 동일한 수준으로 논의하기는 어렵다는 점

을 양해 바란다.

   제2장부터 제7장까지 서로 긴밀하게 연결되어 있지는 않다. 이는 제1장에서 제시한 개념과 틀에 기초하여 각 장이 독립적으로 전개되기 때문이다. 그리하여 제1장이 전체의 큰 틀과 방향을 잡아준다면, 제8장은 각 장에서 논의된 핵심 주장들을 정리함과 동시에, 이를 다시 한 번 제1장의 구성에 따라 유기적으로 연결하는 역할을 한다.

규율에 대한 몇 가지 성찰

제1절 규율의 의미

이전 장(제1절)에서는 변화 규율과 규칙에 대해 간단히 구분한 바 있다. 이제 우리는 규율의 의미를 보다 심층적으로 고찰하고자 한다.

규율은 일종의 표상(representation)으로, 언어 변천이라는 사실에 대한 우리의 인식을 형식화된 방식으로 표현한 것이다. 따라서 규율은 단지 사실을 묘사하는(represent) 것일 뿐, 사실 자체와 동일하지는 않다. 그러나 표상과 묘사된 대상은 우리의 인식 속에서 상호 의존하며 분리될 수 없다. 인식 대상을 파악하는 데 있어서도 표상을 떠나서는 불가능하다. 그러므로 규율은 언어 변천을 이해하는 데 있어 핵심적인 역할을 한다.

규율은 언어 변천 연구에 있어 최소한 세 가지 역할을 한다. 첫째, 규율은 구성 성분의 변화이든 관계의 변화이든 간에 구조적인 변화를 나타낸다. 표면적으로 보면, 규율이 나타내는 것은 모두 구성 성분의 변화다. 예를 들어, A>B/_C에서 A는 자질(feature), 분절음(segment), 음절(syllable), 또는 구의 구성 성분(constituent)일 수 있다. 언어 구조에서 이러한 것들은 각기 다른 차원의 단위 또는 구성 성분이다. 하지만 이 구성 성분들이 변화를 겪으면, A가 확장되거나 축소되거나 전환되거나 소멸되거나 혹은 단순히 다른 구성 성분과 교체되기만 해도, 변화 이전의 구성 성분 간 관계는 깨지게 된다. 중고 중국어와 현대 관화(官話) 방언 모두 음절 끝에 자음운미(輔音尾)와 모음운미(元音尾)의 존재를 허용한다. 그러나 중고 중국어의 자음운미 중 -p, -t, -k가 현대 관화에서 소멸하거나 모음운미 -i, -u로 전환되면서, 관화에서 -i, -u 모음운미를 가진 운모가 중고 중국어의 같은 유형의 운모보다 현저히 많아졌다.[1] 관화 방언의 음절 구조는 운미에서 중고 중국어의 -i, -u, -p, -t, -k, -m, -n, -ŋ에서 -i, -u, -n, -ŋ으로 변화했다. 음절 구조는 표면적으로 여전히 -VC나 -VS로 중고 중국어와 동일하지만, 내용적으로는 C와 S가 상당히 감소되었다.[2] -i와 -u는 음절을 이루는 기능이 더욱 강화되었고 부담도 가중되었다. 따라서 구조적 관계에도 변화가 생겼다.

규율의 두 번째 역할은 역사적 변화의 지표로 작용하여, 하나의 언어나 방언이 어떤 발전 단계에 있는지를 나타내는 것이다. 이러한 의미는 이해하기 쉽고, 우리가 일상적으로 규율을 활용하는 대표적인 방식이다. 우리는 -m > -n 또는 m > n/_#과 같은 규율로 중고 중국어에서 현대 관화로의 변화를 나타낼 수 있다. 또한, 반대로, 《中原音韻》에서 이러한 변화가 나타나지 않았다는 사실을 통해, 비음운미의 발달에 있어서 《中原音韻》이 현대 관화보다 이른 시기의 언

---

1   (원주) 丁邦新(1979) 참조.
2   (원주) V는 주요모음을, C는 자음운미를, S는 모음운미를 나타낸다.

어 상태를 반영하고 있음을 알 수 있다.

규율의 세 번째 역할은 방언 간의 차이 또는 친소 관계를 나타내는 데 있다. 이전 장의 그림2에서 제시된 모델에 따르면, 방언은 공통 기층 언어 위에 서로 다른 변화가 누적되어 형성된 것이다. 이러한 변화는 규율의 형태로 표현될 수 있으므로, 반대로 규율을 통해 방언 간의 거리를 이해할 수 있다. 음양거성(陰陽去)의 분리 여부는 커지아(客家) 하이루(海陸) 방언과 쓰시엔(四縣) 방언의 주요 차이점이다.[3] 하이루 방언에서는 음거성(陰去聲)과 양거성(陽去聲)이 두 개의 성조로 나뉘어 있지만, 쓰시엔 방언에서는 이 둘이 합쳐져 거성(去聲調)으로 나타난다. 이러한 합병 과정을 규율로 표현하면 (6)과 같이 나타낼 수 있다.

(6)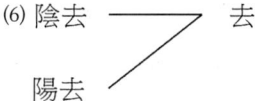

우리는 규율 (6)을 활용하여 쓰시엔 방언과 하이루 방언을 연결 지을 수 있으며, 규율 (6)의 유무를 통해 특정한 커지아 방언이 쓰시엔 방언인지 하이루 방언인지 판별할 수 있다. 쓰시엔 방언과 하이루 방언은 규율 (6)을 제외하면 큰 차이가 없다. 따라서 단 하나의 규율로도 두 방언을 구분하기에 충분하다. 만약 차이가 한두 가지에

---

3   (원주) 楊時逢(1957) 참조.

그치지 않고, 관련된 방언도 소수에 국한되지 않는다면, 이들 방언의 친소관계를 구분하기 위해서는 이러한 규율의 발생 순서를 미리 판별해야 한다. 앞서 언급한 그림2의 가설에 따르면, 더 이른 시기에 발생한 규율일수록 초기 분화를 더 잘 나타낸다. 반대로 규율이 더 많이 누적되고, 규율의 발생 순서가 뒤로 갈수록, 해당 방언의 분화 시기가 더 늦었음을 의미한다.[4] 따라서 일련의 순서화 된 규율은 방언 분열의 선후 관계와 친소 관계를 반영할 수 있다. 간단히 말하면, 방언의 차이는 곧 규율의 차이이다.[5]

그러나 우리는 방언의 차이를 규율의 추가(rule addition)와 감소(rule loss)만으로 완전히 설명할 수 없다는 점에 주의해야 한다. 어떤 방언의 차이는 규율이 적용되는 순서가 다르거나, 규율 역전(rule reversion)으로 인해 발생하기도 한다. 규율의 순서 재배치(reordering)에 대해서는 학자들 간에 많은 논의가 이루어져 왔으므로, 여기서 추가로 언급하지는 않겠다.[6] 규율 역전에 대해서는 본서 제3장 제2절에서 상세히 논의할 예정이다. 결론적으로, 방언의 차이는 여러

---

4   (원주) 丁邦新은 이와 관련하여 심도 있고 구체적인 설명을 하였다. 丁邦新(1982)참조.

5   (원주) 방언의 차이를 규율의 차이로 간주하는 것은 생성문법(generative grammar)의 주장 중 하나이다. 이에 대한 더 자세한 내용은 M. Halle(1962)의 논문과 R. King(1969)의 3장에서 이 주장에 대한 이론적 설명을 참고할 수 있다. 또한, Newton(1972)는 생성문법 이론 모델을 사용하여 방언을 연구한 하나의 사례를 제시하고 있다.

6   (원주) 이러한 상황은 방언에서 흔히 관찰되며, 이에 대한 이론적 분석은 P. Kiparsky(1968)가 수행하였다. 또한, R. King(1969: 51-58)과 A. Sommerstein(1977: 242-243)은 간단한 사례를 통해 이를 설명했다.

가지 경로로 발생하지만, 이는 모두 규율을 통해 표현될 수 있다. 이 것이 바로 규율의 세 번째 의의이다.

제2절 규율의 형식

규율은 구조 변천의 관점에서 크게 두 가지로 나눌 수 있다. 하나는 변화 규율로, 분화 현상을 설명하기 위한 것이다. 다른 하나는 영향 규율로, 접촉 현상을 설명하기 위한 것이다. 변화 규율은 대체로 (7)과 같은 형식으로 표현된다.

(7) A > B / _C

여기서 A는 변화 항목, B는 생성 항목, C는 조건 항목을 나타낸다. A, B, C는 규율 자체의 구조를 이루는 세 가지 필수 구성 성분이다. 이 중 A와 B는 반드시 명시적으로 드러나는 구성 성분인 반면, C는 표면적으로 0이 될 수 있다. C가 0일 경우, (7)은 무조건적 변화를 나타낸다. 반대로 C가 존재하면, 이는 조건적 변화를 나타낸다.[7]

---

7 (원주) 현대 생성언어학자들은 규율(規律)과 규칙(規則)의 형식과 유형에 대해 활발히 논의해왔다. N. Chomsky와 M. Halle(1968), T. Vennemann(1972), M. Kenstowicz & C. Kisseberth(1979, ch. 9) 등이 대표적이다. 이들의 논의가 언어 변천을 기술하는 데 어떻게 활용될 수 있을지는 매우 흥미로운 과제라 할 수 있다. 다만, 현재의 추측에 따르면, 역사적 발전 과정에서 이러한 다양한 유형의 "규칙"이

영향 규율은 (8)과 같은 형식으로 표현된다.

(8) I ~→ A > B / _C

여기서 ~→는 영향 부호로, 두 부분을 연결한다. 이 부호의 왼쪽에는 영향의 근원, 즉 근원 언어(source language)에서 영향을 미치는 요인(influencing factor)이 위치한다. 오른쪽에는 영향을 받는 언어에서 발생한 변화가 위치한다. 이 A> B/_C는 사실상 변화 규율 (7)과 동일하다. 따라서 영향 규율은 변화 규율에 그 변화를 야기한 근원을 추가한 형태라 할 수 있다. 영향 규율의 주요 기능은 영향 항목 I 과 변화 항목 A, 생성 항목 B 간의 관계를 나타낸다. 제5장에서 다룰 예정인 용싱(永興) 방언에서는 아래와 같은 (9)의 영향 규율이 존재한다.

(9) $\begin{bmatrix} -유성 \\ +유기 \end{bmatrix}$ ~→ $\begin{bmatrix} +유성 \\ -유기 \end{bmatrix}$ > $\begin{bmatrix} +유성 \\ +유기 \end{bmatrix}$ / __ 양평조

용싱 방언의 양평조(陽平調)의 무기유성성모자는 근원 언어인 서남관화(西南官話)의 유기무성성모자와 대응한다. 이 유기의 영향으로 인해 용싱 방언에서는 유기유성성모 bh, dh, gh, dzh, dźh 등이

실제로 나타났다고 하더라도, 그것들은 모두 규율 (7)의 형식으로 재작성될 수 있을 가능성이 크다고 본다.

새롭게 형성되었다. 규율 (9)는 이러한 영향을 받아 발생한 변화 과정을 나타내었다.

　여기에서 세 가지를 보충해야 한다. 첫째, (7)과 (8)은 각각 고유한 역할을 가지고 있는데, (7)은 분화를, (8)은 접촉을 나타낸다. 그러나 실제 표현에 있어서는, 우리가 각 변천 과정이나 규율의 맥락을 매우 확실하게 파악하고 있거나, 또는 영향의 근원을 특별히 지적할 필요가 없는 한, (7)과 (8)의 사용을 굳이 제한할 필요는 없다. 다시 말해, 충분히 파악할 수 없거나 그럴 필요가 없는 상황에서는 규율 (7)이 분화와 접촉을 겸하거나 그 중 하나만을 의미할 수도 있다. 둘째, 규율 (9)에서 영향 항목 I와 변화 항목 A의 두 주요 자질 값이 우연히도 정반대가 된다. 이론적으로 변화 항목은 세 가지 선택을 할 수 있다. 생성 항목 B가 다음 세 가지 가능성 중 하나를 가질 수 있는데, I와 자질 값이 완전히 동일한 [−유성, +유기]를 가지거나, I의 한 가지 자질 값만 동일하게 해서 [−유성]을 가지거나, I의 다른 한 가지 자질 값만 동일하게 해서 [+유기]을 가질 수 있다. 용싱 방언에는 b, d, g, dz, dź 이외에도 [−유성, +유기]인 ph, th, kh, tsh, tś의 계열과, [−유성, −유기]인 p, t, k, ts, tś의 계열이 존재하지만, 실제로 선택된 결과는 [+유기]를 결정적 영향 요소로 삼았다. 이는 [+유기]는 그 지역 화자들에게 [−유성]보다 더 높은 심리적 실재성(psychological reality)을 갖고 있어, 그들이 기꺼이 [+유기]를 해당 변별 기능을 담당하는 요소로 삼고자 함을 보여준다. 셋째, (8)이나 (9)에서 보이는 영향 기호의 왼쪽 끝은 단순히 영향 항목 I로만 표기했는데, 이는 간략화한 표현이다. 실제로 방언이나 언어 사이의 영향은 정적인 영향 항목과 변화 항목 사이의 대응 관계만으로 설명되지 않는다. 때로는 변화를 일으키는 행위 자체가 곧 영향력을 발휘하는 경우도 있기 때문이다. 이 경우, 영향 항목 I는 x>y/_z와 같은 규율 형태로 표현될 수 있으며, 이렇게 형성된 영향 규율이 곧 (10)이다.

(10) $x > y/\_z \leadsto \rightarrow A > B/\_C$

한편, (8)과 (10)은 언어 간 영향이 상호 주고받는 관계임을 보여주기 위해 연쇄적(連鎖的)으로 확장될 수 있다. 이러한 확장은 아래와 같은 형태로 표현할 수 있다.

(11) $L1 \leadsto \rightarrow L2 \leadsto \rightarrow L3 \cdots\cdots$

제3절 규율과 변천의 단계성

언어의 발전이 일정한 단계성을 가진다는 사실은 널리 알려져 있다. 이제 우리가 규율을 통해 언어의 변천을 표상하고 있는 만큼, 다음과 같은 질문을 제기할 수 있다. 규율은 어떻게 그 자체의 구조를 통해 언어 변천의 서로 다른 단계를 반영할 수 있는가?

언어 발전의 단계는 규율 내에서 변화 항목, 생성 항목, 조건 항목

중 어느 하나의 내용 변화로 나타날 수 있다. 아래에서는 이 세 가지 측면으로 나누어 예를 들어 설명하고자 한다.

중고음의 아후음(牙喉音) k, kh, g, x와 치두음(齒頭音) ts, tsh, dz, s, z는 근대음 시기에 유성무성음화(濁音淸化)로 인해 각각 k, kh, x와 ts, tsh, s로 변화하였다.[8] 전자는 일반적으로 「見曉系」 성모, 후자는 「精系」 성모로 불린다. 이 두 계열의 성모는 1324년에 작성된 《中原音韻》에서는 구개음화의 흔적이 나타나지 않았다. 그러나 오늘날의 관화 방언에서는 세음운모(細音韻母), 즉 i, y 모음(元音)이나 개음(介音) 앞에서 다른 구개음화가 나타난다. 1955년 통신 조사의 결과에 따르면,[9] 1209개의 관화 방언 조사 지점 중 79.7%의 방언은 이미 첨단(尖團)의 구별이 사라졌다(尖: 精系 등 설첨음, 團: 見曉系 구개음화된 설면음). 見曉系에서 온 구개음화된 음운(基, 欺, 希)과 精系에서 온 구개음화된 음운(齊, 妻, 西)이 구개음화로 인해 동음자가 되었다. 반면 20.3%의 방언은 여전히 첨단의 구별을 유지하고 있었다. 이러한 첨단 구별

---

8 (원주) 필자는 한어 음운사에서 漢代 이전을 상고음(上古音) 시기로 보고, 魏晉부터 唐, 五代까지를 중고음(中古音) 시기로 간주한다. 한어 음운사에서의 근대음(近代音)은 宋代부터 시작된다고 생각한다. 중고음의 중요한 특징을 보존한 운서(韻書)와 운도(韻圖)는 일부 인위적인 이유로 南北宋 시기에도 상당히 널리 사용되었다. 그러나 北宋 시대 소옹(邵雍)의 《皇極經世聲音唱和圖》에 반영된 음운 현상은 이미 《中原音韻》 등 초기 관화(官話)와 상당히 가까워졌으며, 《切韻》 음계와는 큰 차이를 보인다. 자세한 내용은 조우주모(周祖謨) 《問學集》 하권의 〈宋代汴洛語音考〉를 참고하기 바란다.

9 (원주) 이는 中國社會科學院 語言研究所(1958)의 자료를 근거로 한 것이다. 자세한 내용은 해당 자료를 참조하기 바란다.

지역은 「허베이(河北) 남부, 산둥(山東) 동부, 산둥과 허난(河南)의 경계 지역, 허난 서남부, 산시(陝西) 중부, 광시(廣西) 동북부 등 지역에 집중 되어있다.」(中國社會科學院 語言硏究所 1958:142) 「첨단 구별」의 정확한 의미는 見曉系 글자는 이미 구개음화되어 설면의 團音으로 변한 반면, 精系자는 설첨의 부위가 변하지 않고 유지하고 있다는 것이다.[10] 따라서 이 두 계열의 성모자가 관화 방언에서 구개음화를 겪는 과정은 대체로 두 가지 유형으로 나눌 수 있다. 첫 번째 유형에서는 대략 5분의 1의 방언에서 k, kh, x만 구개음화되었으며, ts, tsh, s는 구개음화를 겪지 않았다. 두 번째 유형은 약 5분의 4의 방언에서는 k,

---

10   (원주) 이는 개괄적인 설명으로, 대부분의 방언을 포괄할 수 있다. 하지만 산둥 황시엔(黃縣)과 산시 양청(陽城)의 경우는 예외로, 見曉系의 구개음화된 음운이 각각 c, ch, ç로 실현되며, 精系의 구개음화된 음운은 tś, tśh, ś로 발음된다. 황시엔과 양청에서는 두 음운군 모두 구개음화되었지만, 두 음운군이 하나로 합쳐지지 않아 여전히 '분첨단(分尖團)' 방언으로 남아 있다. 현재로서는 황시엔과 양청의 두 구개음화 음운군이 공동의 발전 경로를 거쳤는지 알 수 없으며, 어느 음운군의 구개음화가 먼저 발생했는지도 명확하지 않다. 따라서 이후의 구개음화 발생 순서에 대한 논의에서는 황시엔과 양청을 제외하였다. 또한, 첨단(尖團)을 구분하지 않는 방언 중에서도 운모의 특수한 변화나 영향으로 인해 구분하지 않는 정도에 차이가 있는 경우가 있다. 북경어 설첨음(舌尖音)이 대응하는 합구(合口) 자(「足, 皺, 松」)와 지난(濟南)에서는 구개음화된 음(tśy, tśhye, śyn)이 그 예이다. 이러한 현상은 시아지앙 관화(下江官話)의 우위양(渦陽), 멍청(蒙城), 하오시엔(亳縣)에서도 관찰된다. 또 다른 유형의 방언으로는, 후베이(湖北)의 시아오간(孝感), 안루(安陸), 윈멍(雲夢), 잉산(應山), 따우(大悟), 잉청(應城), 한추안(漢川), 한양(漢陽), 황베이(黃陂) 및 몇몇 쓰촨(四川) 방언들이 있다. 이들 방언에서는 중고음(中古音) 2등 見曉系 글자(예: 「皆, 陷, 巷」)이 구개음화되지 않아, 단음(團音)의 범위가 북경어보다 더 작다. 田希誠(1956), 河北北京師範學院, 中國科學院河北省分院語文硏究所(1961), 孟慶惠(1961), 南京大學中文系方言調査組(1953, 1954년 언어학 그룹, 1961), 高文達(1961), 徐承俊(1959), 袁家驊(1960), 曹正一(1961), 張兆鈺, 高文達(1958), 陳振亞(1959), 奠陸(1959), 楊峯(1959), 楊時逢(1969a, 1984), 趙元任(1929), 趙元任 등(1948), 劉特如(1959) 등 참조.

kh, x와 ts, tsh, s 모두 구개음화되어 tś, tśh, ś로 변화하였다. 이 두 유형의 발전은 각각 아래와 같이 규율 (12), (13)으로 나타낼 수 있다.

(12) k, kh, x   >   tś, tśh, ś / _ i, y
(13) k, kh, x ⎫
      ⎬   tś, tśh, ś / _ i, y
  ts, tsh, s ⎭

첨단(尖團)이 구분되는 (12)와 첨단을 구분할 수 없는 (13)은 관화 방언 구개음화의 두 단계를 반영한다. 변화 항목의 증감은 이 두 단계의 차이를 명확히 나타내는 표식이다.

생성 항목의 차이에서도 변천의 단계를 엿볼 수 있다. 중고음에서 -p, -t, -k 운미를 가진 입성자(入聲字)는 관화 방언에서 운미가 점차 소멸되면서, 서로 다른 방언에서 서로 다른 변화 단계가 반영되게 된다. 이는 타이위안(太原)과 베이징(北京) 두 지역에서 몇몇 글자의 발음을 비교함으로써 확인할 수 있다(袁家驊, 1960:37).

	太原	北京
鴨(*-p)	iaʔ	ia
拔(*-t)	paʔ	pa
格(*-k)	kaʔ	kɤ

우리는 입성 운미 소멸 과정을 두 단계로 귀납할 수 있다.

$$(14) \quad \begin{Bmatrix} p \\ t \\ k \end{Bmatrix} > ?/\_\#(太原)$$

$$(15) \quad \begin{Bmatrix} p \\ t \\ k \end{Bmatrix} > \emptyset/\_\#(北京)$$

후난(湖南)과 후베이(湖北)의 지앙시(江西)와 가까운 경계 지역에는 깐방언(贛方言)이 존재한다. 그 중 핑지앙(平江), 리링(醴陵), 통청(通城) 세 방언은 다음과 같은 글자에 대해 서로 다른 발음을 가지고 있다.[11]

	핑지앙(平江)	리링(醴陵)	통청(通城)
都	təu	təu	təu
土	thəu	thəu	dhəu
奴	ləu	nəu	nəu
阻	tsu	tsəu	-
楚	tshu	tshəu	dzhəu
素	su	səu	səu
布	pu	pu(不)	pu(補)
步	phu	phu	bhu

---

11 (원주) 핑지앙(平江)과 리링(醴陵)의 예시는 楊時逢(1974b: 331-351, 371-390)에서 발췌되었으며, 통청(通城)의 예시는 趙元任 등(1948: 1299-1323)에서 발췌되었다.

婦	fu	fu	fu
古	ku	ku	ku
苦	khu	khu	ghu

이 글자들은 중고 후기의 운도(韻圖)에서 모두 遇攝에 속하며, 주요모음 u를 포함하는 운섭이다. 가령 이 글자들이 과거 세 방언의 초기 단계에서도 u 모음을 포함하고 있었다고 가정한다면, 오늘날의 서로 다른 발음은 아래의 규율 (16)과 (17)로 표현할 수 있다.

(16) $u \begin{cases} \mathrm{ou}/ \begin{Bmatrix} t \\ th \\ l \end{Bmatrix} \underline{\quad} \ (平江) \\ u/ \ 기타 \underline{\quad} \end{cases}$

(17) $u > \mathrm{ou}/ \begin{Bmatrix} t, ts \\ th, tsh \\ n, s \\ l \end{Bmatrix} \underline{\quad} \ (醴陵, 通城)$

(17)의 조건 항목은 (16)에 비해 더 많은 내용을 포함하고 있다. 여기에서 추가된 n은 핵심적인 요소가 아니다. 이는 핑지양(平江) 방언에서 성모 n>l/_u의 변화가 있었기 때문에, 역사적 관점에서 (16)의 조건 항목에도 n을 포함할 수 있다. 핵심은 (17)에 추가된 ts, tsh, s이다. ts, tsh, s는 설첨파찰음(舌尖塞擦音) 또는 마찰음(擦音)으로, 발음 위치가 t, th, n, l과 비슷하지만, 중국어에서는 많은 지역에서 독자적

으로 하나의 범주를 이루는 경향이 있다. 전통적인 표현으로는 이를 치두음(齒頭音)이라 한다. 치두음의 특징으로는 [+조찰성](strident)을 가진다. (16)과 (17)이 반영하는 두 단계는 조건 항목에 이러한 음이 포함되었는지 여부에 따른 변화이다.

위에서 제시한 예시는 각각 관화(官話)나 깐어(贛語) 내부에서 나타나는 현상으로, 서로 다른 방언 지역의 현상을 동일 선상에서 비교한 것은 아니다. 그러나 우리가 이 예에서 나타난 현상이 관화나 깐어 내부의 각 소방언이 각각 독립적으로 발전한 것이 아니라고 동의한다면, (12)와 (13), (14)와 (15), (16)과 (17)을 나란히 두고 이들 사이의 변화를 유기적인 일련의 과정으로 연결할 수 있을 것이다. 또한, 역사 발전의 비가역성과 규율 간 상호 의존성을 고려할 때, (12)는 (13)보다, (14)는 (15)보다, (16)은 (17)보다 선행된 단계에 해당한다고 판단할 수 있다.[12] 그리고 (12)에서 (13), (14)에서 (15), (16)에서 (17)로 이어지는 규율 간에는 「변화 규율(演變規律)」의 영향 정도에 따른 내재적 순서가 형성된다.

그러나 여기서 한 가지 반드시 짚고 넘어가야 할 점이 있다. 이른바 (12)가 (13)에 앞선다는 것은, 여기서 논하는 변화, 곧 성모(聲母)의 구개음화와 같은 규율이 언어나 방언 간에 전파될 때 적용 범위 내에서의 함의적 관계를 가리킨다. 즉, (12)는 (13)에 의해 함의된다. 어떤 방언이 (13)을 적용한다면 반드시 (12)에도 적용되지만, 그 반대는

---

12 (원주) 여기서 말하는 "선행한다(先於)"는 논리적인 순서를 의미한다. 실제 시간상의 발생 순서에서는 "더 이르게" 발생할 수도 있고, "동시에" 발생할 수도 있다.

성립하지 않는다. 따라서 규율들 사이의 선후 관계는 논리적 순서를 의미할 뿐, 반드시 시간적 순서를 뜻하는 것은 아니다. 예를 들어 (15)를 적용하는 방언은 처음부터 이 규율을 채택하여 (14) 단계를 거치지 않았을 수도 있다. 그러나 또 다른 일부 방언은 실제로 (14)에서 (15)로의 이행 과정을 거친 바 있으며, 난징(南京) 방언이 그 대표적인 예이다.[13]

제4절 규율과 구조적 특징

규율의 구조는 언어 변천의 단계를 반영할 뿐만 아니라, 언어 내부의 미세한 구조적 정보까지 드러낼 수 있다.

중국어 음운 분석에서 모음 i, u와 개음 i, u는 차이가 있다. 모음 i, u는 단모음으로, 개음 i, u는 상승복모음(上升複元音)의 시작 부분이다. 단모음은 발음하는 동안 혀의 위치가 비교적 고정되어 있으나, 복모음에서는 발음 과정 중 혀의 위치가 이동한다. 모음 i, u와 개음 i, u의 발음상의 주요 차이는 바로 이 혀의 위치 이동 여부에 있다. 이 발음상의 차이는 미세하지만, 성모에 서로 다른 영향을 미치게 되며, 이는 음운 체계 내에서 중요한 의미를 갖는다.

---

13   (원주) 趙元任(1929)은 「[ʔ](후두 폐쇄 작용)은 입성자(入聲字)를 단독으로 발음하거나 짧은 문장에서 입성자가 문미에서 강하게 발음될 때 나타난다. 하지만 일반적으로 입성자는 단지 짧게 발음될 뿐, 후두 폐쇄 작용이 동반되지 않는다.」라고 했다.

윈난(雲南) 지역의 일부 중국어 방언에서는, 중고음의 見曉系와 精系에 속하는 글자들이 세음운모(細音韻母, i 모음 및 i 개음을 포함) 앞에서 구개음화되어 tɕ́, tɕ́h, ɕ́로 변화하였다. 이러한 방언 중에서도 모지앙(墨江), 스핑(石屛), 치우베이(邱北), 지앙추안(江川), 진닝(晉寧), 지엔수이(建水), 위시(玉溪) 등 지역에서는 구개음화된 성모 tɕ́, tɕ́h, ɕ́가 다시 설첨화(舌尖化)하여 ts, tsh, s로 변화하였다. 하지만 이 변화는 i 모음 앞에서는 나타나지만, i 개음 앞에서는 나타나지 않았다. 다시 말해, 성모가 구개음화하는 데 있어서는 모음 i 와 개음 i 간에 차이가 없었다. 그러나 구개음화된 성모를 다시 설첨화하는 과정에서는 차이가 나타났다. 이에 대해서는 모지앙(墨江) 방언을 예로 들어 구체적으로 설명하고자 한다.

모지앙(墨江) 방언에는 ts, tsh, s, z 성모, k, kh, x 성모, 그리고 tɕ́, tɕ́h, ɕ́ 성모의 세 성모 세트가 있다.[14] 대체로 ts, tsh, s는 중고음의 精系 홍음운(洪音韻)자 및 일부 莊系(tṣ, tṣh, ṣ, dẓ)와 知系(ṭ, ṭh, ḍ) 글자에서 유래하였다.[15] k, kh, x는 중고음의 見曉系 一等字, 止攝 및 宕攝 三, 四等 合口字와 일부 通攝의 舒聲字에서 유래하였다.[16] tɕ́, tɕ́h, ɕ́는

---

14 (원주) 아래에 인용된 모지앙(墨江) 방언 자료는 楊時逢(1969a: 494-509)에서 발췌되었다.

15 (원주) 「홍음운(洪音韻)」은 i, y 개음이나 모음을 포함하지 않은 운모를 가리킨다. 자세한 내용은 董同龢(1954: 13-14)를 참조.

16 (원주) 중고음에서 止攝의 주요 모음은 i, ĭ, ĕ, ĕi이다. 宕攝의 주요 모음과 운미는 aŋ, 通攝은 uŋ 또는 uoŋ이다. 三等과 四等은 한 攝 내에서 j(三等) 또는 i(四等) 중모음을 포함한 운모를 가리킨다. 이는 대략적인 설명으로, 자세한 내용은 李方桂(1971: 6-7) 참조. 서성자(舒聲字)는 평성(平聲), 상성(上聲), 거성(去聲)과 같이 입성조(入聲調)에 속하지 않는 글자를 뜻한다.

精系와 見曉系의 세음운(細音韻)자에서 유래하였다. 모지앙 방언에서는 중고 유성 성모(中古濁聲母)(유성 파열음(濁塞音), 유성 파찰음(濁塞擦音), 유성 마찰음(濁擦音))가 모두 무성화(淸化)되었다. z는 중고음 影母(ʔ), 疑母(ŋ), 喻母(ø)가 현대의 운미 i, iŋ 앞에서 나타나는 일부 글자의 성모로「衣, 英, 魚, 運」등이 있다. 세음운(細音韻)은 i 모음 또는 i 개음을 포함한 제치운(齊齒韻)을 말한다. 모지앙 방언에는 촬구모음(撮口元音)이 없으며, 중고음의 三, 四等 合口韻의 대부분이 여전히 i 개음을 유지하고 있다.[17]

모지앙 방언의 세 성모 세트의 음운 분포는 일반 관화 방언과 매우 유사하다. ts, tsh, s는 홍음(洪音)에, tś, tśh, ś는 세음(細音)에 연결된다. tś, tśh, ś 성모에는 見曉系 글자와 精系 글자가 모두 포함되어 있다.

	見曉系	精系
tś	家角驕江	剪節爵酒
tśh	屈犬強橋	千秋全祥
ś	學香玄休	些邪蕭象

그러나 모지앙 방언이 일반 관화와 다른 점은, ts, tsh, s 및 z 성모가 i, iŋ 운모와 결합된다는 데 있다. 반면, tś, tśh, ś와 중고음의 影, 喻, 疑에서 유래한 영성모(零聲母) 글자는 이 두 운모에서는 나타나

---

17 (원주)「촬구원음(撮口元音)」은 둥근 입술의 설면 전고모음(舌面前高元音) y를 말한다. y 원음 또는 y 개음(介音)을 포함한 운모는「촬구운(撮口韻)」이라고도 한다.

지 않는다. i, iŋ 운모 앞의 ts, tsh, s에는 精系 글자 뿐만 아니라 見曉系 글자도 포함되어 있다. 다음은 그 예시이다.

	精系	見曉系
tsi	集祭即	居雞吉
tshi	齊妻七	區期去
si	西洗序	希吸戲
tsiŋ	津靜俊	金緊近
tshiŋ	清秦請	輕羣慶
siŋ	信心尋	行杏勳

이 현상에 대해 두 가지 해석이 가능하다. 첫 번째 해석은 精系 글자가 i, iŋ 운모 앞에서 구개음화를 겪지 않았으며, 見曉系 글자는 설첨화(舌尖化)되어 ts, tsh, s로 변했다고 보는 것이다. 이는 아래의 (18)로 나타낼 수 있다. 두 번째 해석은 精系와 見曉系 글자 모두가 한때 구개음화를 겪었지만, i, iŋ 운모 앞에서는 다시 설첨화되었다고 보는 것이다. 이는 아래의 (19)로 나타낼 수 있다.

(18) a. ts, tsh, s ⟶ ts, tsh, s/_i, iŋ
　　　　　　　　　 tś, tśh, ś/_기타 세음운(細音韻)

　　 b. k, kh, x ⟶ ts, tsh, s/_i, iŋ
　　　　　　　　　 ttś, tśh, ś/_기타 세음운(細音韻)

(19) a. ts, tsh, s ⎤ tś, tśh, ś _ 세음운¹⁸
　　　 k, kh, x ⎦

　　b. tś, tśh, ś ⎤ ts, tsh, s/_ i, iŋ
　　　　　　　　 ⎦ ttś, tśh, ś/_ 기타 세음운

필자는 개인적으로 두 번째 해석을 선호하는 편이다. 그 이유는 다음과 같다. 첫째, 설근음(舌根音) 성모가 i, iŋ 앞에서 구개음화를 거치지 않고 곧바로 설첨화(舌尖化)되는 경우는 매우 드문 현상이기 때문이다. 둘째, i, iŋ 앞에는 影, 喩, 疑母에서 유래한 z 성모 글자가 존재하기 때문이다. 이 글자들이 한때 영성모(零聲母) 이 글자들이 한때 영성모(零聲母) 단계를 거친 후 다시 설첨화되었다고 보는 (20)이 개별적으로 설첨화되었다고 보는 (21)보다 합리적이며 관화 방언의 역사적 발전 과정에 더 부합한다.¹⁹

(20)　ʔ　⎤　　⎡ z/_ i, iŋ
　　　 Ø　→ Ø ⎣ Ø/_ 기타
　　　 ŋ ⎦

18　(원주) 精系와 見曉系의 구개음화가 동시에 이루어졌는지는 아직 심도 있는 연구가 필요한 문제이다. 이에 대해서는 제2장 제3절의 논의를 참고하기 바란다. 여기에서는 방향의 일관성을 나타내기 위해, 임시로 동일한 규율로 이를 서술한다.
19　(원주) 윈난(雲南)의 중국어 방언은 서남 관화(西南官話)에 속한다. 초기 관화 발전사에서 일부 ʔ, Ø, ŋ 성모가 z 성모로 읽혔다는 기록은 아직 발견되지 않았다. 그러나 반대로, 이들이 먼저 합쳐져 영성모(零聲母)로 변했다는 기록은 종종 확인된다.

(21) a. ʔ ⎯ z/_ i, iŋ
         ⎯ ∅/_ 기타

   b. ∅ ⎯ z/_ i, iŋ
         ⎯ ∅/_ 기타

   c. ŋ ⎯ z/_ i, iŋ
         ⎯ ∅/_ 기타

해당 지역의 말소리 실태에 따르면, 영성모 글자의 경우, 「開口洪音 및 合口 u시작 음절은 순모음(純元音)으로 시작되며, i로 시작하는 글자는 약간의 마찰 경향이 있다.」(楊時逢 1969a: 495)고 한다. 또한, 「i는 매우 긴장되게 발음되며, 앞에 종종 j를 동반하며, 무성모일 경우 이러한 경향이 더욱 두드러진다.」(楊時逢 1969a: 495)고 보고된다. 따라서 영성모 글자가 i, iŋ 운모 앞에서 반모음 j가 [+긴장] i의 영향을 받아 이화(異化)되어 z로 변화하는 것은 매우 자연스러운 일이다. z의 형성을 精系, 見曉系 글자의 설첨화(舌尖化)와 함께 살펴보면, 이를 하나의 규율로 설명할 수 있다. 이 변화의 공통성은 (22) 또는 (23)으로 표현할 수 있다.

(22) tɕ, tɕh, ɕ, j > ts, tsh, s, z/_ i, iŋ

(23) $\begin{bmatrix} +\text{고음성} \\ -\text{치경앞} \\ -\text{설첨} \end{bmatrix} > \begin{bmatrix} -\text{고음성} \\ +\text{치경앞} \\ +\text{설첨} \end{bmatrix} / \_\_ \begin{bmatrix} +\text{음절성} \\ +\text{고음성} \\ -\text{치경앞} \\ -\text{설첨} \end{bmatrix}$

이러한 모음 i 앞에서의 이화(異化)의 공통성은 (23)에서 특히 명확하게 드러난다.

모지앙(墨江) 방언의 세음운모(細音韻母)는 아래 표1에 나타난 몇 가지가 있다. 이 중 i와 iŋ만이 i 모음 운모이며, ts, tsh, s, z는 오직 이 두 운에서만 나타난다. 반면, 다른 개음 i 운모에서는 tś, tśh, ś, Ø가 나타난다.

표1 모지앙 설첨음, 구개음화와 세음운모의 조합

	i	ia	io	ie	iau	ieɯ	ien	iaŋ	iŋ	ioŋ
ts, tsh s, z	+								+	
tś, tśh, ś, Ø		+	+	+	+	+	+	+		+

이상의 논의를 종합하면, 모지앙(墨江)의 精系와 見曉系자는 역사적 발전 과정에서 먼저 구개음화를 겪고, 그중 일부가 다시 설첨화(舌尖化)를 거친 것으로 보인다. 구개음화의 조건은 세음운모(細音韻母)로, 모음 i와 개음 i를 구분하지 않는다. 반면, 설첨화의 조건은 모음 i에만 한정되며, 개음 i 운모는 포함되지 않는다. 이 설첨화의 변화는 또한 疑, 影, 喩에서 유래한 일부 영성모 글자도 포함한다. 한 발 물러서서, 우리의 가설 대신 앞서 언급된 첫 번째 해석(18)을 채택하더라도, 精系와 見曉系 글자의 설첨화에서 모음 i와 개음 i가 서로 다른 영향을 미쳤다는 점은 공통적으로 인정되어야 한다.

精系와 見曉系자의 구개음화는 동화 작용(同化作用)이다. 반면, 구개음화 이후의 설첨화는 이화 작용(異化作用)이다. 동화 작용은 음운 구조를 단순화하는 경향이 있으며, 반대로 이화 작용은 기존의 음운 구별을 강화하는 데 목적이 있다. 모지앙 방언의 사례를 통해 우리는 모음 i와 개음 i가 성모 발달에 미치는 영향에서 공공통점과 차이점이 모두 존재함을 확인할 수 있다. 다시 말해, 모음 i와 개음 i가 모두 i로 표기되고,[20] 제치운(齊齒韻) 또는 세음운(細音韻)으로 분류된다고 해서, 그들이 변천 구조에서 수행하는 서로 다른 역할을 간과해서는 안 된다. 이러한 차이를 무시할 경우, 역사적 변화 과정에서 동일한 효과를 나타냈다고 오해할 위험이 있다.

이어서 모음 u와 개음 u의 문제를 살펴보자. 중국어 방언이 분포된 서남 지역에서는 종종 합구설근무성마찰음(合口舌根淸擦音) xu-와 순치무성마찰음(脣齒淸擦音) f가 혼독(混讀)되어 발음되는 현상이 나타난다. 혼독된 x 성모는 중고음의 曉母와 匣母에서 유래하며, f 성모는 非母, 敷母, 奉母에서 유래한다.[21] 이러한 혼독은 여러 가지 유형과 변화 과정을 가지고 있으며, 그중 일부 변화는 合口 u가 모음인지 개음인지 여부와 밀접한 관련이 있다. 쓰촨성(四川省) 미엔양(縣陽) 지역을 예로 들면(楊時逢 1984: 605-620), f와 x 성모가 결합 가능한 운모의 분포는 표2와 같다.

---

20 (원주) 개음 i와 반모음(반자음) j는 발음에서 절대로 동일하지 않으므로, j로 표기해서는 안 된다.

21 (원주) 중고(中古) 말기의 비(非), 부(敷), 봉(奉) 모(母)에 대한 음운 재구는 董同龢 (1954:91)의 표기법을 근거로 한다.

2장
규율에 대한 몇 가지 성찰

표2 미엔양 f, x 성모의 분포

	f	x	글자 예	
			f	x
u	+		夫符戶呼	
a	+	+	法髮伐	下(白話)
ua		+		花滑化
o		+		何火禍
e		+		黑赫核
ue		+		或獲
ai		+		鞋海害
uai		+		懷壞
əi	+		飛肥廢	
uəi		+		灰回惠
au		+		毫好
əu	+	+	浮否	侯後厚
ã	+	+	凡反飯	酣含汗
uã	.	+		歡緩幻
ən	+	+	分粉奮	亨恒恨
uən		+		昏魂頂
aŋ	+	+	方防放	行巷頂
uaŋ		+		荒黃謊
oŋ	+	+	風馮奉	薨紅宏

평면적으로 볼 때, f와 x는 서로 대립하는 성모이다. 예컨대 faːxa, fəuːxəu, fãːxã, fənːxən 등으로 나타낼 수 있다. 그러나 제시된 예문을 통해 오늘날 x 성모와 결합하는 운모를 두 가지 유형으로 나눌 수

있다. 한 종류는 a, e, ai, au, əu, ã, ən, aŋ 등의 운모로, 이는 중고음에서 모두 개구운(開口韻)의 글자이다. 다른 한 종류는 그 외 운모들로, 이는 合口性 운모이다. 더 나아가 관찰해 보면, 이 합구(合口)의 x 성모 글자와 f 성모 글자 사이에는 실제로 다음과 같은 세 가지 관계가 존재한다. 이는 (24), (25), (26)으로 나타낼 수 있다.

   (24) oŋ 앞에, f:x의 대비가 있다.
   (25) a/ua의 사이에, əi/uəi의 사이에, ã/uã의 사이에, ən/uən의 사이에, aŋ/uaŋ의 사이에 f/x의 상호 보안 관계가 있다.
   (26) 단모음 u 앞에 x, f는 나누지 않고, 모두 f로 발음한다. x>f/_u의 변화가 있었다.

　　xu-와 f의 혼독이라는 추세에 대해 말하자면, 위의 세 가지 관계는 미엔양 방언에서 이 추세가 발전한 세 가지 단계를 나타낸다고 볼 수 있다. 비합구 운모 oŋ 앞에서는 두 성모가 여전히 구별된다. 開口와 合口가 대조를 이루는 운모 앞에서, 合口 운모의 合口가 개음성의 u에 해당할 때 두 성모가 형식적으로 상호 보완 관계를 유지한다. 모음성 u 앞에서는 xu-가 f로 통합된다.

　　한편, 미엔양에서 가까운 종지앙(中江) 지역에서는 이와 다른 혼독 양상이 나타난다.[22] 미엔양 방언의 설근마찰음(舌根擦音) x는 종지

22　(원주) 중지앙(中江)의 자료는 楊時逢(1984:1535-1550)에서 가져온 것이다. 여기서

앙 방언에서 후음마찰음(喉擦音) h로 나타난다. h와 f 성모의 분포 양상은 표3과 같다.

표3 종지앙 f, h 성모의 분포

	f	h	글자 예	
			f	h
u	+		夫符戶呼	
a	+	+	法伐花滑	下(白話)
o		+		何火禍
e	+	+	或獲	黑核
ai	+	+	懷獲	鞋海害
əi	+		飛肥灰惠	
ao		+		毫好
əu	+	+	浮否	侯後厚
an	+	+	凡反歡幻	酣含汗
ən	+	+	分粉魂橫	亨恒恨
aŋ	+	+	方防荒黃	行巷項
oŋ	+	+	風封奉	弘紅宏

표3을 표2와 동일하게 관찰해 보면, 종지앙(中江)의 혼독은 두 단계만 존재한다는 점을 알 수 있다. 개구운(開口韻) oŋ 앞에서는 h와 f

---

「懷, 壞」는 양 선생이 동음자표(p.1545)에서 huai로 표기했지만, 「음운특점(音韻特點), p.1550)」논의를 바탕으로 하면 fai로 보는 것이 적절하다. 본문에서는 이를 근거로 수정하였다. 또한 「或」자는 동음자표(p.1544)에서 fe로 표기되어 있으며, 이독(又讀) hue도 기록되어 있다(p.1544). 「或」의 hue 발음은 서로 다른 언어 층위에서 기원한 것으로 보이며, fe와 같은 계통이 아니다. 따라서 표3에는 hue를 포함하지 않았다.

가 구별된다. 그러나 미엔양에서 uəi, uã, uən, uaŋ 운모에 해당하는 h(x) 성모자(灰, 歡, 魂, 黃)는 종지앙 방언에서는 모두 f로 발음되며, 이 과정에서 개음 u 또한 소실되었다. 이는 종지앙이 미엔양의 (24)와 (26) 두 범주만 유지하고 있음을 의미한다. 미엔양의 두 번째 단계인 (25)는 종지앙에서 이미 (26)에 합쳐졌다.

따라서 미엔양과 종지앙은 x>f/_u x>f/_u 변화를 기준으로 볼 때, 서로 다른 두 인접 유형의 대표라 할 수 있다. 이를 규율 형식으로 표현한다면, x> f/_u에서 u의 자질 값을 미엔양은 [+음절성]으로, 종지앙은 [±음절성]으로 정의할 수 있다. 미엔양의 u 모음을 가진 曉母와 匣母 合口字 만이 f로 변한다. 종지앙은 모음 u 또는 개음 u가 있는 모든 운모에서 이러한 변화가 발생한다. 종지앙은 특정 자질 값을 제거함으로써 규율의 제한을 줄이고, 이를 더욱 일반화하였다. 이로써 미엔양의 규칙, 즉 (27)이 반영하는 변화가 더 직접적(transparent)으로 드러나게 되는데, 이를 (28)로 나타낼 수 있다.

(27) x> f/_u [+음절성]
(28) x> f/_u

전통적으로 표현하자면, 모음성 u가 이 두 방언에서 동일한 음운 변화 과정에서의 속도 차이를 초래했다고 볼 수 있다. x>f/_u는 발음 부위를 기준으로 보면 일종의 이화(異化)이다. 두 방언의 비교를 통해, 모음 u의 이화 효과가 개음 u보다 앞서며, 개음 u의 이화는 모음 u를 포함한다고 할 수 있다.

   규율 (23)과 (27)의 가장 중요한 공통점은 [+음절성]이라는 자질 값을 명확히 지적하고 있다는 점이다. 모지앙(墨江)과 미엔양(縣陽), 종지앙(中江)의 사례를 통해, 적절한 규율 표현이 언어 내부의 음운 관계를 올바르게 반영할 수 있음을 알 수 있다. 반대로 말하면, 규율의 선후 관계와 규율 간의 내재적 순서는 언어의 구조적 특징을 명확히 밝혀주는 역할을 한다고 할 수 있다.

특수한 변화 방향

제1절 회귀적 변화

한 언어가 역사 발전의 특정 단계에서 특정 음 a를 가지고 있다가 다음 단계에서 사라질 수 있다(a> b). 그런데 더 이후의 단계에서, 전혀 다른 음 x가 다시 a로 변화(x > a)함으로써, 이전 단계에서 사라졌던 a가 재등장하기도 한다. 이렇게 a가 사라진 후 다시 나타나는 경우가 있다. 이를 음운의 재현이라고 한다. 하이난도(海南島)의 청마이 방언(澄邁方言)은 원래 민난 방언(閩南方言)이었다. 민난 방언의 t는 청마이 방언에서 ɗ로 변화했고, s와 일부 ts는 t로, tsh는 s로 변화했다. 이러한 음운 재현의 예시는 다음과 같다.

	閩南		澄邁	
修堂地豆	t	>	ɗ	(1단계)
作莊坐蛇水	ts		t/_후설 모음	(2단계)
井錢爭隻上			ts/_전설 모음	
死三謝山生	s	>	t	
粗牆星尺樹	tsh	>	s	(3단계)

이러한 성모 발음 부위의 이동(shift)은 선후관계가 있다. t>ɗ 변화가 가장 먼저 발생한다(1단계). 이어서 ts, s>t 변화가 일어난다(2단계).

마지막으로 tsh>s 변화가 진행된다(3단계). 만약 이러한 순서가 지켜지지 않는다면, 어떤 글자가 ɖ, t, s로 발음되는지에 대한 체계가 혼란에 빠지게 된다. 이러한 성모 이동의 세 단계는, 각각 매우 짧은 시간 안에 연쇄적으로 발생했을 가능성이 높다. 특히, 1단계에서 t가 ɖ로 변화함과 동시에 음운체계 내에서 t는 사라지게 되며, 2단계에서 s가 t로 변화함과 동시에 기존의 s도 소멸한다고 보는 것이 자연스럽다. 여기서 우리는 1단계에서 사라졌던 t가 2단계에서 다시 나타나고, 2단계에서 사라졌던 s가 3단계에서 다시 등장하는 것을 볼 수 있다.[1]

그러나 이 예시에서, 이어지는 두 단계의 t나 s가 발음은 동일하지만 동일한 유형의 글자가 아니다. 이것들은 서로 다른 시기에 동일한 음성 기호를 활용한 것일 뿐, 여전히 서로 다른 두 유형에 속한다. 만약 음운 재현이 동일한 음운 범주 내에서 발생한다면, 상황은 완전히 달라진다. 이 경우 변화 과정은 a_1>b>a_2와 같으며, 여기서 a_1=a_2이다. 이러한 경우를 우리는 丁邦新의 제안을 따라「회귀적 변화(回頭演變)」라고 부를 수 있다.

---

[1] (원주) 청마이(澄邁)와 같은 변화는 하이난섬, 광동, 광시 지역의 중국어 방언에서 널리 발견된다(丁邦新 1986a, 何大安 1976, 梁猷剛 1979, 1986, 張振興 1986, 張賢豹 1976, 詹伯慧 1958, 楊秀芳 1987, 楊煥典 등 1985, Hashimoto 1960, Tsuji 1980, Yue 1979, Woon 1979). 또한, 비중국어 방언(張均如 1986)과 베트남의 한월어(漢越語)(三根谷徹1972)에서도 이러한 변화가 관찰된다. 사실, 이는 일련의 연쇄적 변화(chain shift)의 일부이다. 이 변화의 영향을 받은 지역은 동북쪽으로 양쯔강 하구까지 확장될 수 있으며(游汝杰 1984), 시간적으로는 10세기까지 거슬러 올라갈 수 있다(Haudricourt 1959). 자세한 내용은 제6장 제4절을 참조.

지난 장(제2장 제4절)에서 언급한 모지앙(墨江) 방언의 예에서 이러한 회귀적 변화가 발견된다. 모지앙 방언에서 精系자 ts, tsh, s와 見曉系자 k, kh, x는 먼저 구개음화되어 설면음(舌面音) tɕ, tɕh, ɕ로 되었다. 이후 i, iŋ 등 i 모음을 가진 운모 앞에서 다시 설첨음(舌尖音) ts, tsh, s로 변화되었다. 이는 아래 규율 (29)와 (30)과 같다.

(29) ts, tsh, s ⟶ tɕ, tɕh, ɕ /_ 세음운
     k, kh, x

(30) tɕ, tɕh, ɕ ⟵ ts, tsh, s /_ i, iŋ
                 tɕ, tɕh, ɕ /_ 기타

(30)에서 생성 항목인 ts, tsh, s와 (29)의 변화 항목인 ts, tsh, s는 일부가 일치하며, 「集, 妻, 清」 등의 글자가 해당한다. 이러한 일부 글자의 ts>tɕ>ts 변화가 바로 회귀적 변화(回頭演變)이다.[2]

회귀적 변화는 다시 「완전 회귀적 변화」와 「부분 회귀적 변화」로 나눌 수 있다. $a_1 > b > a_2$에서 a_2가 a_1과 완전히 동일하다면 이를 완전 회귀적 변화라 한다. a_2가 a_1의 일부만 포함하거나, a_1이 a_2의 일부만 포함하는 경우를 부분 회귀적 변화라 한다. 완전 회귀적 변화는 이론적으로 가능하지만, 이를 증명하기는 어렵다. 가령, 공시적 관

---

[2] (원주) 여기에서는 이러한 회귀적 변화(回頭演變)가 발생한 원인에 대해서는 논의하지 않겠다. 현재로서는 윈난(雲南) 지역의 壯侗語에서 구개음화된 성모를 설첨 파찰음 성모로 발음하는 방식의 영향을 받은 것으로 추정된다. 자세한 내용은 張均如(1983)을 참조.

점에서 a₂가 내용적으로 a₁과 완전히 동일하다고 가정하자. 이때 a₂가 반드시 b에서 기원했으며, 그 b 역시 오직 a₁에서만 비롯되었다고(a₂ < b < a₁) 주장하려면, 곧 a₂가 직접 a₁에서 온 것이 아니라(a₂ < a₁), b를 거쳐 왔다는 점을 증명해야 하는데, 이는 논리적으로 상당히 자의적이다. 만약 b가 온전히 a₁에서만 기원한 것이 아니라, 다른 출처 c, d 등을 일부 포함한다면, a·c·d 사이의 상호 관계에 근거해 a₁> b 단계가 존재했다는 추정을 할 수 있다. 그러나 그렇게 되면 b>a₂라는 과정에서의 a₂는 더 이상 a₁과 완전히 동일하지 않게 되며, 부분적인 변화를 거친 것이 된다. 따라서 규율의 분합(分合) 과정을 통해 어느 정도 흔적을 추론해볼 수 있다 하더라도, 그래서 규율이 있는 분리와 결합과 관련된 흔적을 바탕으로 추론할 수 있는 것은 항상 부분 회귀적 변화이며, 완전 회귀적 변화를 증명하는 것은 어렵다.[3]

모지앙(墨江)의 ts>tɕ>ts는 부분 회귀적 변화(部分回頭演變)로 추정할 수 있다. 부분 회귀적 변화는 변화 방향이 특수하지만, 중국어 방언에서는 드물지 않다. 중고음의 影母 (ʔ)와 疑母 (ŋ) 開口 一, 二等字는 관화 방언 발전 과정에서 성모를 잃고 합쳐졌다가, 다시 일부 방언의 홍음 운모(洪音韻母) 앞에서 비음 성모(鼻音聲母) n 또는 ŋ를 생성했다.[4] 「愛(ʔ), 安(ʔ), 藕(ŋ), 昂(ŋ)」 등의 글자는 통화(通化), 창춘(長春),

---

3 (원주) 비중국어의 회귀적 변화에 대해서는 Weinreich(1958)을 참조.

4 (원주) 丁邦新(1986b) 참조.

지난(濟南) 방언에서 각각 다음과 같은 성모로 발음된다.[5]

	通化	長春	濟南
ŋ̊ > ∅ > ŋ	∅	n	ŋ

지난(濟南)과 같은 방언에서는 「藕, 昂」 등의 글자의 성모가 ŋ>∅>ŋ의 회귀적 변화를 겪은 것으로 볼 수 있다. 그러나 오늘날의 ŋ 성모는 일부 疑母자에서 유래한 것 외에도 일부 影母 자에서도 유래하였기 때문에, 이러한 회귀적 변화 역시 부분 회귀적 변화로 간주된다.

제2절 규율 역전

특수한 변화 방향의 형태적 표현은 회귀적 변화(回頭演變) 외에도 중국어 방언에서 또 다른 형태로 나타날 수 있다. 이를 규율 역전(規律逆轉)이라고 한다. 규율 역전은 규율의 변화 항목과 생성 항목이 서로 뒤바뀌는 현상을 말한다. 규율 A>B가 변천 과정에서 일부 사람들의 언어에서 B>A로 바뀌면서 차이가 발생하는 경우가 이에 해당한다. 이것이 바로 규율 역전이다. 이 절에서는 이 현상에 대

5 　(원주) 이들 글자의 발음은 각각 賀巍(1986), 賀巍, 錢會怡, 陳淑靜(1986)에서 인용했다.

해 자세히 논의한다.

후난성(湖南省) 북동쪽에 위치한 린샹(臨湘) 방언은 이에 대한 대표적 사례를 제공한다. 楊時逢의《湖南方言調査報告》(1974b)에 따르면, 린샹 주변의 다른 후난 방언에서는 이미 유성파찰음(濁塞擦音) 성모가 사라졌으나, 린샹에는 여전히 존재한다. 린샹 방언의 독특한 점은 이뿐만이 아니다. 가장 특별한 점은 다른 방언의 유기무성파찰음(送氣淸塞擦音)과 유기무성파열음(送氣淸塞音)이 린샹에는 무기유성음으로 발음된다는 점이다. 역사적 발전 관점에서 보면, 이는 次淸과 全濁이 모두 유성으로 발음된 사례이다. 린샹 방언의 次淸이 유성음(次淸化濁)이되는 것은 매우 독특한 변화이다. 린샹 방언이 주변 방언과 매우 동떨어져 보이지만, 실상은 그렇지 않다. 린샹과 남쪽의 핑지앙(平江) 방언은 음운 구조에서 매우 유사하다. 이에 대한 구체적 증거는 다음 표4와 표5에서 확인할 수 있다.

표4 린샹과 중고성모의 비교

古母今讀 / 발음방법 및 영향 조건 / 古聲組 및 영향조건	全淸塞	次淸塞	全濁塞 平	全濁塞 仄	次濁	淸濁	濁擦 平	濁擦 仄
幫組	幫: p	滂: b	並: b	並: b	明: b			
非組					微: u	非敷: f, h[(1)]	奉: f, h[(1)]	

3장
특수한 변화 방향

端泥組	一二等		端: t	透: d	定: d	定: d	泥	n ń	來	n d⁽²⁾			
	三四等												
精組	洪		精	清 ts	從 dz	從 dz	從 dz	心 s	邪	dz dź	s ś	邪	s ś
	細			tś	dź	dź	dź						
莊組	內轉		莊照二	初穿二 ts	崇牀二 dz	崇牀二 dz	dz, (s	生審二 s					
	外轉												
知組	今開	梗二等韻	知	徹 ts	澄 dz	澄 dz	dz						
		其他											
	今合			tś	dź	dź	dź						
章組	今開		彰照三 ts	昌穿三 dz	船牀三 s	船牀三 s	?	書審三 s	禪	dz dź	s ś	禪	s ś
	今合			tś	dź	dź				f3			f3
日母	今開	止						日	Ø ń, i				
		其他											
	今合							ń, y					
見曉組	開	一等	見 k	溪 g	*	*	疑 ŋ	曉 h	匣 h				
		二等	k tś	g dź	dź	dź	ŋ, i ń	h ś	h ś				
		三四等											
	合	一二等	見 k	溪 g	*	*	疑 u	曉 f	匣 f				
		蟹止宕 三四等	k	g	g 羣	g 羣	u	f	f				
		通舒	k	g	dź	g	?	ś	*				
		其他	tś	dź	dź	dź	y	ś	ś				

影組	開	一等	影	ŋ		
		二等		ŋ i		
		三四等		i	喻: i	
		一二等		ŋ u	*	
	合	三四等	蟹止宕	u	喻	u
			通	i		i
			其他	y		y

설명: (1) 非敷奉母는 u, ʌŋ 에서 h로 발음된다. 「府」hu, 「父」hu, 「風」hʌŋ, 「奉」hʌŋ 등.

(2) 來母 洪音은 n으로 細音은 d로 발음된다. 「里, 李」di, 「聊」diau.

(3) 書母, 禪母 仄聲은 蟹止攝 今合三等 중의 일부분은 f로 발음된다. 「稅, 瑞」fəi.

표5 핑지앙과 중고성모의 비교

古母今讀	발음방법 및 영향조건	全清塞	次清塞	全濁塞		次濁	清濁	濁擦	
	古聲組 및 영향조건			平	仄			平	仄
幫組		幫: p	滂: ph	並: ph	並: ph	明: m			
非組						微: u	非敷: f	奉: f,	

端泥組	一二等	端: ts	透: th	定: th	定: th	泥 l / 來 l ń, y⁽¹⁾	th⁽²⁾				
	三四等										
精組	洪	精 ts	清 tsh	從 tsh	從 tsh		心 s	邪 s	tsh s	邪 s	tsh s
	細										
莊組	內轉	莊照二 ts	初穿二 tsh	崇牀二 tsh	崇牀二 tsh	tsh, s	生審二 s				
	外轉										
知組	今開 梗二等韻	知 ts	徹 tsh	澄 tsh	澄 tsh						
	其他	tṣ	tṣh	tṣh	tṣh						
	今合	tś	tśh	tśh	tśh						
章組	今開 彰照三	tṣ	tṣh 昌穿三 tśh	船牀三 ṣ / tśh / ś	ṣ 牀三 ?		書審三 ṣ / ś	tsh 禪 tśh	ṣ ś	ṣ 禪 ś	ś
	今合	tś									
日母	今開 止					ẓ 日 ń, Ø ẓ⁽³⁾					
	其他										
	今合					y					
見曉組	開 一等	k	kh			ŋ	kh⁽⁴⁾	kh			
	二等	k / tś	kh / tśh			ŋ	kh / ś	kh / ś			
	三四等	tś	tśh	tśh	tśh	ń	ś	ś			
	見曉組 一二等	見 k	溪 kh	*	*	疑 u, ŋ	曉 f	匣 f			
	合 三四等 蟹止宕	k	kh 羣 kh	羣 kh / tśh		u	f	f			
	通舒	k	kh	tśh	kh	?	ś	*			
	其他	tś	tśh	tśh	tśh	ń	ś	ś			

影組	開	一等	影	ŋ		喻:i
		二等		ŋ		
		三四等		i		
	合	一二等		ŋ / u		*
		三四等	蟹止宕通其他	u / i / y		喻 u / i / y

설명: (1) 泥母 洪音은 l로 발음된다. 來母 洪音과 같다. (「藍」=「難」 lan) 泥母 細音은 ń, y로 발음되는데 정해지지는 않았다. (「年」ńien, 「女」y)

(2) 來母 細音은 th로 발음된다. (「李」thi, 「連」thien)

(3) 日母는 止攝에서 ẓ으로 발음된다. (「而」, 「二」ẓi) 기타 開口는 ń, ẓ, Ø으로 발음된다. (「饒」ńiau, 「壬」zən, 「然」yan, 「柔」iəu) 合口는 y-로 발음된다. (「軟」yan)

(4) 曉, 匣母 開口 一二等 洪音은 kh로 발음된다. (「何」kho, 「諧」khai, 「漢」khon, 「限」khan)

이 두 표는 楊時逢의 책에서 원래 형태를 그대로 인용한 것이다.[6]

---

6 (원주) 원래 표는 楊時逢(1974b: 316, 335)에서 발췌되었다. 표에 사용된 음성 기호는 본서의 용법에 맞게 약간 수정되었다.

표5에서 莊組 崇母의 측성(仄聲)에 나타나는 tsh는 원래 ts로 되어 있었으나, 이는 인쇄 오류이어서 수정했다. 원표에 포함된 작은 주석들도 함께 인용하여 논의에 참고할 수 있도록 하였다.

이 두 방언의 성모 체계를 비교하면, 표4와 표5에서 굵은 선으로 표시된 부분을 제외하고는 두 방언의 성모 체계가 매우 유사하다는 점을 알 수 있다. 이를 통해 두 방언의 초기 성모 체계를 쉽게 추적할 수 있으며, 초기 형태에서 두 방언이 어떻게 다른 발전을 겪었는지를 규율로 연결할 수 있다. 아래 비교는 이러한 관찰의 결과를 보여준다.

중고성모		초기형태	핑지앙	린샹
幇 p	>	p	p	p
明 m	>	m	m	m
非 f 敷 fh 奉 v	>	f	f	f/h, 규율 (a)
微 ɱ	>	∅	∅	∅
端 t	>	t	t	t
來 l	<	l/ 一, 二等 th/ 三, 四等	l th	n, 규율 (b) d, 규율 (c)
泥 n	<	n/ 一, 二等 ń/ 三, 四等	l, 규율 (d) ń/∅ 규율 (e)	n ń

精 ts	>	ts	ts	ts/tś 규율 (f)
心 s	>	s	s	s/ś 규율 (f)
邪 z	>	s/ 仄	tsh, s 규율 (g)	규율 (f)
莊 tṣ	>	ts	ts	ts
生 ṣ	>	s	s	s
知 ṭ	<	ts/ 梗二 tś/ 今合 tṣ	ts tś tṣ	ts tś tṣ 규율 (h)
章 tś	<	tś/ 今合 tṣ	tś tṣ	tś ts, 규율 (h)
書 ś	<	ś/ 今合 ṣ	ś ṣ	ś s, 규율 (h)
禪 ź	<	ś/ 仄合 ṣ/ 仄開	ś ṣ	ś/f, 규율 (i) s, 규율 (h)
船 dź	>	ṣ/ 今開	ṣ	s, 규율 (h)
日 ń	<	ẓ/ 止 ń/ 今合 ń	ẓ ∅, 규율 (e) ń/∅/ẓ, 규율 (e, k)	∅, 규율 (j) ∅/ń, 규율 (e) ń/∅, 규율 (e)
見 k	<	tś/ 今細 k	tś k	tś k
疑 ŋ	<	ŋ/ 開一, 二等 ń/ 三, 四等 ∅	ŋ ń ∅	ŋ/∅, 규율 (l) ń/∅, 규율 (e) ∅

3장 특수한 변화 방향

曉 x	←	f ś/ 今細 h	f ś kh, 규율(m)	f/h, 규율(a) ś h
匣 ɣ	←	f/ 合口 ś/ 細音 h	f ś kh, 규율(m)	f/h, 규율(a) ś h
影 ʔ	←	Ø/ 고모음 ŋ	Ø ŋ	Ø ŋ/Ø, 규율(l)
喻 Ø	>	Ø	Ø	Ø

규율(a)	f	<	h/_후설모음 f
규율(b)	l	>	n
규율(c)	th	>	d
규율(d)	n	>	l
규율(e)	ń	<	Ø/_y ń
규율(f)	ts, s	>	tś, ś/_細音
규율(g)	s	>	tsh7
규율(h)	tṣ, ṣ	>	ts, s
규율(i)	ś	>	f/_əi(⟨uəi⟩)

---

7 (원주) 이 규율은 해석하기에 다소 난해한 점이 있으므로, 일단 의문으로 남겨둔다.

규율 (j)	ʑ	>	Ø
규율 (k)	Ø	>	ʑ/人, 讓, 入, 日, 壬
규율 (l)	ŋ	>	Ø/_i-
규율 (m)	h	>	kʰ

위와 같은 음운 관찰을 바탕으로, 다음과 같은 가설적 추론을 도출할 수 있다. 먼저, 규율 (a)는 린샹 방언에서 발생하여 非敷奉母자가 -u, -ʌŋ 운에서 h로 발음되게 했다. 고대 曉母와 匣母자가 合口介音과 결합했을 경우, 핑지앙(平江) 방언에서는 모두 f로 발음된다. 반면, 린샹에서는 현대 -u, -o 앞에서만 h로 발음되고, 그 외의 경우에는 모두 f로 발음된다.

	灰 x	花 x	昏 x	風 f	紅 ɣ	婦 v	喚 x
핑지앙	fi	fa	fən	fʌŋ	fʌŋ	fu	fon
린샹	fəi	fa	fən	hʌŋ	hʌŋ	hu	hon

린샹 방언에는 총 세 개의 후설 모음(後元音) u, o, ʌ만 존재한다. 따라서 규율 (a)는 후설 모음(後元音)이라는 속성을 조건으로 삼아 표현할 수 있다.[8]

---

[8] (원주) 린샹(臨湘) 방언에서 경순음 f와 설근 마찰음 사이의 관계는 상당히 복잡하다. 이에 대한 자세한 논의는 제7장 제8절에서 다룰 예정이다. 여기서는 간결함을 위해 하나의 해석만을 선택한다. 이 해석은 린샹이 과거에 f > x라는 변화를 겪었으며, 핑지앙(平江)도 이와 동일한 과정을 겪었다고 가정한다. 린샹 방언에서는 f > x

3장
특수한 변화 방향

다음으로, 泥母, 疑母, 日母는 三等, 四等韻 앞에서 ń으로 분열되고, 이후 소실되는 과정은 동일한 단계에서 이루어진 것이 아닐 가능성이 있다. 이들 글자의 금독(今讀)은 두 방언에서 다음과 같은 양상을 보인다.

핑지앙

- ń: *n/ṇ: 紐 -iəu, 年念 -ien, 娘 -ioŋ
- *ŋ: 疑藝義議 -i, 魚 -y, 堯 -iau, 元 -yan, 嚴言驗 -ien, 銀 -in, 仰 -ioŋ, 逆 -i?
- *ń: 饒 -iau, 染 -ien, 人 -in, 日 -i?
- Ø: *n/ṇ: 女 -y
- *ŋ: 凝 -in
- *ń: 儒如 -y, 惹 -ia, 柔 -iəu, 然軟 -yan, 忍閏 -yən, 仍 -in 讓₂ -ioŋ⁹

린샹

- ń: *n/ṇ: 女 -y, 紐 -iəu, 年念 -ien
- *ŋ: 藝義議逆 -i, 魚 -y, 虐 -io 堯 -iau, 嚴言驗 -ien, 銀凝 -in
- *ń: 軟 -yen, 日 -i 人 -in
- Ø: *ŋ: 元 -yen, 月 -ye
- *ń: 如入日 -y, 惹 -ia, 若 -io, 熱 -ye, 饒 -iau, 柔 -iou, 然染 -yen, 仍 -in, 閏 -yin, 讓 -iaŋ, 絨 -iʌŋ

린샹(臨湘) 방언에서 「柔」 Ø <*ń과 「紐」 ń <*n/ṇ, 「饒」 Ø <*ń과

변화 이후 규율 (a)의 변화가 추가로 발생하였다. 규율 (a)는 사실 두 개의 규율이 결합된 결과이며, 그중 하나에 대한 설명은 제7장 제8절을 참고하라.

9 (원주) 예시 단어에 아래 첨자로 붙은 아라비아 숫자는 이독(又讀)을 나타내며, 아래에 밑줄이 있는 표기는 백독(白讀)을 나타낸다.

「堯」ń <*ŋ는 운모가 동일하지만 성모는 서로 다르다. 이를 통해 성모 변화의 속도가 다르다는 점을 알 수 있다. 대략적으로 계산한 이러한 글자의 금독은 다음과 같다.

핑지앙	*n/ṇ	*ŋ	*ń	린샹	*n/ṇ	*ŋ	*ń
ń	4	12	4	ń	4	12	3
Ø	1	1	12	Ø	0	2	14

日母 ń에서 온 글자는 대부분 이미 Ø로 변화되었다. 疑母 ŋ, 泥母 n, 娘母 ṇ에서 유래한 ń도 일부 이미 소실되기 시작했다. 운모를 기준으로 명확한 조건이 보이지 않으므로, 우리는 임시로 규율 (e) ń>Ø가 이 두 방언에서 지속적으로 작용해왔을 가능성을 상정할 수 있다. 이에 따른 변천 과정은 다음과 같은 단계로 나타난다.

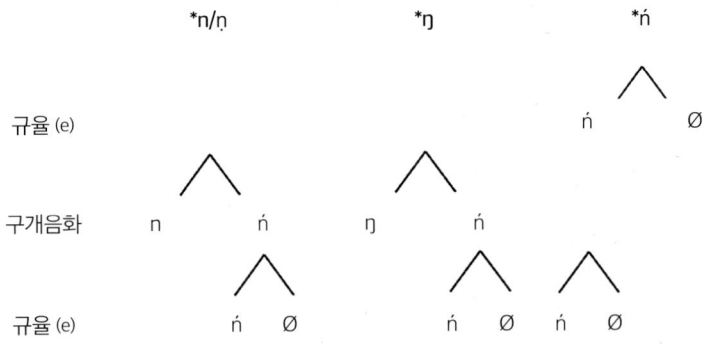

ń은 항상 세음운모(細音韻母) 뒤에 이어지며, 이는 설면전고모음

(舌面前高元音) 또는 개음 앞에서 점진적으로 약화되는 과정으로 이해할 수 있다. 그러나 규율 (e) ń>∅의 작용력은 점차 약화되고 있는 듯하다. 그 결과 疑母 ŋ, 泥母 n, 娘母 ṇ에서 유래한 ń의 소실은 많지 않다.

셋째, 古止攝 이외의 日母자 중 핑지앙에서 z̥로 발음되는 것은 단 5개의 글자만 존재한다.

壬人₁ -in, 讓₁ -oŋ, 入日₁ -ət

이 중 절반 이상은 이독자(又讀字)로, 이는 다른 방언의 영향이나 文讀의 영향을 받아 생겨난 변화일 가능성이 있다. 이러한 변화를 규율 (k)로 나타낼 수 있다.

마지막으로, 疑母 ŋ 開口 一等, 二等字는 핑지앙에서는 여전히 ŋ으로 남아 있지만, 린샹(臨湘)에서는 뒤따르는 二等 운모가 이미 세음운모(細音韻母)으로 변화한 경우 ŋ이 소실된다. 「牙(ia)」, 「岳(io)」이 이에 해당한다. 반드시 주의 해야할 점은 影母 ʔ가 린샹에서 이러한 疑母자와 같은 방식으로 변화하고, 핑지앙에서도 동일하게 ŋ으로 남아 있다는 것이다. 따라서 이 경우는 앞 절에서 언급한 ŋ, ʔ> ∅>ŋ의 부분 회귀적 변화(部分回頭演變) 사례로 볼 수 있다. 이러한 변화는 핑지앙과 린샹의 초기 형태에서 이미 발생했을 가능성이 있다. 린샹에서 세음운모 앞에서 ∅로 발음되는 방식은 「二等 牙喉音 구개음화」라는 규율의 영향을 받은 결과로 보인다.[10] 현재로서는 규율 (l)을 사용하여 린샹과 핑지앙을 묶을 수 있다.

위의 논의는 주로 린샹과 핑지앙 방언의 유사성을 강조하기 위한 것이다. 비록 일부 측면에서 우리의 이해가 아직 충분히 명확하지 않더라도, 규율 (a)~(m)이 대부분 국부적이고 얕은 층의 규율이라는 점을 감안할 때, 두 방언이 상당히 근접하다는 점은 확실하다. 이제 다시 표4에서 굵은 검은 선으로 표시된 부분을 살펴볼 차례이다. 이 부분이 바로 우리의 논의 초점이다. 만약 린샹과 핑지앙이 동일한 초기 형태 위에서 비교할 수 있음을 확신하고, 이를 규율로 서로 연결한다면, 표4와 표5의 검은 선으로 표시된 부분도 단순한 규율로 연결될 수 있지 않을까? 분석 결과, 이 부분이 암시하는 초기 형태가 무엇이든 간에, 표4와 표5 사이의 차이는 단 한 가지라는 점을 발견했다.

(31) 핑지앙 방언의 유기무성음(送氣淸音)은 린샹 방언에서
모두 무기유성음(不送氣濁音)으로 나타난다.

현재 일반적인 견해에 따르면, 古全濁聲母는 무기유성음(不送氣濁音)이었다.[11] 이러한 무기유성음은 현대의 깐방언(贛方言)과 커방언(客

10　(원주) 2등 아후음(牙喉音) 구개음화가 린샹(臨湘) 등 방언에 미친 영향에 대해서는 제6장 제4절의 간단한 설명을 참고하라.

11　(원주) 자세한 내용은 李榮(1952: 116-124) 및 李方桂(1971) 참조.

家方言)에서 모두 유기청음(送氣淸音)으로 변화하였다.[12] 핑지앙은 깐 방언에 속하며, 최근 조사에서는 핑지앙과 린샹 모두 깐방언으로 분류되었다.[13] 그런데 왜 린샹에는 유기무성음이 없는 것일까? 이는 핑지앙의 유성이 무성으로 변화한 규율 (32)가 린샹에서는 반대로 작용했기 때문이다. 이는 다음 규율 (33)과 같이 표현된다.

(32) $\begin{bmatrix} -\text{유기} \\ +\text{유성} \end{bmatrix} > \begin{bmatrix} +\text{유기} \\ -\text{유성} \end{bmatrix}$ (平江)

(33) $\begin{bmatrix} +\text{유기} \\ -\text{유성} \end{bmatrix} > \begin{bmatrix} -\text{유기} \\ +\text{유성} \end{bmatrix}$ (臨湘)

이 두 규율이 만들어 내는 구조적 효과는 동일하다. 모두 「차청(次淸)」인 ph, th, kh와 「전탁(全濁)」인 b, d, g를 각각 하나의 유형으로 통합하는 것이다. 따라서 음운 구조 측면에서 보면 린샹과 핑지앙은

---

12 (원주) 丁邦新(1982) 참조.
13 (원주) 린샹(臨湘)과 핑지앙(平江)은 초기 방언학 저서에서는 동일한 방언군으로 분류되지 않았다. 그 주요 이유는 핑지앙에는 유성성모(濁聲母)가 없지만, 린샹에는 많은 무송기 유성성모(不送氣濁聲母)가 존재하기 때문이다(楊時逢1974b, 丁邦新1982). 그러나 우리는 이 두 방언의 차이가 단지 규율 역전(規律逆轉)의 결과일 뿐이며, 본질적으로 같은 방언군에 속한다고 본다. 따라서 이 절에서 두 방언 간의 내적 연관성을 충분히 논의함으로써, 두 방언을 나란히 비교하고 논의할 근거를 확립하고자 하였다. 본 책이 완성된 이후, 鮑厚星, 顏森의 〈湖南方言的分區〉(1986)를 읽었다. 이 글은 더 광범위한 음운적 특징과 화자들의 방언군에 대한 인식을 바탕으로, 린샹과 핑지앙을 깐어(贛語) 방언군에 속하는 두 소방언으로 직접 분류하였다. 그들의 의견은 이 절의 주장을 뒷받침하는 근거가 될 것이다.

완전히 동일하다. 단지 통합이 일어나는 방향만 서로 반대일 뿐이다.

우리는 음운 변화나 방언 차이를 일련의 순서 있는 규율로 나타낼 수 있다는 것을 알고 있다. 이러한 규율의 운용은 주로 규율 추가(rule addition), 규율 소실(rule loss), 규율 재배열(rule reordering), 규율 단순화(rule simplification) 네 가지로 나눌 수 있다.[14] 이 네 가지 방식은 모두 구조 자체에 영향을 미친다. 그러나 여기의 상황은 조금 다르다. 만약 한 방언이 A>B로 변화하고, 다른 방언이 B>A로 변화한다면, 그 결과는 모두 A, B>AB이다. A와 B 방언 사이의 새로운 구조적 관계는 동일하다. 그래서 이러한 방식으로 인해 발생하는 차이는 위의 4가지 형태로 규범 지을 수 없다. 그렇기 때문에 이는 새로운 규율 유형인 규율 역전(規律逆轉, rule reversion)이다. 핑지앙과 린샹을 놓고 볼 때, 핑지앙의 「유성음무성화(濁音清化)」든 린샹의 「무기음유성화(次清化濁)」이든, 결과적으로 「次清」과 「全濁」 성모를 동일한 유형으로 통합한다는 점에서 동일하다. 다만, 이유형에 적용되는 표면적·음성적 표지가 서로 다를 뿐이다. 이와 같이 음성이 다른 것은 동일 계통의 방언들 사이에서 흔히 나타나는 현상이다. 이런 관점에서 볼 때, 린샹은 핑지앙에 비해 그다지 놀라울 만큼 특별한 점이 있다고 보기는 어렵다.

---

14   (원주) R. King(1969: 158-175), T. Bynon(1977: 114-140), A. Sommerstein(1977: 238-243) 참조. 음운 변천이나 차이를 일으키는 또 다른 요인은 언어 내부에서 '재구성(restructuring)'이 발생하는 현상이다. 재구성은 규율(規律)이 끊임없이 작용한 결과로 나타난다. 다만, 본 절에서는 규율의 문제를 논의하는 데 초점을 맞추며, 어휘의 재구성 문제는 다루지 않는다.

현재로서는 린샹의 규율 역전이 정확히 언제 일어났는지 확실히 알 수 없다. 가능성은 두 가지다. 하나는, 펑지앙에서 규율 (32)가 생겨나던 시점에 린샹에서도 동시에 같은 규율이 발생했을 수 있다는 것이고, 또 다른 하나는 펑지앙과 린샹이 공유하던 초기 공통 형태에서 먼저 유성음무성화가 일어난 뒤, 린샹에서 별도로 규율 (33)이 발생했을 수 있다는 것이다. 깐방언(贛方言)의 발전사와 古來母 細音 변화의 흔적을 보면, 후자의 가능성이 더 커 보인다. 따라서 여기서 말하는 역전은 공시적(synchronic) 역전이 아니라 통시적(diachronic) 역전이다. 통시적 역전은 기존 규율 자체가 역전된 것이 아니라, 역전 효과를 나타내는 새로운 규율이 생겨난 상황을 의미한다. 즉, 역사적 발전 관점에서 보면, 오늘날의 역전 규율은 새로 추가된 규율이며, 이를 「규율 추가」의 사례로 볼 수 있다. 그러나 방언 간의 관계를 연결하는 시각에서는 「규율 역전」이라는 개념이 더욱 적합하다.

덧붙여 말하자면, 무기음유성화(次清化濁)의 규율 역전은 양쯔강(長江) 유역의 깐방언에서 흔히 나타난다. 후베이성(湖北省)의 푸치(蒲圻), 통청(通城), 총양(崇陽)과 지앙시성(江西省)의 도창(都昌), 후코우(湖口), 우닝(武寧) 등 지역에서 나타난다.[15] 이 중 일부 지역에서는 무기음유성화 후 음운 표현이 유기유성음으로 나타난다(푸치, 통청). 또 다른 일부 지역에서는 무기음유성화가 당시 파찰음([+지연 방출])에

---

15   (원주) 이는 다음 문헌을 근거로 한 것이다. 趙元任 등(1948), 詹伯慧, 李元授(1964), 張歸壁(1984), 顏森(1986).

만 제한적으로 일어나며, 유성화의 결과가 유성마찰음으로 나타난다(충양). 전자는 역전 후 음운 조정을 거친 경우이며, 후자는 무기음 유성화가 불완전하여 역전이 완전히 완료되지 않은 경우이다.

규율 역전의 또 다른 예는 후난(湖南) 지역의 리링(醴陵)과 리우양(瀏陽) 방언에서 나타나는 tʂ>k와 k>tʂ의 사례이다(楊時逢 1974b: 371-390, 352-370).

리링과 리우양은 인접한 두 개의 깐방언(贛方言)이다. 이 두 방언의 음운 구조는 매우 유사하다. 중고음의 知系(ṭ, ṭh, ḍ) 및 章系(tś, tśh, dź, ś, ź) 글자는 대부분의 開口 운모 앞에서 모두 권설 성모(捲舌聲母) tʂ, tʂh, ʂ로 발음된다. 예시를 들면, 아래와 같다.

		리링(醴陵)	리우양(瀏陽)
中	ṭ	tʂʌŋ	tʂʌn
徹	ṭh	tʂhe	tʂhe
趙	ḍ	tʂheu	tʂhaɤ
周	tś	tʂəu	tʂɵɯ
昌	tśh	tʂhoŋ	tʂhoŋ
燒	ś	ʂeu	ʂaɤ
成	ź	tʂhʌŋ	tʂhʌn

그러나 y운모 앞에서는, 리링(醴陵) 방언의 知系와 章系 글자가 見曉系자와 같이 k, kh, h로 발음된다. 반대로, 리우양(瀏陽) 방언에서는 ɥ 운모 앞에서 見曉系자를 知系와 章系의 tʂ, tʂh, ʂ로 발음한다. 예

3장
특수한 변화 방향

시는 아래와 같다.

		리링(醴陵)	리우양(瀏陽)
猪	ṭ	ky	tṣɥ
追	ṭ	kyei	tṣɥei
除	ḍ	khy	tṣhɥ
專	tś	kyeŋ	tṣɥẽ
船	dź	khyeŋ	tṣhɥẽ
垂	ź	hyei	ṣɥei
書	ś	hy	ṣɥ
拘	k	ky	tṣɥ
均	k	kyʌŋ	tṣɥʌn
羣	g	khyʌŋ	tṣhɥʌn
許	x	hy	ṣɥ

리링(醴陵)의 y는 완전히 리우양(瀏陽)의 ɥ와 대응될 수 있으며, 두 방언 모두 다른 촬구모음(撮口元音)을 더 이상 가지고 있지 않다. 따라서 분화된 발음 조건은 두 방언에서 완전히 동일하다. 이러한 상황에서 리링과 리우양 사이에는 (34)와 (35)의 규율 역전이 나타난다.

(34) tṣ, tṣh, ṣ > k, kh, h / _y
(35) k, kh, h > tṣ, tṣh, ṣ / _ɥ

(34)와 (35)의 조건 항목을 자질 값으로 표현하면 [−후설 모음, +원순]으로 나타낼 수 있다. 이렇게 규율을 표현하면 더 일관되게 보이

며, 서로가 역전 관계임이 더욱 분명해진다.

규율 역전의 원인은 매우 흥미롭고 탐구할 가치가 있는 주제이다. 그러나 위에 언급된 방언들의 언어적 상황(linguistic situation)을 서면상의 음운 기록만으로 명확하게 파악할 수 없기 때문에 심도 있는 분석을 진행하기 어렵다. 우리는 '규율 역전'이란 현상이 甲방언이 乙방언으로부터 전파된 대응 관계나 규율을 과도하게 교정하려는 반응에서 비롯되었을 가능성이 있다고 추측한다. 예컨대, 깐방언(贛方言)의 陽調에서 나타나는 유기무성성모[16]는, 인접한 샹어(湘語) 및 우어(吳語)에서 유성성모로 대응된다. 이러한 대응 관계는 일부 깐방언에서 다음과 같은 (36)의 영향을 미치는 규율을 유발했다.

(36)
$$[+\text{유성}] \sim \rightarrow \begin{bmatrix} +\text{유기} \\ -\text{유성} \end{bmatrix} > \begin{bmatrix} \pm\text{유기} \\ +\text{유성} \end{bmatrix}$$

규율 (36)은 원래 陽調에서만 작용해야 하지만, 과도한 적용 또는 (36)이 매우 강력한 영향 규율로 작용했기 때문에, 陰調의 유기무성성모(次淸)까지 포함되었다.[17] 리링(醴陵)과 리우양(瀏陽)의 규율 역전도 이와 같은 방식이라고 추측할 수 있다.

---

16 (원주) 「양조(陽調)」는 양평(陽平), 양상(陽上), 양거(陽去), 양입(陽入) 등의 성조를 의미한다. 이러한 성조는 중고음(中古音)에서 유성성모(濁聲母)와 결합했던 평(平), 상(上), 거(去), 입(入) 네 가지 성조가 분열하여 형성된 것이다.

17 (원주) L. Sagart(1984)도 유사한 견해를 제시하였으나, 그 논의의 각도는 본 절과 다르다. 독자는 이를 참고하기 바란다.

제3절 유추적 변화(比附演變)

　　방언 간 접촉으로 인해 서로 상반된 방향으로 발생하는 변화 유형 중 또 하나의 대표적인 사례는, '유추적 변화(比附演變)'로 불린다. 이제 실제 예시를 하나 살펴보겠다.

　　후난(湖南)성의 헝산(衡山) 방언에서는,[18] 중고 曉x, 匣ɣ 합구 1·2등자에 해당하는 일부음이 非·敷·奉母와 뒤섞여 Φ로 발음되고, 나머지는 h로 발음된다. 이에 대한 구체적인 사례는 표6에서 확인할 수 있다.

표6 헝산 Φ, h 성모의 분포

	Φ	h	글자 예	
			Φ	h
u	+		婦服 *v 虎 *x, 狐戶 *ɣ	
a	+		法髮 *f 化 *x 畫話 *ɣ	
æ	+		否 *f 懷壞 *ɣ	
uæ		+		或 *ɣ
o		+		火 *x 禍獲 *ɣ

18　(원주) 본 절에서 인용된 후난 방언(湖南方言)은 楊時逢(1974b)에서, 후베이 방언(湖北方言)은 越元任 등(1948)에서, 지앙시 방언(江西方言)은 羅常培(1940), 楊時逢(1971, 1982) 그리고 顔森(1983)에서 각각 인용하였다.

ai	++		飛廢 *f 灰毀 *x 會 *ɣ	
ã	+		凡范飯 *v 完緩 *ɣ	
aĩ	+		喚 *x	
oŋ	+		方放 *f 防 *v 黃 *ɣ	
ʌŋ	+	+	分奮 *f 奉 *v 昏 *x 橫魂 *ɣ	宏弘紅 *ɣ

曉母와 匣母 合口 一二等字를 X로 나타내고, 현재 발음의 운모를 조건으로 삼는다면, 형산 방언의 변화는 다음과 같이 표현할 수 있다.

$$X \begin{cases} h/\_\ uæ,\ o,\ ʌŋ \\ \Phi/\_\ u,\ a.æ,\ ai,\ ã,\ oŋ,\ ʌŋ \end{cases}$$

이 규율은 상당히 이해하기 어렵다. 변화의 논리적 맥락을 파악할 수 없으며, 특히 ʌŋ의 두 가지 분류는 상호 모순적이다.

후난(湖南) 지역 전반에 걸쳐, 샹어(湘語)·깐방언(贛方言)·관화(官話)를 불문하고, 극히 적은 수의 방언을 제외하고[19] 通攝 陽聲字는 대

---

19 (원주) 예외는 세 가지로 나뉜다. 1. 용수에이(永綏)는 õ로 발음된다. 2. 천시(辰溪)는 ɯ로 발음된다. 3.지아허(嘉禾)는 om으로 발음된다. 용수에이와 천시의 변화 방향은 oŋ > õ > ɯ로 보이며, 이는 샹어(湘語)에서 나타나는 개별적인 발전 양상을 보여준다. 지아허는 서남 관화(西南官話)로, uŋ > om으로 변화하며, 이는 지앙시(江西)의 깐시엔(贛縣)과 동일한 양상을 보인다(楊時逢(1974a) 참조). 이는 꾸에이베이 관화(桂北官話)의 영향을 반영했을 가능성이 있다.

체로 uŋ>oŋ>əŋ>ən 혹은 uŋ>oŋ>ʌŋ>ʌn의 변화로 나타난다.[20] 전자는 후난 서부에서 주로 나타나고, 후자는 주로 후난 동부에서 나타난다. 이 두 변화 유형은 사실상 동일한 음운 변화 추세의 서로 다른 음운적 표현에 불과하다. 지리적으로도 이러한 변화가 상당히 일관되게 관찰되는데, 이는 최근 샹어·깐방언·관화 등 세 대(大)방언이 뒤섞인 뒤 나타난 지역적 신변화로 볼 수 있다. 이러한 점을 인지하면, 헝산 방언의 상황은 아래와 같은 규율 순서를 통해 설명할 수 있음을 알 수 있다.

(37) *uŋ > oŋ

(38) x ⟨ h/_o, ʌŋ
        ɸ

(39) (*uŋ >) oŋ > ʌŋ[21]

(40) *uaŋ > oŋ

(37)은 거의 모든 후난 방언에서 공통적으로 나타나는 변화이다. (37) 이후 헝산 방언에서 x>ɸ의 변화가 발생했는데, 이를 (38)로 나타낼 수 있다. 이 과정에서 설근 마찰음(舌根擦音) 일부가 경순화(輕脣化)되면서 通攝의 양성 운모가 ʌŋ으로 변화하였는데, 이는 (39)로 표

---

20 (원주)「양성자(陽聲字)」는 비음 운미(鼻音韻尾)를 가지는 글자를 가리키며, 파열음 운미(塞音韻尾)를 가지는「입성자(入聲字)」와 구분된다.

21 (원주) 헝산(衡山) 방언에서 ʌŋ 운모는 중고음에서 -n 운미를 가진 글자도 포함한다.「分, 昏, 魂」등이 이에 해당한다.

현된다. 남은 oŋ 운모가 비게 되자, 宕攝 合口字(*uaŋ)가 메우게 되었으며, 이는 (40)이다. 그러나 宕攝 합구의 「黃」은 이미 (38)의 영향을 받아 Φ 성모로 변했기 때문에 오늘날 oŋ 운모에는 X 유형의 글자가 없다. ʌŋ 운에는 두 가지 X 유형의 글자가 공존한다.

남은 문제는 「或」자가 왜 huæ로 발음되면서 Φæ로는 발음되지 않느냐는 것이다. (38)에 따르면 「或」의 현재 발음은 Φæ가 되어야 한다. 그러나 이 문제는 즉시 해결하기가 어렵다. 임시적인 견해로, 「或」의 서면어 용법이 표준어의 영향을 받았을 가능성을 제기해 볼 수 있다.

(38)은 널리 퍼진 변화로, 본서 제7장에서 자세히 논의될 예정이다. 이 변화의 주요 특징은 현재 발음 o, oŋ 앞에서 X 모두 h 또는 x로 발음되지만, 다른 운모 앞에서는 f 또는 Φ로 발음된다는 점이다. 규율 (38)이 나타나는 방언은 대부분 후난 지역에 집중되어 있다. 통시적 관점에서 본다면, 이러한 o, oŋ 운모는 중고음의 果攝과 通攝자에서 유래했다. 또한, 通攝 今讀이 oŋ이 아닐 경우는 형산과 같은 (38) 이후의 변화에 해당한다. 샹어(湘語) 뿐만 아니라 서남관화(西南官話)에서 이와 같은 예를 찾아볼 수 있다. 이는 통섭을 oŋ으로 발음하는 것이 후난, 후베이 지역의 샹어와 서남관화의 공통적 특징이기 때문이다. 그러나 같은 지역 내에서도 깐방언은 다르다. 후베이성(湖北省)의 시엔닝과 통산(通山)에서는 通攝자가 각각 ʌŋ과 aŋ으로 발음된다. 반면, oŋ으로 발음되는 것은 이 두 방언에서 宕攝자이다. 따라서 규율 (38)이 이 두 방언에서 유발한 반응은 通攝 글자가 아니라

宕攝자에 적용된 것이다. 시엔닝 방언에서는, 이러한 변화가 반영된 혼독(混讀)이 표 7과 같은 방식으로 나타난다.

표7 시엔닝 f, x 성모의 분포

	f	x	글자 예	
			f	x
u	+		府附父服 呼虎狐獲	
a	+		法髮發 化畫滑	
æ	+		懷	
o		+		霍禍
e	+		活或	
eø	+		否	
ə̃	+		反凡	
œ̃	+		喚緩	
ən	+		分奮 昏橫	
oŋ		+		方房 黃
ʌŋ	+		風封馮奉 弘宏紅	

시엔닝의 혼독은 다음과 같은 규율이 순차적으로 작용한 결과로 볼 수 있다.

(41) *uŋ > ʌŋ
(42) *uaŋ > oŋ
(43) x ⎡ x/_o, oŋ
      ⎣ f
(44) f ⎡ x/_oŋ
      ⎣ f

    (42)는 형산의 (40)에 해당한다. 사실, (43)도 형산의 (38)에 해당한다고 볼 수 있다. 이는 시엔닝의 f, x가 형산의 Φ, h와 정확히 대응되기 때문이다. 우리는 잠시 제7장의 방법을 따라, (38)과 (43)을 RB(규율 B)로 명명하기로 한다. 시엔닝과 형산은 규율의 적용 방식이 대체로 유사하지만, 규율 적용 순서가 다르기 때문에 결과에도 약간의 차이가 나타난다. 다음은 몇 가지 글자를 비교한 예이다.[22]

시엔닝	風	紅	方	黃
	*pjuŋ	*ɣuŋ	*pjuaŋ	*ɣuaŋ
경순화	fuŋ	—	fuaŋ	—
무성음화	—	xuŋ	—	xuaŋ
uŋ>ʌŋ	fʌŋ	xʌŋ	—	—

---

[22] (원주) 예시 아래에 표시된 중고음(中古音)의 음운 재구(擬音)는 李方桂(1971)를 기준으로 한 것이다. 「경순화(輕脣化)」와 「무성음화(淸化)」는 깐방언(贛方言)과 서남 관화(西南官話)에서 나타난 초기 변천이며, 따라서 다른 규율보다 앞서 논의된다. 또한, 형산(衡山) 기록에서는 「風」자가 빠져 있어, 이후 논의에서는 같은 운모를 가진 「奉」자로 대체하였다.

uaŋ>oŋ	—	—	foŋ	xoŋ
RB	—	fʌŋ	—	—
(44)	—	—	xoŋ	—
	fʌŋ	fʌŋ	xoŋ	xoŋ

헝산	奉	紅	方	黃
	*bjuŋ	*ɣuŋ	*pjuaŋ	*ɣuaŋ
경순화	vuŋ	—	fuaŋ	—
무성음화	fuŋ	xuŋ	—	xuaŋ
uŋ>oŋ	foŋ	xoŋ	—	—
RB	—	—	—	fuaŋ
oŋ>ʌŋ	fʌŋ	xʌŋ	—	—
uaŋ>oŋ	—	—	foŋ	foŋ
	fʌŋ	xʌŋ	foŋ	foŋ
음성 규칙	Φʌŋ	hʌŋ	Φoŋ	Φoŋ

    그러나 시엔닝과 헝산 방언 간의 비교에서 더 중요한 의의는, 이 비교가 방언 간에 유추적 변화(比附演變)가 일어났음을 보여준다는 점이다. 특정한 변화가 어떤 지역 내에서 방언 간에 전파될 경우, 음운 구조가 유사한 방언들은 그 변화에 대해 음성적·음운적 층위 모두에서 유사한 반응을 보일 가능성이 높다. 그러나 두 방언의 음운 구조가 완전히 같지 않다면, 동일한 규율에 대한 반응은 주로 표층의 음성적 차원에서만 일치할 수 있고, 음운적 차원까지는 미치지 못할 수 있다. 이처럼 방언 간의 음성은 같지만 음운이 같지 않은 걸

으로는 유사하지만 실질적으로는 다른 공통적 변화가 바로 「유추적 변화」이다. RB는 후베이성의 깐방언(贛方言)과 후난성의 기타 방언들 사이에서 유추적 변화의 성격을 가진다. 이에 대해서는 다음과 같이 추가적인 설명을 제시할 수 있다.

중고음의 通攝과 宕攝자는 오늘날 대부분의 방언에서 여전히 구분된다. 예컨대, 샹어(湘語), 서남관화(西南官話), 그리고 깐방언(贛方言) 모두 通攝과 宕攝의 구분을 유지하고 있는 방언군에 해당한다. 그러나 이러한 공통된 유형의 구분에 대해 각 방언이 음운적으로 해석하는 방식은 반드시 일치하지 않는다. 이로 인해 점차적으로 구조적 차이가 나타나게 되었다. 현재 자료에 따르면, 깐방언(贛方言)에서 다음과 같이 나타난다.

		通攝	宕攝
江西	臨川	uŋ	oŋ
	新淦	uŋ	oŋ
	南昌	uŋ	oŋ
	奉新	ɯŋ	oŋ
湖北	蒲圻	ʌŋ	oŋ
	陽新	ʌŋ	oŋ
	咸寧	ʌŋ	oŋ
	通山	aŋ	oŋ
	大冶	aŋ	ɔŋ
	嘉魚	oŋ	aŋ
	崇陽	əŋ	aŋ

3장
특수한 변화 방향

湖南	臨湘	ʌŋ	aŋ
	攸縣	ʌŋ	aŋ
	汝城	oŋ	aŋ
	資興	oŋ	aŋ
	酃縣	ʌŋ	ã
	安仁	aŋ	õ
	桂東	oŋ	ɔ
	平江	ʌŋ	oŋ
	耒陽	ʌŋ	ɔ
	常寧	ʌŋ	ɔ
	茶陵	ʌŋ	ɔ
	瀏陽	ʌn	oŋ
	醴陵	ʌŋ	oŋ

이 중 宕攝자의 발음은, 지앙시성, 후난성, 후베이성 세 성의 경계 지역에서는 aŋ 또는 ã로 발음되며, 그 외 지역에서는 oŋ, õ, ɔŋ, ɔ로 발음된다.

반면, 일반적으로 宕攝자의 주요모음은 후난성의 샹어와 서남관화에서 대부분 저모음 a 또는 ɑ로 발음된다.

宕攝모음이 a 혹은 ɑ인 방언

샹어: 長沙, 寧鄉, 安化, 南縣, 湘陰, 岳陽, 黔陽, 城步, 新寧, 武岡, 會同, 漵浦, 祁陽, 湘鄉, 通道, 東安, 零陵, 永順, 邵陽, 保靖, 永綏, 古丈, 沅陵, 瀘溪, 乾城, 辰溪, 麻陽

서남관화: 桃源, 慈利, 臨澧, 澧縣, 安鄉, 漢壽, 衡陽, 寧遠, 嘉禾, 藍山, 永興, 郴縣, 常德, 龍山, 桂陽, 新田, 臨武, 宜章, 道縣, 永明, 石門, 桑植, 大庸, 鳳凰, 芷江, 靖縣, 晃縣, 江華

깐어: 臨湘, 攸縣, 汝城, 酃縣, 資興, 華容, 綏寧

宕攝모음이 o 혹은 ɔ인 방언

샹어: 湘潭, 沅江
서남관화: 益陽, 衡山
깐어: 平江, 瀏陽, 醴陵, 茶陵, 常寧, 耒陽, 安仁, 桂東, 新化

통계적으로 보면, 다음과 같은 분포를 나타낸다.

	샹어	서남관화	깐어[23]
a/ɑ	27	27	7
o/ɔ	2	2	9

이러한 데이터를 바탕으로 지리적 분포 상의 조합을 관찰한 결과, 우리는 a/ɑ는 샹어와 서남관화 宕攝자 모음의 원래 발음이었음을 확신할 수 있다. 샹탄(湘潭) 등 네 지역에서 나타나는 o/ɔ 발음은

23　(원주) 깐어(贛語)에서 a/ɑ와 o/ɔ의 비율은 다소 비슷하여, 깐어 자체만으로는 이를 논의하기가 어렵다. 그러나 한편으로는 샹어(湘語)와 서남 관화(西南官話)의 사례가 매우 명확하며, 다른 한편으로는 깐어와 많은 공통 특징을 가진 커지아 방언(客方言)이 대체로 o/ɔ를 사용하는 점을 고려할 때, 깐어의 본래 발음이 o/ɔ였다고 보는 데에 근거가 있다고 할 수 있다. 이 점은 丁邦新 선생의 가르침을 통해 알게 되었기에, 이에 깊은 감사를 표한다.

깐방언의 영향을 받은 결과로 보인다. 반대로, 펑지앙 등 지역에서 나타나는 o/ɔ는 깐방언의 원래 발음이며, 린샹 등 지역에서 나타나는 a/ɑ는 샹어나 서남관화의 영향을 받은 것이다. 앞에서 논의한 후난 지역 通攝 양성자의 모음 변화 설명을 참고하여, 우리는 通攝과 宕攝자의 양성운의 초기 형태를 다음과 같이 재구할 수 있다.

	깐어	샹어	서남관화
通攝	uŋ	oŋ	oŋ
宕攝	oŋ	aŋ	aŋ

현재 RB가 어떤 방언에서 유래했는지는 확실히 알 수 없다. 그러나 이 규율은 방언의 경계를 넘어 깐방언, 샹어, 서남관화라는 세 주요 방언 모두에 영향을 미쳤다. 또한 이 규율이 다루는 음운적 측면은 샹어와 서남관화 내부에서 oŋ으로 발음되는 通攝자와 일치한다. 깐방언 내부에서도 oŋ으로 발음되는 宕攝자와 일치한다. 그러나 샹어와 서남관화를 깐방언과 비교할 경우, 음운 구조상 일치하지 않는다. 즉 어느 한쪽 관점에서 보든지, 다른 쪽의 RB 채용은 단지 표면적인 음성의 '유추적(比附)'에 불과한 것이다. 이런 '유추'가 가져온 변화 방향은 당연히 한 지점에서 만나지 않고, 각자 자기 길을 가게 된다. 예시를 통해 우리는 다음과 같은 점을 알 수 있다. 방언 구역을 넘어서는 어떤 규율(RB)이 발생하면, 그로 인해 유추적 변화(比附演變)가 일어날 수 있다. 유추적 변화가 발생하는 이유는, 각 방언 간

에 구조적으로 상응하지 않는 부분이 있기 때문이다. 구조적으로 서로 대응하지 않는다면, 동일한 자극을 받아도 각각 다른 결과가 나타난다.

구조 조정

제1절 재평가

한 언어의 구성 성분들 간의 관계에 대한 음운적 표현을 「음운 해석」(phonological interpretation)이라고 한다. 이전 장 제3절에서 논의된 通攝과 宕攝의 대립 관계에 대해, 깐방언(贛方言), 샹어(湘語), 서남관화(西南官話)는 각각 다른 음운 해석을 가지고 있다. 해석이 다르기 때문에, 通攝과 宕攝의 대립 관계는 초기에는 동일했을지라도, 유추적 변화와 기타 규율들을 통해 발전 방향이 달라지며, 나아가 구조의 관련 부분에서 다른 관계들의 변화를 야기하게 된다. 「風 (f)」: 「紅 (ɣ)」은 헝산(衡山)에서는 여전히 성모(聲母) Φ:h의 대립을 유지하지만, 시엔닝(咸寧)에서는 「奉 (v)」: 「紅 (ɣ)」이 성모에서 통합되어 모두 f로 발음된다.

한 언어 내부적으로 볼 때, 어떤 구성 성분 간의 특정 관계가 이전과 이후 두 시기 동안 변하지 않고 유지되더라도, 이를 해석하는 방식이 변화하는 경우가 있다. 이러한 현상을 「재평가(重估)」(reinterpretation 또는 rephonologization)라고 한다. 재평가는 언어 변화에서 매우 흔히 볼 수 있는 현상이다. 중고음에서 一二等 開口韻의 대립이 주요모음의 전후(前後) 차이로 나타났다. 一等은 ɑ, 二等은 a이다. 이러한 a/ɑ의 전후 대립은 오늘날 레이조우반도(雷州半島)의 위에(粤) 방언에 속한 우양방언(吳陽方言, 張振興 1986)에서 合口 一等과 開口 二等의 대립으로 재평가되었다. 그 예는 아래와 같이 나타낼 수 있다.

該 蟹開一 kuai : 街 蟹開二 kai
蓋 蟹開一 kuai : 界 蟹開二 kai
感 咸開一 kuam : 減 咸開二 kam
甘 咸開一 kuam : 監 咸開二 kam
保 效開一 buau : 飽 效開二 bau
高 效開一 kuau : 交 效開二 kau
肝 山開一 kuaŋ : 艱 山開二 kaŋ
寒 山開一 huaŋ : 閑 山開二 haŋ

우양방언과 반대로, 지앙쑤(江蘇)의 지아딩방언(嘉定方言, 張琨 1985b)은 일부 開合의 관계를 모음의 전후(前後) 대립으로 재평가하였다.

開口		合口
袋 dɛ	:	隊 dɤ
再 tsɛ	:	最 tsɤ
來 lɛ	:	雷 lɤ
菜 tshɛ	:	脆 tshɤ
賽 sɛ	:	歲 sɤ

중국어 방언에서 운모의 전후(前後), 고저(高低), 개합(開合) 간의

대립 관계의 전환은 매우 주목할 만한 재평가 현상이다.[1] 성모와 운미 자음의 재평가도 흔히 발견된다. 예컨대, 쉬엔조우(宣州) 지역의 우어(吳語)는 고대의 曉x : 匣ɣ 성모 간의 무성 : 유성의 대립을 전설 x : 후설h의 대립으로 재평가하였다.[2] 또 다른 예로, 지앙시(江西) 광창(廣昌) 지역의 깐어(贛語)는 咸攝과 山攝 開口 三·四等 운미 자음 -m/-p : -n/-t의 대립을 모음 혀 위치의 낮고 높음의 대립으로 재평가하였다(顔森, 1985).

咸攝 iam/iap		山攝 ian/iat
甜 xian	:	田 xiɛn
儉 tshan	:	件 tshɛn
尖 tian	:	煎 tiɛn
嫌 xian	:	賢 xiɛn
占 tsan	:	戰 tsɛn
獵 liat	:	裂 liɛt
脇 xiat	:	歇 xiɛt
葉 iat	:	拽 iɛt

후난(湖南) 지역의 용순(永順)과 용수이(永綏)는 山攝과 宕攝에서

---

1 (원주) 이와 관련하여, 張琨(1985a)의 연구는 매우 계발적인 성과를 보여주므로, 독자들이 참고하면 좋을 것이다.

2 (원주) 쉬엔조우(宣州) 우어(吳語)는 완난(皖南)에 위치하며, 많은 방언을 포함하고 있다. 여기서 인용된 내용은 대다수 방언에서 나타나는 현상에 관한 것이다. 자세한 내용은 鄭張尚芳(1986) 참조.

설첨비음과 설근비음 및 파열음 운미 -an/-at : -aŋ/-ak의 대립을 전설 모음ã/e : 후설 모음ɑ̃/o로 재평가하였다(楊時逢, 1974b: 1110-1127, 1146-1163).

	山攝 an/at		宕攝 aŋ/ak
反	fã	:	方 fɑ̃
山	sã	:	商 sɑ̃
干	kã	:	綱 kɑ̃
熱	ze	:	若 zo
節	tɕie	:	覺 tɕio

이는 곧, 운미 자음 간의 관계가 주요모음의 관계로 재평가될 수 있음을 의미한다. 광창(廣昌)과 영순(永順), 영수이(永綏)의 사례에서 설첨음 -n/-t와 순음 -m/-p 간의 관계는 고모음 ɛ와 저모음 a의 대립으로 대체되었고, 설첨음 -n/-t와 설근음 -ŋ/-k 간의 관계는 전설모음 a/e와 후설모음 ɑ/o의 대립으로 대체되었다.

재평가가 발생하는 원인은 다양하다. 단순한 음성적 변화에 기인할 수도 있고, 언어 전체 구조의 변화와 밀접하게 연관되며, 심지어 서로 인과 관계를 형성하기도 한다. 후자의 경우, 재평가는 음운 구조가 여러 변화를 겪은 뒤 나타나는 조정된 새로운 모습으로 볼 수 있다. 다음은 방언에서 나타나는 구조 조정 방식 세가지를 소개한다. 구조 조정 방식에는 비평행적 변화(非平行演變), 무중생유(無中生有), 음운 타협(音韻妥協)이 있다.

제2절 비평행적 변화

구조 조정은 비평행적 변화(非平行演變)라는 현상에서도 관찰할 수 있다. 비평행적 변화는 원래 평행적이거나 대칭적인 구조 관계를 변화시키며, 때로는 새로운 평행적 또는 대칭적인 구조 관계를 생성하기도 한다.

언어의 음성 및 음운적 결합에서는 평행적인 부분이 흔히 발견된다. 이러한 평행적인 조합은 언어 구조의 일부가 대칭적인 상태를 이루게 한다. 중고음에서 여러 攝의 開口와 合口의 호응, 그리고 비음 및 파열음 운미의 호응 등은 익숙한 사례들이다. 이러한 평행적 호응은 종종 변화 과정에서도 상호 반응하며 일관된 경향을 보인다. 이는 쉽게 이해할 수 있다. 왜냐하면 평행적 호응은 공통된 여러 자질 값을 공유하며, 이러한 자질 값과 관련된 어떤 규율이 한쪽 조합에서 작동하기 시작하면 다른 쪽 조합으로도 빠르게 확산되기 쉽기 때문이다. 그러나 이러한 평행적 호응의 변화가 항상 일관되거나 대칭적으로 진행되는 것은 아니다. 실제로 방언에서는 평행 구조 내에서도 비평행적 변화가 자주 관찰된다. 山攝 開合口의 변화는 윈난(雲南) 지역의 이먼(易門) 방언에서 일관되지 않은 모습을 보인다.[3]

---

3   (원주) 이먼(易門)에 대한 자료는 楊時逢(1969a: 238-255)에서 인용하였다. 이 중 山攝 合口入聲字가 매우 적게 수록되어 있어, 더 많은 예시 단어를 제시하기는 어렵다.

	-an> -ã	-uan> -uaŋ
	單 tã	端 tuaŋ
	散 sã	酸 suaŋ
	展 tʂã	專 tʂuaŋ
	產 tʂhã	船 tʂhuaŋ
	然 ʐã	軟 ʐuaŋ

	-at> -ɤ	-uat> -uɤ
	徹 tʂhɤ	拙 tʂuɤ
	舌 ʂɤ	
	熱 ʐɤ	

중고 후기에서는 開口의 an/at과 合口의 uan/uat이 평행적인 조합 관계를 이루고 있었다. 그러나 변화 과정에서는 입성(入聲)과 양성(陽聲)의 변화가 명백히 비평행적으로 진행되었다. at>ɤ의 규율은 開口와 合口 모두에 적용될 수 있다. 그러나 양성운에서는 an>ã 변화가 開口에만 적용되고, an>aŋ 변화는 合口 에만 적용되었다.

다른 사례로, 윈난(雲南) 푸민(富民) 방언(楊時逢, 1969: 35-50)에서 다음과 같은 비평행적 변화가 관찰된다.

	翻	方	單	當	餐	倉
중고후기	-an	-aŋ	-an	-aŋ	-an	-aŋ
今 讀	fã	fã	tã	tã	tshã	tshã
	專	莊	船	牀	觀	光

4장
구조 조정

중고후기	-uan	-uaŋ	-uan	-uaŋ	-uan	-uaŋ
今讀	tṣuã	tṣuã	tṣhuã	tṣhuã	kuã	kuã

이 두 그룹의 변화에서, 山攝과 宕攝의 開口와 合口 운모는 평행적으로 변화한다. 開口는 모두 ã로, 合口는 모두 uã로 변화한다. 그러나 세음(細音)과 결합된 부분에서는 다르게 나타난다.

	年	娘	剪	講	言, 圓	陽
중고후기	-ian	-iaŋ	-ian	-iaŋ	-ian / -iuan	-iaŋ
今讀	niẽ	niã	tɕiẽ	tɕiã	iẽ	iã

세음(細音)과 접한 부분에서 山攝은 iẽ로, 宕攝은 iã로 변화하며, 이로 인해 합병되지 않는다. 현대 음운학자의 표현을 빌리자면, 푸민(富民) 방언에서 山攝과 宕攝의 양성운(陽聲韻)은 開口와 合口에서 평행적인 현상을 보이지만, 제치운(齊齒)과 촬구운(撮口)에서는 이러한 평행 현상이 나타나지 않는다.

이처럼 주의 깊게 살펴보면 비평행적 변화는 상당히 흔한 현상임을 알 수 있다. 평행 구조에서 비평행적 변화가 발생하면 기존의 평행적 분포나 대칭적 관계가 깨질 수 있지만, 동시에 새로운 평행적 분포나 대칭적 관계가 형성되기도 한다. 후난(湖南) 지역의 리링(醴陵) 방언 楊時逢(1974b: 371-390)에서는 다음과 같은 변이가 관찰된다.

əu>eu	斗 teu	走 tseu	後 heu	
iəu> ieu	流 liəu	酒 tsiəu	求 khiəu	
au>au	包 pau	刀 tau	早 tsau	高 kau
iau>ieu	表 pieu	條 thieu	笑 sieu	巧 khieu
u>əu	都 təu	奴 nəu	楚 tshəu	

　중고 후기에서,「斗, 走, 後」와「流, 酒, 求」는 같은 유형에 속하며, 전자는 əu, 후자는 iəu였다.「包, 刀, 早, 高」와「表, 條, 笑, 巧」는 또 다른 유형으로, 전자는 au, 후자는 iau였다.「斗」와「流」의 차이는「包」와「表」의 차이와 마찬가지로 개음 i의 유무에서 비롯되었다. 그러나 개음 i가「表」유형에서 주요모음을 높이는 역할을 했을 때,「流」유형에서는 같은 효과를 나타내지 않았다. 반대로, 운미 u가「斗」유형에서 주요모음을 높이는 데 영향을 미쳤을 때,「包」유형에서는 이런 효과를 발휘하지 않았다. 이로 인해 원래 대칭적이었던「斗, 流」와「包, 表」는 비평행적 변화를 겪게 되었다.

　그러나 흥미로운 점은 이러한 비평행적 변화의 결과이다.「斗, 走, 後」와「表, 條, 笑, 巧」가 하나의 유형을 이루고,「流, 酒, 求」와 遇攝에서 온 일부「都, 努, 楚」가 또 다른 유형을 형성하게 되었다.「斗, 流」와「包, 表」라는 두 유형에서 나타났던 것과 마찬가지로, 개음 i의 유무에 따른 평행적 분포를 유지하고 있다. 그러나「包, 刀, 早, 高」는 원래의 대칭적 분포에서 배제되었다. 오늘날의 리링(醴陵) 방언에서는 이러한 단어들과 대응하는 iau 운모를 가진 유형이 존재하지 않는다.

관찰 결과에 근거하면, 리링(醴陵) 방언에서 나타나는 이 단어들의 변이는 특수한 사례가 아니며, 많은 방언에서 유사한 과정을 발견할 수 있다. 여기서 우리는 중요한 교훈을 얻는다. 즉, 언어의 변화는 분포를 더 균형 있게 만들고 구조를 더 대칭적으로 만드는 방향으로만 진행되지 않으며, 최소한 그것이 유일한 경로는 아니라는 것이다. 또한, 언어 변화의 방식이 항상 평행적이지도 않다. 비평행적 변화를 통해 언어는 원래 대칭적이었던 부분이 무너져 대칭을 상실할 수도 있지만, 반대로 원래 비대칭적이었던 부분에서 새로운 대칭 구조가 창조되기도 한다. 아마도 평행적 변화와 비평행적 변화가 교차적으로 작용하면서 대칭과 비대칭의 부분이 끊임없이 교체되는 과정이야말로 언어 변화의 일반적인 패턴일 것이다.

제3절 무중생유(無中生有)

방언 접촉 사례를 통해 우리는 구조 조정의 또 다른 형태인 「무중생유(無中生有)」를 체험할 수 있다. 여기서 말하는 무중생유는 삽입음(epenthesis)와 같은 개별 단어 내 음소의 삽입이나 삭제를 의미하는 것이 아니다. 또한 외래어를 수용할 때, 현지 음운 구조에 맞추기 위해 이루어지는 각종 조정 방식도 여기에 해당하지 않는다. 이러한 삽입, 삭제 또는 조정은 기존 구조 내에서 이루어지며, 구조 자체의 변화를 유발하거나 새로운 구조적 관계를 창조하지 않는다. 우리가 말하는 무중생유란, 외부의 영향을 받을 때 언어가 구조를 조정하는 방식으로, 기존 구조에 존재하지 않던 성분을 새롭게 창조해내는 것이다. 이 새로운 성분들과 이들로 인해 형성된 새로운 관계들은 외부의 영향을 수용하고 적응하는 역할을 한다. 다만, 이러한 새로운 성분들은 기존 구조에 전혀 없던 것이 아니라, 기존의 특정 성분에서 변형되어 나온 경우가 많다. 어쩌면 세상에 진정한 의미의 「무중생유」는 존재하지 않을지도 모른다. 인간이 창조해내는 모든 것은 이미 존재하는 것들의 재조합일 뿐이다. 인간의 가치 있는 능력은 바로 이러한 재조합을 통해 새로운 개념과 새로운 이미지를 창조하는 능력에 있다. 언어의 경이로운 점은 바로 끊임없는 창조력을 통해 스스로를 갱신할 수 있다는 데 있다.

우리가 현재 관찰한 가장 좋은 무중생유의 사례는 쓰촨(四川) 융싱(永興) 방언에서의 유기유성성모의 형성이다. 이 사례는 다음 장에서 자세히 논의할 예정이며, 여기서는 간략히 소개하고자 한다.

융싱 방언은 쓰촨 지역으로 이주한 샹방언(湘方言)으로, 현재 서남관화(西南官話)에 둘러싸여 있다.[4] 이 방언은 성모에서 샹방언의 몇 가지 특징을 유지하고 있다. p, ph, m, f, t, th, n, ts, tsh, s, tṣ, tṣh, ṣ, tś, tśh, ś, k, kh, ŋ, x 이외에, 무기유성성모 b, d, dz, z, dẓ, ẓ,

---

4 (원주) 본 절에서 융싱(永興)에 관한 자료는 모두 崔榮昌, 李錫梅(1986)의 연구에서 인용한 것이다. 논의의 세부 사항은 제5장을 참고하기 바란다.

dʑ, g, ɣ 등이 있다. 그러나 용싱 방언에서 특히 주목할 만한 점은, bh·dh·dzh·dẓh·dʑh·gh와 같은 유기유성성모가 별도의 음운 집합으로 존재한다는 사실이다. 이 유기유성성모는 일반적인 샹방언에서는 찾아볼 수 없는 특징이다. 두 가지 유성 성모의 분포를 자세히 살펴보면 무기유성성모는 중고음의 평성(平聲), 상성(上聲), 거성(去聲), 입성(入聲) 네 성조에서 나타날 수 있다. 그리고 유기유성성모는 중고음의 평성(平聲)에서만 나타난다. 이는 오늘날 용싱 방언에서 양평조(陽平調)에 해당한다. 현재의 양평조에서는 유기유성성모가 무기유성성모보다 더 흔하다. 그러나 무기유성성모로 발음되는 경우 유기유성성모로 발음되지 않는다. 유기유성성모로 발음되는 경우 무기유성성모로 발음되지 않는다. 유기와 무기의 분포는 상호보완적 관계를 보인다. 다만, 이 상호보완적 관계는 명확하게 체계적이지는 않다. 이를 통해 우리는 이 유기유성성모가 양평조에서의 무기유성성모로부터 분화된 것임을 추정할 수 있다. 그러나 용싱 방언에서 왜 이러한 음운적 분열이 발생하였는가 하는 의문은 여전히 남는다.

용싱 인근의 서남관화인 청두(成都)와 진탕(金堂)과 같은 방언에는 유성파열음과 유성파찰음 성모가 존재하지 않는 특징이 있다. 중고음의 유성파열음과 유성파찰음 성모는 이들 서남관화 방언에서 모두 무성화(清化)되었다. 무성화는 다음과 같은 양상을 보인다. 중고 평성(平聲) 조에 속했던 음은 유기무성성모(ph, th, kh, tsh, tṣh, tɕh 등)로 바뀌고, 중고 상성(上聲)·거성(去聲)·입성(入聲) 조에 속했던 음은 무기무성성모(p, t, k, ts, tṣ, tɕ 등)로 바뀌었다. 이들 방언의 현대 성조 체계는 음평(陰平), 양평(陽平), 상성(上聲), 거성(去聲) 네 가지이다. 중고 평성은 음평과 양평으로 분화되었고, 상성 무성성모자는 현대 상성으로, 유성성모는 현대 거성으로 변했다. 입성은 파열음 운미(塞音尾)가 소멸한 뒤 양평으로 흡수되었다. 오늘날의 성조 체계를 기준으로 무성화 된 유성성모의 분포는 다음과 같다.

	음평	양평	상성	거성
b, d, g, ⋯>p, t, k, ⋯(측성)	-	+	-	+
b, d, g, ⋯>ph, th, kh, ⋯(평성)	-	+	-	-

한편, 용싱 방언의 성조는 서남관화의 영향을 받아 네 개의 성조로 변화하였다. 이 방언에서 유성성모(濁母) 자음의 성조 분포는 다음과 같다.

	음평	양평	상성	거성
b, d, g, ⋯>b, d, g, ⋯(측성)	-	+	-	+
b, d, g, ⋯>bh, dh, gh, ⋯(평성)	-	+	-	-

위 두 분포를 비교해 보면, 중고에 해당하는 유성성모(濁聲母)와 관련하여 서남관화와 용싱 방언 간에 다음과 같은 대응 관계가 있음을 알 수 있다.[5]

---

5   (원주) 여기에서 제시된 대응 관계(對當關係)는 대략적인 설명에 불과하다. 일부 소수

4장
구조 조정

	서남관화	융싱
거성(중고 상성, 거성자)	p, t, k, …	b, d, g, …
양평(중고 평성자)	ph, th, kh, …	bh, dh, gh, …
양평(중고 입성자)	p, t, k, …	b, d, g, …

만약 융싱 방언이 원래 무기유성성모(不送氣濁母)만을 가지고 있었다면, 이 무기유성성모는 한편으로는 무기무성성모(去聲, 陽平)에 대응되고, 다른 한편으로는 유기무성성모(陽平)에 대응되었을 것이다. 유기와 무기의 차이는 서남관화의 이러한 대응 관계에서 명확히 구분된다. 또한, 서남관화는 쓰촨(四川)에서 지배적인 지역 표준어로 자리 잡고 있으며, 샹어를 사용하는 지역은 소수에 불과하다. 그렇기에 서남관화의 지속적인 영향 아래, 융싱 방언이 유기와 무기의 차이를 모방하기 시작한 것은 충분히 이해할 수 있는 현상이다. 우리는 양평조(陽平調)의 bh, dh, kh, …가 ph, th, kh, …의 영향을 받아 b, d, g, …로부터 점진적으로 분화된 것이라고 본다. 이 분화 과정을 아래 (45)와 같이 표현할 수 있다.

$$(45) \begin{bmatrix} -\text{유성} \\ +\text{유기} \end{bmatrix} \sim \rightarrow \begin{bmatrix} +\text{유성} \\ -\text{유기} \end{bmatrix} > \begin{bmatrix} +\text{유성} \\ +\text{유기} \end{bmatrix} \Big/ \underline{\quad\quad} \text{양평조}$$

의 글자는 개별적으로 특수한 사례를 포함하고 있으니, 자세한 내용은 제5장을 참고하기 바란다.

(45)는 곧 제2장 제2절에서 언급된 영향 규율 (9)를 의미한다. 제2장 제2절에서는 이 규율의 생성 항목에 대해 간단히 논의한 바 있다. 이제 우리는 이에 대해 좀 더 구체적으로 보완할 수 있다.

우선, 서남관화의 유기와 무기의 대립을 모방하기 위해 용싱은 여러 가지 다른 「해석」 방식을 선택할 수 있었다. 가장 직접적인 방법은 용싱에 본래 있었던 p, t, k, …와 ph, th, kh, … 성모를 변경하는 것이다. 이 성모들은 각각 중고의 全淸聲母인 p, t, k, …와 次淸聲母인 ph, th, kh, …에서 유래한다. 그러나 용싱은 p, t, k, …를 ph, th, kh, …로 전환하여, 기존의 全淸聲母와 次淸聲母가 합병되는 것을 피하고, 그 대신 유성성모(濁聲母)를 조정하는 방식을 선택하였다. 이러한 합병은 서남관화에서는 이미 오래전 이루어진 일이었지만, 용싱은 이를 따르지 않았다. 이를 통해 용싱 방언이 자신의 구조를 조정하는 과정에서 보수적이고 전통을 고수하려는 성향을 보여주고 있음을 알 수 있다.

무기유성성모는 분명 유기무성성모와는 구별되는 소리로, 이 둘은 두 가지 자질 값에서 차이가 난다. 그러나 무기유성성모와 무기무성성모 사이에도 분명한 차이가 존재하며, 이는 한 가지 자질 값에서 달라지는 것이다. 그렇다면 왜 외부 영향으로 변화를 일으킨 것은 유기무성성모에 대응되는 유성성모만이고, 무기무성성모에 대응되는 유성 성모는 변화하지 않았을까? 이 지점에서 우리는 언어 내부 구조가 외부의 영향력을 수용하는 정도를 가늠할 수 있다. 유성과 무성의 대립은 이 예에서 용싱 방언 화자들에게 덜 중요한 대비였으며, 수용 가능한 요소였다. 반면, 유기와 무기의 대립은 훨씬 중요한 대비였기에, 용싱 화자들에게 꼭 받아들여야 하고, 임시로 대체할 수 없는 특별한 요소로 인식되었다. 그 결과 양평조(陽平調)의 유성 성모가 먼저 반응을 보였는데, 이 반응은 무성화(淸化)가 아닌 유기화(送氣化) 형태로 나타났던 것이다.

그러나 이 사례를 지나치게 일반화해서는 안 된다. 반응이 나타나는 부분이 반드시 자질 값 차이가 가장 큰 대응 부분에서부터 시작된다고 생각해서는 안 된다. 이는 어디까지나 용싱 방언의 경우에 해당할 뿐이다. 어떤 방언에서는 반대로, 근원 언어(來源語言)에 동화되는 과정이 자질 값 차이가 가장 적은 대응 부분에서 시작될 수도 있다. 왜냐하면 그 방법이 더 쉽고, 에너지를 덜 소모하기 때문이다. 외부 영향을 어떻게 받아들이는가는 일정한 방식으로 고정되어 있지 않다. 만약 위의 추측이 타당하다면, 우리는 용싱 방언의 유기유성성모 형성에 대한 「무중생유」의 이유를 찾아낸 셈이다. 또한 방언이나 언어의 접촉 과정에서 「무중생유」는 매우 자연스러운 구조 조정 방식 중 하나임을 믿어 의심치 않는다.

제4절 음운 타협(音韻妥協)

구조 조정에는 주목할 만한 또 다른 특별한 방식이 있다. 그것은 바로 「음운 타협(音韻妥協)」이다. 구체적인 사례를 설명하기 전에, 음운 타협이 발생하는 언어적 환경을 먼저 살펴보아야 한다.

언어나 방언의 음운 구조에 발생하는 변화를 우리는 일반적으로 (46)과 같은 형식으로 표현한다.

(46) A > B/_C

여기서 A는 변화 항목, B는 생성 항목, C는 조건 항목을 의미한다. 어떤 갑 방언에서 (46)과 같은 변화가 발생했을 때, 이 변화는 그 방언 내부에만 머물지 않고 주변의 을 방언과 같은 다른 방언으로 확산될 가능성이 있다. 을 방언이 (46)에 대해 취할 수 있는 반응은 대략 다음 세 가지로 나눌 수 있다. 첫째는 무시로, 전혀 영향을 받지 않는 경우이다. 둘째는 거부로, (46)을 다른 규율로 대체하는 방식이다. 셋째는 수용이다. 수용의 경우에도 그 양상은 세부적으로 나뉠 수 있다. 첫 번째는 완전한 수용, 두 번째는 (46)의 적용 범위를 축소, 세 번째는 (46)의 적용범위를 확대한다. 이 중 범위 축소나 확대를 통한 수용은 조정된 수용이라고 할 수 있다. 위의 반응들 가운데 무시, 거부, 그리고 완전한 수용은 상대적으로 단순한 경우에 속한다. 만약 을 방언이 (46)을 무시하거나 거부하면, (46)은 갑 방언 내부의 단독 변화로 남게 된다. 을 방언이 (46)을 완전히 수용하면, (46)은 지역 내의 공통 규율로 자리 잡게 되고, 그 전파력과 영향력은 더 강해진다. 이와 같은 양상은 이미 잘 알려진 현상들이다. 우리가 여기서 주목하고자 하는 것은 마지막 두 가지 경우, 즉 조정된 수용이다.

조정된 수용은 (46)의 범위 확대나 축소를 포함하며, 전체적인 변화 방향이 대체로 동일하기 때문에 이를 (46')의 형태로 표현할 수 있다.

(46') A' > B'/_C'

그리고 (46)과 (46')을 동일한 변화의 두 가지 하위 규율로 볼 수 있다. 을 방언이 갑 방언의 영향을 받아 규율 (46')을 가지게 되었을 때, 해당 지역에서는 동일한 종류의 음운 변화가 (46)과 (46') 두 가지 형태로 나타난다. 갑 방언과 을 방언만을 고려한다면, (46)과 (46')은 동일한 변화가 두 방언에서 다른 정도로 반영된 결과라고 할 수 있다. 또는 규율영향적 측면이나 역사적 관점에서 보아 (46)과 (46')이 해당 변화의 두 가지 단계를 대표한다고 말할 수도 있다.[6] 하지만 이 논의가 인근의 병 방언(丙方言), 정 방언(丁方言)까지 확장된다면, 이들 방언이 받는 영향은 단순히 (46)만이 아니라 (46)과 (46')이 병행하여 작용하는 영향일 수 있다. 다시 말해, 음운 변화가 초기 단계에서 발생할 때, 영향을 받은 방언들이 수용 정도의 차이로 인해 여러 형태 또는 하위 규율이 동시에 나타날 가능성이 있다. 이후 이러한 변화가 점차 다른 방언으로 전파될 때, 전파되는 것은 반드시 초기

---

6 (원주) 제1장 제3절과 제7장 제1절에서는 규율(規律)의 영향면과 규율사(規律史)에 대해 각각 정의하고 있으니, 해당 부분을 참고하기 바란다.

규율 (46)만이 아니라 각 파동 내의 하위 규율일 수 있다. 이 규율들이 다음 단계의 방언에 영향을 미칠 때, 하위 규율 간에는 일종의 경쟁 관계가 형성된다. 이러한 현상을 「규율 경쟁(規律競爭)」이라고 부를 수 있다.[7] 다만, 유의해야 할 점은, 파동이 생길 때마다 방언에 새로운 형태나 하위 규율이 반드시 생성되는 것은 아니라는 사실이다. 이미 언급했듯이, 새로운 형태가 나타나는 것은 외부에서 유입된 규율을 조정한 결과이며, 이 조정이 유일한 선택지는 아니다.

(46)과 (46') 두 하위 규율이 병 방언과 정 방언에서 상호 경쟁할 때, 병과 정의 선택은 이전의 을 방언의 선택보다 더 복잡 해진다. 이는 단순히 무시, 거부, 수용, 조정의 문제가 아니라, 대상의 선택 문제까지 포함된다. 병 방언과 정 방언은 경쟁하는 두 하위 규율 중 하나를 선택할 수 있다. 이 경우 선택된 대상이 (46)이든 (46')이든, 이를 수용하거나 조정하는 과정은 결국 을 방언에서 발생했던 상황으로 되돌아가며, 복잡한 선택이 단순화된다. 그러나 만약 병과 정 방언이 이러한 단순화를 이루지 못한다면, (46)과 (46')이 동시에 혹은 순차적으로 병 방언이나 정 방언 내에 모두 포함되는 상황이 발생할 수 있다. 바로 이러한 상황이 「음운 타협(音韻妥協)」이라고 불린다. 우리는 중고(中古)의 曉x와 匣ɣ 성모에서 나온 一二等 합구 자음들이 오늘날 일부 방언에서 非f, 敷fh, 奉v 성모에서 나온 단어들과 혼

---

7   (원주) 王士元(Wang 1969)은 방언 내부에서 음운 변천을 설명할 때, 유사한 개념을 제안한 바 있다. 그러나 이는 본 절에서 언급된 방언 간의 하위규율(次規律)의 경쟁과는 약간 다르다.

독되어 읽히는 사례를 여러 번 언급한 바 있다. 이 주제는 제7장에서 자세히 논의될 것이다. 이 논의들 속에서 우리는 많은 음운 타협의 사례를 발견할 수 있다. 여기서는 그중 비교적 간단한 사례인 샤오양(邵陽) 방언을 예로 들어 설명하고자 한다.

샤오양(邵陽)은 유성성모를 보존하고 있는 샹방언(湘方言)이다(楊時逢, 1974b:548-565). 曉와 匣 성모의 合口 자음과 경순(輕脣) 마찰음 성모의 현대 발음은 다음 표8에서 확인할 수 있다.

표8 샤오양 f, v, h 성모의 분포

	f	v	h	글자 예		
				f	v	h
u	+	+		虎忽 *x	婦附 *v 狐戶 *ɣ	
a	+	+		法髮 *f	話畫滑 *ɣ	
ua			+			花化 *x
o			+			火 *x 禍活 *ɣ
e		+			或 *ɣ	
ai		+			懷壞 *ɣ	
əi	+	+		飛 *f 肺	肥 *v 會惠 *ɣ	
uəi			+			灰毁 *x
əɯ	+			否 *f		
an	+	+		反 *f	凡飯范 *v 喚換 *ɣ	
eŋ	+	+		分粉奮 *f	魂橫 *ɣ	

uen			+			昏 *x	
aŋ	+	+		方放 *f	房防 *v 黃 *ɣ		
oŋ	+	+	+	風封 *f	奉 *v	弘宏紅 *ɣ	

대체로 중고(中古) 후기에서 무성성모(清聲母)였던 성모는 현대에도 무성성모로 발음되며, 유성성모(濁聲母)였던 奉母는 현대에 v로 발음되고, 匣母는 현대에 v 또는 h로 발음된다. 여기서, 「喚」자는 중고에서 曉x母에 속했지만, 많은 후난 방언(샤오양 포함)과 서남관화에서는 「換」(ɣ에서 유래)와 동일하게 발음된다. 만약 「喚」자가 유성성모로 간주되었다면, 표8에서 나타난 변화는 아래 두 가지 유형으로 요약될 수 있다.

(47) x ⟨ f/_u
        h

(48) ɣ ⟨ h/_o, oŋ
        v

(47)의 조건 항목에 나타나는 u는 모음성 u를 가리키며, 개음성 u가 아니다. 제7장에서 제시된 접근 방식에 따르면, (47)은 RA로, (48)은 RB로 각각 분류될 수 있으며, 이는 제3장 제3절에서 언급된 (38) 또는 (43)에 해당한다. (48)과 RB의 가장 큰 차이점은 변화 항목과 생성 항목에 [+유성음]이라는 요소가 추가되었다는 것이다. 보다 정확

한 표현을 위해, (48)은 아래의 (49), (50)과 같은 형태로 다시 기술할 수 있다.

(49) ɣ ⎧ ɣ/_o, oŋ
       ⎩ v

(50) ɣ > h

이렇게 (49) 또는 (48)이 RB와 동일한 유형에 속한다는 점이 더욱 명확해진다.

RA 또는 (47), 그리고 RB 또는 (48)은 후난(湖南), 후베이(湖北), 쓰촨(四川), 윈난(雲南) 지역에서 흔히 나타나는 두 가지 대표적 유형이다. 서남관화는 주로 RA 유형을 채택하는 반면, 샹어(湘語)는 대체로 RB 유형을 채택한다. RA와 RB는 각각 X > f로의 발전을 보여주는 두 가지 하위 규율이라 할 수 있다. 음운에 미치는 영향의 범위 측면에서 보면, RB는 RA보다 더 광범위한 영향을 끼친다. 이 두 규율은 해당 지역 전반에 널리 퍼져 있으며, 규율 경쟁의 결과로 대부분의 방언은 둘 중 하나만을 수용하는 반면, 샤오양(邵陽)을 포함한 일부 방언은 두 규율을 모두 수용하고 이를 구별하지 않는다.

샤오양 방언의 이러한 타협적 태도는, 설근마찰음(舌根擦音)의 경순화(輕脣化) 과정에서 무성성모(清聲母)와 유성성모(濁聲母)가 서로 다른 방향으로 분화되는 결과를 초래하였다. 샤오양 방언의 이러한 타협 방식은 매우 정교하다. 무성성모(清聲母)는 RA 유형을 따르고,

유성성모(濁聲母)는 RB 유형을 따른다. 이처럼 샤오양 방언은 자방언 내에 존재하는 무성성모와 유성성모라는 두 성모 유형을 활용하여, 경쟁하는 두 규율에 각각 대응하였다. 이러한 정교한 배치는 언어가 구조를 조정해 나가는 과정에서 나타나는 탄력적 운용의 대표적 사례라 할 수 있다.

부연하자면, 후난의 유성성모를 보존한 샹방언(湘方言)들은 규율 경쟁에 직면했을 때 반드시 샤오양처럼 대응하지는 않는다. 제7장 제4절에서 언급될 청부(城步) 방언의 경우, 무성성모와 유성성모의 변화가 각각 (51), (52)과 같이 나타난다.

(51)   x $\begin{cases} h/\_o \\ f \end{cases}$

(52)   ɣ $\begin{cases} h/\_oŋ \\ v \end{cases}$

분명히, (51)과 (52)는 모두 동일한 방향, 즉 RB를 나타내고 있다.

5장

방언 접촉
: 용싱(永興) 방언의 유기유성성모에 대한 고찰

5장
방언 접촉: 용싱(永興) 방언의 유기유성성모에 대한 고찰

제1절 두 세트로 대립되는 유성성모

접촉은 언어 구조 변화의 중요한 요인 중 하나이다. 본 장에서는 방언 간 접촉 과정에 대한 구체적인 사례를 분석하고자 한다. 이번 사례는 앞 장에서 언급한 용싱(永興) 방언에 관한 것이다.

용싱은 쓰촨성(四川省)에 위치한 샹방언(湘方言) 지역에 속한다. 崔榮昌과 李錫梅가 1986년에 조사한 바에 따르면, 이 방언의 성모, 운모, 성조 체계는 다음과 같다.

성모 37개: p, ph, <u>b, bh</u>, m, f, t, th, <u>d, dh</u>, n, ts, tsh, <u>dz, dzh</u>, z, s, tṣ, tṣh, <u>dẓ, dẓh</u>, ẓ, ṣ, tś, tśh, <u>dź, dźh</u>, ń, ś k, kh, <u>g, gh</u>, ŋ, x, γ, ø

운모 38개: ɿ, ʅ, ɚ, i, u, y, yu, a, ia, ua, o, yo, e, ie, ue, ye, ai, iai, uai, ei, uei, au, iau, əu, iəu, an, ian, uan, yan, ən, in, uən, yn, aŋ, iaŋ, uaŋ, oŋ, yoŋ

성조4개: 음평155, 양평˩21, 상성˥53, 거성˦14

이 음운 체계에서 가장 주목할 만한 점은 두 가지 유성성모 세트를 가지고 있다는 것이다. 하나는 유기유성음이고, 다른 하나는 무기무성음이다. 이는 앞서 제시된 성모 목록에서 검은 밑줄로 강조된 항목들에 해당한다. 중국어 방언 가운데 유기유성음과 무기유성음을 체계적으로 구분하는 사례는 기존에 보고된 바가 없다. 崔榮昌과

李錫梅는 이 점을 특히 언급하며, 두 세트의 유성성모에 대한 예시 단어를 매우 자세히 제시했다. 지금부터 그 예시 단어와 설명을 옮겨 적어, 추가적인 관찰에 참고하고자 한다.[1]

용싱 방언에서 유성성모를 가진 한자는 (쓰촨관화와 동일한 경우는 제외) 상용 한자 중에서 총 364자를 수집할 수 있었다. 한 글자가 두 가지로 읽히는 경우는 두 개의 글자로 계산하였다. 이 중 338자는 고전탁성모(古全濁聲母)에서 유래했으며, 6자는 고차탁성모(古次濁聲母)에서, 20자는 고청성모(古淸聲母)에서 유래했다. 다음은 성모, 운모, 성조 체계에 따라 차례대로 정리된 목록이다.

[bi] bi˩ 鼻牌皮避並 匹濱 bu˩ 部步簿捕並 be˩ 白並 bo˩ 薄婆並 bai˩ 牌排並 hai˩ 敗稗並 bei˩ 倍並 bau˩ 抱並 豹並 ban˩ 伴拌辦並 扮幫 bian˩ 便並 bən˩ 笨並 bin˩ 病並 baŋ˩ 棒並

[bh] bhu˩ 葡並 bha˩ 拔跋並 扒幫 bhie˩ 劈滂 bhei˩ 培陪賠並 bhiau˩ 瓢嫖並 bhan˩ 盤並 bhian˩ 便(便宜)並 bhən˩ 盆彭膨並 bhin˩ 貧頻瓶屏平萍坪評凭並 bhaŋ˩ 旁並 bhoŋ˩ 朋棚蓬篷並

[d] di˩ 帝端 弟遞地第定 隸來 du˩ 獨讀毒徒途塗圖屠突定 禿透 da˩ 大定 do˩ 墮惰舵定 dai˩ 戴端 貸透 袋定 dau˩ 道稻盜定 dəu˩ 豆逗定 dan˩ 淡蛋彈(子彈)定 dian˩ 佃電定 duan˩ 段緞斷定 鍛端 dən˩ 鄧定 din˩ 訂端 定定 doŋ˩ 洞動定

[dz] dzŋ˩ 瓷瓷從 鋤崇 遲詞祠從 dzu˩ 鋤崇 除廚儲澄 dza˩ 茶搽澄 dze˩ 賊從 dzo˩ 坐座從 dzai˩ 再精 在從 dzuei˩ 賊(白讀)從 dzuei˩ 罪從 dzau˩ 皂從 dzuan˩ 撞澄 dzoŋ˩ 重澄

[dzh] dzhai˩ 才財材裁從 柴崇 dzhei˩ 垂澄 槌錘澄 dzhau˩ 曹槽從 朝潮澄 巢崇 dzhe˩ 愁崇 讎酬綢稠籌崇 dzhan˩ 殘慚蠶從 纏澄 饞崇 dzhən˩ 存曾層從 橙澄 dzhuaŋ˩ 床崇 dzhoŋ˩ 從叢從 蟲重澄 崇崇

[dz] dzəu˩ 趙澄

1　(원주) 이하의 인용문에서 [dh] 성모의 4번째 줄 [dhoŋ]의 원문은 [dhaŋ]이다. [y] 성모의 2번째 줄 「侯」의 원문은 「候」이다. [ŋ] 성모의 [ŋan]의 원문은 [ŋa]이다. 예시 단어 뒤 설명의 2번째 줄 「삼점」은 원문에서 「사점」이었다. 위 수정들은 상하문의 의미와 관련 예시 단어의 발음을 종합적으로 검토한 결과 이루어진 것이다.

5장
방언 접촉: 용싱(永興) 방언의 유기유성성모에 대한 고찰

[dʑh] dʑhuan˩ 船₈ 椽傳₈ 全泉₈ 拳權₈ dʑhən˩ 沉陳塵呈程₈ 臣成城誠承丞₈ dʑhaŋ˩ 長(~短) 腸場₈
[dź] dźi˩ 棋奇騎其旗₈ 齊臍₈ dźi˩ 忌₈ dźie˩ 茄₈ dźiau˩ 轎₈ 爵₈ dźiəu˩ 究_見 舅_群 dźian˩ 件_群 賤_從 dźin˩ 近₈ 盡靜淨₈ dźyn˩ 俊_精 菌₈ dźiaŋ˩ 匠₈
[dźh] dźhiau˩ 樵瞧₈ 喬僑橋₈ dźhiəu˩ 求球₈ 讐酬₈ 籌綢稠₈ 愁₈ dźhian˩ 錢前₈ dźhin˩ 鉗乾 虔₈ 秦情晴₈ 勤芹琴禽擒₈ 成誠城承丞臣₈ 呈程塵沉陳₈ dźhiaŋ˩ 強牆場長(~短)腸₈ dźhy oŋ˩ 窮邛₈
[g] guei˩ 跪櫃₈
[gh] ghuei˩ 葵逵₈ ghuan˩ 狂₈
[ɣ] ɣo˩ 活何荷禾和盒河合₈ ɣai˩ 還(~沒來) 鞋 ɣau˩ 毫豪₈ ɣəu˩ 侯喉猴₈ ɣəu˩ 厚后候₈ ya n˩ 寒韓含函銜咸₈ ɣən˩ 衡恆₈ ɣən˩ 恨杏₈ ɣaŋ˩ 行航杭₈ ɣoŋ˩ 弘洪鴻紅宏虹₈
[z] zi˩ 時_禪 zu˩ 樹₈ za˩ 下夏₈ ze˩ 舌蛇₈ ze˩ 射₈ zau˩ 韶苕₈ zan˩ 嫌賢₈ zan˩ 現₈ zən˩ 晨 辰₈ zən˩ 剩₈ zuan˩ 順₈ 舜₈ zaŋ˩ 常嘗償₈ zaŋ˩ 尚上₈ zoŋ˩ 雄熊₈
[ŋ] ŋa˩ 牙芽₈ ŋa˩ 啞_影 ŋan˩ 眼₈

위의 총 364자 중에서, 유성파열음(濁塞音) 자는 152개, 유성파찰음(濁塞擦音) 자는 143개, 유성마찰음(濁擦音) 자는 65개, 유성비음(濁鼻音) 자는 4개이다. 용싱 방언의 유성성모와 관련하여 주목해야 할 세 가지 특징이 있다. 첫째, 유성성모자의 범위가 축소되었다. 고대의 유성성모자는 현대 용싱 방언에서 더 이상 유성음으로 발음되지 않는다. 둘째, 고대 소수의 무성성모자는 현대 용싱 방언에서 유성성모로 발음된다. 고대 중국어에서는 유성 파열음과 유성파찰음이 각각 하나의 세트만 존재하였으나, 현대 용싱 방언에서는 이들이 유기유성음과 무기유성음의 두 세트로 분화되어 나타난다. 이러한 현상은 중국어 방언에서 드물게 관찰된다. (崔榮昌, 李錫梅 1986:192-193)

제2절 유기유성성모의 음운 조합 특징

崔榮昌과 李錫梅는 문헌 자료, 발음자의 서술, 그리고 방언의 음운적 특징을 통해, 용싱 방언이 「역사적으로는 샹방언(湘方言)이었으나, 현재는 쓰촨 관화(四川官話)에 가까워졌다」(崔榮昌, 李錫梅 1986:197)라는 결론을 내렸으며, 이는 상당히 신뢰할 만하다. 이하의 논의는 방언 접촉의 관점에서 유기유성성모의 형성과정을 고찰하고자 하며, 위 결론을 전제로 한다. 만일 용싱 방언의 전신이 무기유성성모를 보유한 샹방언이었다는 전제에 동의한다면, 유기유성성모는 이후 서남관화, 특히 쓰촨 관화의 영향을 받아 새롭게 형성된 것으로 해석할 수 있다.

근원적으로 유기유성성모와 무기유성성모의 음운 분포를 비교하면, 흥미로운 점을 발견할 수 있다. 무기유성성모는 중고음의 평성, 상성, 거성, 입성 등 모든 성조의 글자와 결합할 수 있는 반면, 유기유성성모는 대부분 평성자와만 결합하며, 상성, 거성, 입성 글자와는 결합하지 않는 경향을 보인다. 또한, 유성성모와 결합하는 평성자는 현대에서는 모두 양평(陽平)으로 발음된다. 이에 대한 간략한 통계를 아래에 제시한다.

	평	상	거	입		평	상	거	입
*b > b:	5	7	9	2	bh:	24			2
*d > d:	5	7	19	3	dh:	45			1
z̩:	1								

5장
방언 접촉: 용싱(永興) 방언의 유기유성성모에 대한 고찰

*ḍ > dẓ :		1			dẓh :	9	
dz :	6	1	1		dẓh :	12	
					dźh :	11	
*g > g :		1	1		gh :	3	
dź :	6	4	3		dźh :	16	
					dẓh :	2	
*dz > dz :	2	4	1	2	dh :	14	
dź :		2	3	1	dźh :	7	
					dẓh :	2	
*z > dz :	2						
dź > ẓ :	1		3	1			
					dẓh :	1	
*ź > ẓ :	7		3				
z :		1					
					dźh :	8	
					dźh :	6	
					dẓh :	3	
*dẓ > dz :	1				dzh :	6	
z :	1						
					dźh :	1	
소계	36	29	43	9		170	0 0 3

　유기유성성모가 입성과 결합하는 글자는 단 拔跋bhaʔ, 鐸dhoʔ 세 글자뿐이다. 이 세 글자의 현대 발음 역시 모두 양평(陽平)으로 발음된다. 따라서 양평조와의 결합은 용싱 방언의 유기유성성모에서 중요한 특징 중 하나라고 할 수 있다.

제3절 유기유성성모의 형성

쓰촨관화(四川官話) 또는 서남관화(西南官話)는 다른 관화 방언들과 마찬가지로, 중고의 유성파열음(濁塞音)과 유성파찰음(濁塞擦音)이 모두 무성화되었다. 관화의 무성화 규율은 다음과 같다. 먼저, 유성성모는 평성조(현대의 양평(陽平))에서 유기무성음으로 변한다. 상성, 거성, 입성 등 측성조(仄聲調)에서는 무기무성음으로 변한다. 이와 더불어, 대부분의 서남관화에서는 입성파열음이 소실되면서 양평조로 통합되었다.[2] 따라서 양평조에는 고평성유성성모(古平聲濁母)에서 유래한 유기무성성모 세트와 고입성무성성모(古入聲淸聲母) 및 고입성유성성모(古入聲濁聲母)에서 유래한 유기무성성모와 무기무성성모 세트가 있다. 이를 청두(成都), 진탕(金堂) 방언을 용싱 방언과 비교하여 정리하면, 아래와 같이 나타낼 수 있다.[3]

---

[2] (원주) 입성(入聲)이 양평(陽平)으로 합류하는 현상은 대부분의 서남 관화(西南官話)에서 나타난다. 그러나 일부는 거성(去聲)으로 합류하거나 입성이 독립적으로 유지되기도 한다. 용싱(永興)과 본문에서 다룰 주가오(竹篙) 방언은 모두 투어지앙(沱江) 상류의 중지앙(中江)과 진탕(金堂) 두 현(縣)에 분포하며, 이 두 현의 서남 관화는 입성이 양평으로 합류하는 특징을 가진다. 따라서 본문에서는 이러한 유형의 방언을 중심으로 논의하며, 세부적인 차이는 구분하지 않는다. 이후 서남 관화를 언급할 때도 동일한 의미로 사용된다.

[3] (원주) 청두(成都)와 진탕(金堂)은 지리적으로 용싱(永興)과 가장 가까운 두 서남 관화(西南官話) 지역이다. 崔榮昌과 李錫梅 두 학자가 이 두 지역과 용싱을 비교 대상으로 삼은 것도 이러한 이유에서 비롯된 것으로 보인다. 이하에서 인용된 청두와 진탕의 예시 단어는 楊時逢(1984: 11-26, 677-692)에서 가져온 것이다.

5장
방언 접촉: 용싱(永興) 방언의 유기유성성모에 대한 고찰

	청두	진탕	용싱
₋平 *b	phin	phin	bhin
₋甜 *d	thien	thien	dhien
₋狂 *g	khuaŋ	khuaŋ	ghuaŋ
₋才 *dz	tshai	tshai	dzhai
作ͻ *ts	tso	tso	tso
冊ͻ *tṣh4	tshe	tshe	tshe
澤ͻ *ḍ	tshe	tshe	tshe
白ͻ *b	pe	pe	pe
讀ͻ *d	tu	to	du
賊ͻ *dz	tse	tse	dze

    간단히 말하면, 서남관화의 양평조(陽平調)에서 나타나는 유기무성성모는 두 가지 기원을 가진다. 하나는 「平, 甜, 狂, 才」와 같은 고평성유성성모자(古平聲濁母字)이며, 다른 하나는 「冊」과 같은 고입성유기무성성모자(古入聲送氣清母字)이다. 용싱 방언에서 양평조 유기유성성모의 발달에 영향을 준 것은 바로 이 두 유형의 글자이다. 그러나 용싱 방언의 양평조 유기유성성모 글자는 古平聲字만 포함하고, 古入聲字는 포함하지 않는다. 고입성자의 「作, 冊, 澤」와 같은 유형은 무성성모로 변화하고, 「白, 讀, 賊」와 같은 유형은 무기유성성

---

4   (원주) 청두(成都)와 진탕(金堂) 방언에서 「冊」자의 구체적인 발음은 알려지지 않았으므로, 여기에서는 「策」의 발음을 대신 제시하였다. 「冊」과 「策」은 중고음(中古音)에서 동일한 음운으로 분류된다.

모로 변화한다.

유성음 무성음화(濁音淸化)와 입성(入聲)의 양평(陽平)으로의 통합은 반드시 동시에 이루어진 것은 아니지만, 이는 대부분의 서남관화가 공유하는 특징이기 때문에, 이러한 변화는 서남관화 형성 초기부터 이미 존재했을 가능성이 높다. 용싱 방언이 샹어(湘語) 지역에서 쓰촨(四川)으로 이주한 이후, 용싱 방언에 지속적으로 영향을 미친 서남관화도 이와 같았을 것이다. 따라서 이들 서남관화는 「才, 冊」를 양평 유기로 읽고, 「作, 賊」를 양평 무기로 읽었다. 반면, 초기 용싱 방언은 일반적인 샹어 방언의 발음 방식을 유지했다. 「才, 賊」는 무기유성성모로, 「作, 冊」는 각각 무기와 유기무성성모로 읽었다. 이러한 영향을 ~→로 표시하여 서남관화가 용싱 방언에 미친 영향을 나타내면, 그 변화 방향은 다음과 같이 정리될 수 있다.

서남관화	용싱 前身		용싱	예
tsh ~ →	dz	>	dzh	才
tsh (~ →)	tsh	>	tsh	冊
ts (~ →)	dz	>	dz	賊
ts (~ →)	ts	>	ts	作

이와 같이 문제는 명확해진다. 「才」와 같은 고평성자와 용싱 방언의 양평 유성성모자와 대응하며, 이 유성성모자는 서남관화의 유기성모의 영향을 받아 유기유성성모로 변화하였다. 「作, 冊」과 같은

글자는 용싱 방언의 무기 및 유기무성성모와 대응하므로, 용싱 방언에서는 별다른 변화가 필요하지 않았다. 「賊」와 같은 유성성모 입성자는 서남관화에서 양평조의 무기무성성모로 변화했는데, 이는 용싱 방언의 무기유성성모와 대응한다. 유기 성분의 영향을 받지 않았으므로, 용싱 방언은 여전히 이를 무기유성성모로 유지하게 되었다. 따라서 용싱 방언에서 무기유성성모는 고입성자에 나타나는 반면, 유기유성성모는 고평성자에만 나타난다. 간단히 말해, 용싱 방언의 유기유성성모는 서남관화에서 유성음이 무성음화 된 이후, 평성 유기의 영향을 받아 형성된 것이다. 이 과정을 (53)과 같은 방식으로 나타낼 수 있다.

$$(53) \begin{bmatrix} -\text{유성} \\ +\text{유기} \end{bmatrix} \sim \rightarrow \begin{bmatrix} +\text{유성} \\ -\text{유기} \end{bmatrix} > \begin{bmatrix} +\text{유성} \\ +\text{유기} \end{bmatrix} \Big/ \underline{\quad\quad} \text{양평조}$$

(53)은 이 책에서 여러 차례 등장했지만, 주의할 점은 이 규율이 음운적 표현 방식이라는 것이다. 음성적인 층위에서 무성성모의 유기 성분이 유성성모의 유기 성분과 완전히 동일한지는 논의의 여지가 있다.[5] 그러나 심리적 실재감의 측면에서는 용싱 방언이 이 둘을

---

5 (원주) P. Ladefoged(1982, ch.6)는 유성음의 유기에 대해 기존의 관점과 다른 의견을 제시한 바 있다. 이에 따르면, voiced aspirated(유기 유성)라는 개념은 실제로는 murmuring(속삭임) 또는 breathy(유기음)로 이해되어야 하며, 이는 趙元任이 언급한 「유성음류(濁流)」와 같은 현상이지, 유기가 아니라고 주장한다. 辻伸久의 연구에서도 광시(廣西) 지역의 위에어(粤語)는 이러한 특징을 보인다고 보고된 바 있다. 張裕

명확히 동일시했기 때문에, 이러한 대체가 가능했다. 또한, (53)의 영향 항목과 변화 항목은 두 가지 상반된 특징을 지니고 있지만, 여기서 작용한 것은 [+유기]일 뿐, [-유성]은 아니다. 이로부터, 외부의 영향을 수용하는 과정에서도 용싱 방언이 영향 방향을 결정하는 데 있어 자율성을 지녔다는 점을 알 수 있다.

또한 주목할 점은 (53)이 유기유성성모 글자의 공통된 특징을 설명하기는 하지만, 모든 [+유성, -유기] 글자가 반드시 (53)의 규율을 거친 것은 아니라는 것이다. 「脾, 皮, 婆」는 여전히 b로 발음되고, 「徒, 屠, 途」는 여전히 d로 발음되며, 「瓷, 鋤」는 여전히 dz로 발음된

宏은 이에 대해 다음과 같은 서면 의견을 제시했다. 「무성 유성(淸濁)에 대한 해석은 아직까지도 확립된 결론이 없다. Ladefoged의 주장대로라면, 용싱(永興)의 소위 유기유성성모(送氣濁母)는 사실 유성음류(濁流)를 동반하는 음절의 음향학적 효과로, 유기가 아니라고 해석할 수 있다. 탁류는 성모(聲母)를 불안정하게 하고, 기류가 강해지며 성대가 진동하는 경향을 보인다. 이런 상태에서 청탁 대립이 사라지면, 이 음절은 각 방언과 언어에서 서로 다른 변화 양상을 보이게 된다.」 장선생은 또 다른 가능성도 제시하였다. 용싱의 유기유성성모는 중고 중국어의 유성음류를 동반한 음절이 남은 것일 수 있으며, 이는 주변 방언들의 유기무성성모와 상대적인 영향으로 인해 보존된 것일 수 있다고 보았다. 하지만 이는 잔존 현상으로, 제4장 제3절에서 논의된 무중생유(無中生有)와는 다르다고 설명하였다. 즉, 용싱 초기의 유성성모는 유성음류를 동반했으며, 이후 陽平과 결합된 유성성모는 유성음류를 보존한 반면, 다른 성조와 결합된 유성성모는 이 특징을 상실한 것으로 본 것이다. 이 가설은 해석 면에서 훨씬 간결하지만, 몇 가지 추가 논의가 필요하다. 용싱이 샹어(湘語)에 속한다는 점을 인정한다면, 샹어의 특징인 무성 유성 모두 유기를 동반하지 않는 경향과 달리, 왜 용싱만 유기(또는 유성음류)를 보이는가? 중고 중국어에서 유성성모는 유기를 동반하지 않았다는 것이 일반적으로 받아들여지는 견해(李榮, 1952:116-124)인데, 이를 인정한다면, 유기유성성모가 중고 중국어의 잔존 현상이라는 주장을 뒷받침할 더 강력한 근거가 필요하다. 이 가설은 분명히 설득력 있는 가능성을 제시하며, 향후 추가적인 논의와 연구를 기대할 만한 주제다.

5장
방언 접촉: 용싱(永興) 방언의 유기유성성모에 대한 고찰

다. 이들은 분명히 유기유성성모로 변화하지 않았다. 이는 (53)이 반드시 적용되는 규율이냐 아니냐의 문제가 아니다. 만약 (53)이 선택적으로 적용되는 규율이라면, 모든 유기유성성모는 동시에 무기유성성모 발음을 가져야 할 것이다. 그러나 실제로는 그렇지 않다. 심지어, 이는 원래의 무기유성성모 글자가 특정 조건에서 분화했느냐의 문제도 아니다. 유기유성성모는 양평조(陽平調)에서만 나타나며, 양평조 내에서 유기유성성모와 무기유성성모는 다음과 같은 분포를 보인다.

	dź	dz	d	b	dźh	dzh	dh	bh
i	7			4		5		
u		4	9					1
ɿ		5						
o			2				5	
a		2						2
e		1		1				
ie	1							
ai				2		5	3	
ei						3		3
əu						6	2	
au						5	4	
iau					5		1	2
iəu					8			
uei		1						
in					19		4	9

an		5	5	1
ən		4	5	3
aŋ			5	1
oŋ		5	6	4
ian	5		3	1
uan			1	
iaŋ	5			
yoŋ	2			

총계 기준으로, 유기유성성모에 해당하는 글자는 153자, 무기유성성모는 39자이다. 전체적으로 보아, 유기와 무기는 상호 보완적이다. 이는 (53)이 가용한 규율이 아님을 반증한다. 그러나 이 상호 보완의 조건은 명확하지 않다. 무기유성성모는 절대 다수가 단모음 운모와 결합하지만, 유기유성성모는 복모음 운모, 비음운미 운모, 단모음 운모 모두 결합한다. 그러나 단모음 운모 안에서도 유기와 무기의 결합 여부는 각 모음마다 독립적으로 상호 보완적인 방식으로 나타난다. 물론 이 상호 보완적 음절들을 하나하나 열거할 수도 있지만, 이는 이 문제를 해결하는 데 도움이 되지 않는다. 왜냐하면, 이 상호 보완의 규율(generalization)을 찾을 수 없기 때문이다. 예를 들어, 왜 복모음 운모와 비음운미 운모는 무기유성성모를 유기유성성모로 변화시키는가? 왜 i 운모는 d를 dh로 변화시키지만 b는 bh로 변화시키지 않는가? 그러므로 이러한 상호 보완은 새로운 음소를 만들어내는 분화적 상호 보완이 아니라, 규율이 어휘적으로 적용되

는 과정에서 나타나는 상호 보완이다. 이에 대해 우리는 다음과 같은 관점을 취할 수 있다. 즉, (53)을 사용해 양평조에서 유기유성성모의 형성을 설명하고, 이 규율이 먼저 복모음 운모와 비음운미 운모에 적용된 뒤, 점차 단모음 운모로 확산되었다고 보는 것이다. 단모음 운모를 가진 음절은 구성 성분이 적어 의미 구별 기능의 부담이 상대적으로 증가하기 때문에 변화에 대한 저항력이 더 강해졌다. 이로 인해 단모음 운모에서 무기성모를 유기성모로 대체하는 과정은 음절마다 점진적으로 이루어졌으며, 동일 음절을 공유하는 글자들은 종종 같은 발음을 가지게 되었다. 한편, 「脾, 徒, 瓷」와 같은 약 20여 자는 현재까지 (53) 규율의 확산 과정에서 영향을 받지 않은 변화 잔여(residue)로 남아 있다.[6]

이외에도, 「拔, 跋, 鐸」이 세 개의 유기유성성모로 읽히는 입성자는 어떻게 설명할 수 있을까? 楊時逢(1984)이 정리한 《四川方言調查報告》에 따르면, 꽌시엔(灌縣)을 제외한 나머지 133개의 쓰촨 방언에서 모두 「拔」 자를 포함하고 있다. 이 글자의 현대 발음은 다음과 같은 몇 가지 유형으로 나뉜다.

	p	bh	p, ph 2독음	ph
방언 수	1	1	8	123

---

6   (원주) 이는 王士元 선생의 용어를 사용한 것이다. Wang(1969) 참조.

이 중에서 「拔」을 ph로 읽는 경우가 절대 다수를 차지하며, 이는 용싱 주변의 많은 방언들도 포함한다. 「拔」을 ph로 읽고 p로 읽지 않는 것은 관화의 무성음화 규율에 부합하지 않는다. 바로 이와 같은 이유로, 대부분의 서남관화가 「拔」을 예외적으로 ph로 읽게 되었고, 이에 따라 용싱 방언도 (53) 규율에 따라 이를 동일하게 처리하여 bh로 읽게 된 것이다.

「跋」과 「鐸」 두 글자에 대해서는, 《四川方言調査報告》에 수록되지 않았기 때문에 구체적으로 검토할 수 없다. 그러나 이 두 글자가 「拔」과 유사하며, 입성(入聲) 변화의 예외로 간주될 가능성은 매우 높다.

만약 (53) 규율이 성립한다면, 우리는 다음과 같은 질문을 던져야 한다. 왜 양평조(陽平調)에 이미 「册」과 같은 유기무성성모 글자가 있음에도 불구하고, 용싱 방언은 이 유기무성성모를 외래 유기무성성모와 대응시키지 않고, 도리어 기존에 없던 유기유성성모를 새롭게 만들어냈는가? 이에 대한 해석은 두 가지로 나눌 수 있다. 첫 번째는 용싱 방언의 언어 공동체는 한편으로는 외래 유기무성음의 영향을 받으면서도, 다른 한편으로는 기존의 「才」와 「册」 두 글자 간의 차이를 유지하려는 경향이 있었다. 따라서 외래와 본토의 특징을 종합하여 새로운 유기유성성모를 형성했다. 이 유기유성성모가 형성된 이후, 이는 용싱 방언의 특징이 되었고, 사회적 정체성(group identity)을 유지하기 위한 수단으로 자리 잡았다. 공동체의 일원들은 독특한 단어와 음운 체계를 통해 지역성을 드러내고, 이를 통해 서로를 식별하는 표시로 삼는다. 두 번째는 (53) 규율이 작용하던 시점에, 용싱 방언의 입성(入聲)은 아직 양평조로 합류하지 않았고, 양평조에는 유성음 평성자만 존재했다. 음운 구조상 양평조는 무성성모와 결합하지 않았기 때문에, 기존의 유기무성성모를 대체할 수 없었다. 따라서 기존의 유성성모에 유기 성분을 추가함으로써 외래의 영향을 수용했다. 이후 유기유성성모가 형성된 뒤에 입성이 양평조로 합쳐졌으며, 그제야 양평조에 유기무성성모가 나타나게 되었다. 결론적으로, 용싱 방언의 유기유성성모는 외래 음운의 영향을 수용하면서도 본토 음운 체계의 차이를 유지하기 위해 형성된 독창적이고 사회적·역사적 맥락에서 발생한 결과물로 볼 수 있다.

　이 두 가지 추측은 모두 가능성이 높으며, 상호 배타적이지도 않다. 설령 두 번째 추측이 사실이라 해도, 첫 번째 의견은 여전히 유효하다. 이러한 점에 대해서는 제4장 제3절에서 더 자세히 논의할 것이다. 여기서는 우선 두 번째 의견에 대해 몇 가지 보충 설명을 덧붙이고자 한다. 입성(入聲)이 사라진 것이 비교적 늦은 현상이라는 추측은 다른 샹어(湘語) 방언에서 추가적인 증거를 찾을 수 있을지도 모른다. 현재「핵심 샹어(核心湘語)」에 속하는 청부(城步), 신닝(新寧), 동안(東安), 링링(零陵), 우강(武岡), 치양(祁陽) 등의 방언은 모두 유성성모를 유지하고 있으며, 입성이 여전히 독립된 성조로 존재한다.[7] 용싱 방언이 유성성모를 보존하고 있다는 점을 고려하면, 약 300여

7　(원주) 이와 관련된 내용은 丁邦新(1982:263)과 楊時逢(1974b) 참조.

년 전 처음 이주했을 당시 용싱 방언도 핵심 샹어의 한 갈래였으며, 입성조를 유지했을 가능성이 크다. 물론 이는 반드시 그러했음을 증명하는 이유는 아니지만, 두 번째 추측에 대해 추가적으로 고려해볼 여지를 제공한다.

제4절 주가오(竹篙) 방언의 사례

용싱 방언은 「구 후광어(老湖廣話)」로 불린다. 용싱과 인접한 또 다른 「구 후광어」 방언이 바로 주가오 방언(竹篙方言)이다. 崔榮昌과 李錫梅는 주가오 방언에 대해서도 중점적으로 설명하였다. 다음은 그 설명 중 한 단락이다.

「주가오 방언은 용싱 방언과 마찬가지로 쓰촨 관화(四川官話)의 몇 가지 특징을 가지고 있다. 성조는 음평(陰平), 양평(陽平, 입성이 양평으로 통합됨), 상성(上聲), 거성(去聲)의 네 가지로 나뉘며, 성조의 종류와 성조 값은 쓰촨 관화와 동일하다. 운모는 38개로, 쓰촨 관화의 범위를 벗어나지 않는다. 청두(成都) 방언과 진탕(金堂) 방언과 비교했을 때, [ɿ yu] 두 운모가 추가되었으며, [ɛ iɛ uɛ yɛ]는 청두 방언과 진탕 방언의 [an iɛn uan yɛn]에 해당한다. 가장 두드러진 특징은 여전히 성모에서 나타난다. 앞서 용싱 방언의 음운적 특징에 대해 논의했으므로, 여기에서는 주가오 방언과 용싱 방언의 공통점과 차이점만 논의하고자 한다.

(1) 주가오 방언의 성모 총합은 30개이다. 용싱 방언과 비교하여 [dh, dz̧, dẓh, dźh, g, gh, ɣ] 등 7개가 적다.

(2) 주가오 방언의 유성음자는 용싱 방언과 비교하여 38 글자뿐이다.

[b] bən↓ 盆彭膨並 bin↓ 瓶並 boŋ↓ 朋棚逢篷並
[bh] bhi↓ 匹滂 皮疲脾並 bhi↓ 屁滂 bhai↓ 牌並
[d] daŋ↓ 堂唐塘糖搪定
[dz] dzuə̃↓ 船船 dzaŋ↓ 藏牆從 dziaŋ↓ 牆從 dzuaŋ↓ 床牀
[dzh] dzhai↓ 柴牀
[dź] dźin↓ 陳程 成秦 勤羣 dźiaŋ↓ 強長場腸 dźioŋ↓ 蟲牀
[z] z↓ 池 z↓ 士事牀
[z] zau↓ 韶苕禪 za↓ 下夏匣 zaŋ↓ 嘗 zaŋ↓ 上尙禪 zʃ↓ 是牀 ze↓ 折牀

유성성모 글자의 범위는 크게 축소되었으며, 오직 구어에서만 일부 보존되고 있다. 이를 통해 샹어(湘語)가 쓰촨(四川) 지역으로 유입된 이후, 원래의 유성음이라는 특징이 죽고 지역에서는 이미 소멸의 길로 접어들었음을 알 수 있다.」(崔榮昌, 李錫梅 1986:195)

주가오 방언의 유성성모는 소멸 중이라는 점이 분명하다. 여기에서 특히 주목해야 할 세 가지가 있다. 첫 번째, 주가오 방언에는 b, d, dz와 같은 무기유성성모 뿐만 아니라, bh, dzh와 같은 유기유성성모도 존재한다. 이들 중「匹, 屁」두 글자를 제외하면 모두 古平聲字에서 유래되었다. 이를 통해 (53) 규율이 용싱 방언뿐만 아니라 주가오 방언에도 영향을 미쳤음을 알 수 있다. 두 번째는 두 방언에서 적은 수의 글자를 비교해 보면, 개별 어휘에 대한 처리가 동일하지 않음을 발견할 수 있다. 아래는 이에 대한 비교 표이다.

용싱	주가오	글자 예
dzh	dzh	柴
bh	b	盆彭膨瓶朋棚蓬篷
b	bh	匹皮脾牌
dh	d	堂唐塘糖搪
dẓh	dz	船
dźh	dz	牆
dzh	dz	床
dźh	dź	秦勤強長場腸
dzh	dź	蟲
dẓh, dźh(2독음)	dź	陳程成

「匹」글자는 예외로 간주할 수 있으므로 제외하면, 나머지 30개의 글자는 모두 평성 유성성모 글자이다. 주가오와 용싱은 그 전신이 샹어(湘語)였던 만큼, 이 30개의 글자는 원래 무기유성성모로 발음되었을 것이다. 하지만 이후 (53) 규율의 영향을 받아 유기유성성모 발음이 나타나기 시작했다. 그런데 어떤 글자를 유기로 읽고, 어떤 글자를 무기로 유지할 것인지에 대해 두 방언이 일치하는 예는 「柴」딱 하나뿐이고, 나머지 스물아홉 개 글자는 정반대이다. 이 사실은 방금 전 언급한 첫 번째 관찰을 뒷받침해 주는 근거가 된다.

주가오 방언에서 유기유성성모의 글자가 적지만, 그 예시들(「皮, 脾, 牌」)이 용싱에서는 여전히 무기 b로 발음된다. 이는 주가오 방언의 유기유성성모가 용싱에서 빌려온 것이 아니라, 스스로 (53) 규율의 영향을 받아 생성된 것임을 보여준다. 세 번째, 「牌」와 「排」는 중고 (中古) 중국어에서 모두 蟹攝 並母 二等字로, 「牌」는 佳韻에, 「排」는 皆韻에 속한다. 이 두 글자는 청두 등 서남관화에서는 동음자이나, 샹 방언에서도 佳韻과 皆韻의 脣音字를 구별하지 않는다. 이 두 동음자는 용싱 방언에서 모두 무기 b로 발음된다. 주가오 방언에서는 「牌」는 유기 bh로 발음되지만, 「排」는 기록이 없다. 崔榮昌과 李錫梅가 주가오 방언의 유성성모 글자는 38개에 불과하다고 언급한 점으로 미루어 보면, 「排」는 현재 유성성모로 발음되지 않고 이미 무성음화되었을 가능성이 높다. 「排」의 무성음화는 두 가지 경우를 가진다. 하나는 bai>bhai>phai이고 다른 하나는 bai>pai이다. 어떤 경우든지 간에 「牌」와 「排」의 발음이 다른 것은 변화 속도의 차이에서 비롯된 것이라고 말할 수 있다. 앞의 경우에서 「牌排」는 모두 규칙 (53)의 영향을 받아 bhai로 읽혔으나, 이후 무성음화 과정에서 「排」가 「牌」보다 먼저 무성음화 되었다. 즉, 무성음화의 발생은 음절별이 아닌 글자별로 이루어진다는 의미이다. 반면 후자의 경우에서는 「牌」가 bhai로 읽힐 때 「排」는 여전히 bai였고, 이후에 직접 무성음화되었다. 여기서 규칙 (53)의 영향을 받는 과정 역시 음절별이 아닌 글자별로 일어난다. 용싱에서 「成」과 동음인 「誠城」 등의 글자에서도, 주가오 방언 역시 유성성모로 발음하지 않는 경우가 있는데, 이는 「排」 글자의 예를 통해 이해할 수 있다. 그러나 이른바 「어휘 확산」이란 과연 어휘를 단위로 하는 것인지, 아니면 음절(동음자)을 단위로 하는 것인지는 더 탐구가 필요하다. 여기서의 상황을 보면, 용싱은 음절을 단위로 삼은 것으로 보인다(적어도 이전 절에서 언급된 유기와 무기 유성성모의 상호보완 관계를 보면 그러한 듯하다). 반면 주가오는 개별 어휘를 단위로 삼은 것으로 보인다. 하지만 우리가 잊어서는 안 될 점은, 용싱이 제시한 사례는 일부 자료에 불과하다는 것이다. 규칙 (53)의 영향을 받기 전의 무기유성성모 동음자 중 다수는 이미 무성음화되었을 가능성이 높다. 이들의 상황은 「排」 글자에 대해 설정한 두 가지 상황과 유사할 것이다. 만약 다음 절의 논의가 여기 일부 글자에 적용될 수 있다면, 이들 글자는 선행적으로 유기유성성모로 변화한 후 무성음화되었을 것이다. 그렇다면 규칙의 영향을 받을 때 반드시 음절을 단위로 한다고 단정할 수는 없다.

　이상의 세 가지 점은 규율 영향면이나 규율사 연구에 있어 중대한 의미를 가진다. 그 의미는 동일한 규칙이 서로 다른 방언에 동일한 영향을 미칠 때, 그 영향이 글자별로 또는 음절별로 발생할 수 있으며, 어떤 글자나 음절이 영향을 받거나 받지 않는지는 각 방언이 자율적으로 결정한다는 것이다.

제5절 유성음의 무성음화 과정

용싱(永興) 방언과 주가오(竹篙) 방언 모두 유성성모의 점진적 소멸이 진행 중이나, 그 진행 속도에는 차이가 존재한다. 우리가 알기로, 후난(湖南)의 일부 「신샹어(新湘語)」 방언에서도 유성성모가 사라졌으며,[8] 이 경우 유성성모는 무기 무성성모로 변화되었다. 그렇다면, 용싱 방언도 이와 같은 과정을 겪고 있을까? 현재 확보된 제한적 자료에 따르면, 용싱 방언은 이러한 경로를 따르지 않는 것으로 보인다. 다음은 이와 관련하여 참고할 수 있는 몇 가지 예시 단어이다.

$$*ɖ > tʂ\ :\ 著\ tʂoɤ$$

tʂh: 澤宅 tʂheɤ, 濁 tʂhoɤ

tɕ : 陳 tɕinˊ, 召 tɕiauˊ 蟄 tɕiˀ

tʂh: 池 tʂhɿɤ

$$*dz > tʂ\ :\ 絕\ tʂueɤ$$

tʂh: 疵 tʂhʔˀ

$$*ʑ > tɕh:\ 愼\ tɕhinˊ$$

$$*g > tʂ\ :\ 圈\ tʂuanˊ\ 菌\ tʂuənˊ (이독\ dʑyn.)$$

tʂh: 裙瓊羣 tʂhuənˊ

ts : 距拒巨鉅具劇 tshˊ, 局 tsuˋ

tsh: 渠 tshuˋ

---

8 신샹어(新湘語)와 노샹어(老湘語)에 대한 논의는 辻伸久(1979) 참조.

여기에는 총 24개의 글자가 있다. 이 글자들을 보면, 무성음화의 전반적인 경향은 평성 유기, 측성 무기이다. 이 경향에 부합하지 않는 예로 「澤, 宅, 濁, 蟄, 疵, 愼」 여섯 글자가 있다. 그 중에서 「澤, 宅」 이 두 글자의 성모는 모든 샹 방언에서 tsh로 발음되며, 단 지 링링(零陵)과 천시(辰溪)에서만 ts로 발음된다(楊時逢, 1974b). 한편, 쓰촨 방언의 132개 방언 중에서는 모두 tsh, tśh, tṣh 또는 dzh(遂寧)으로 발음된다. (楊時逢, 1984) 이를 통해 「澤, 宅」의 유기성모 발음은 특정 방언의 내부 규율을 초월한, 매우 보편적인 현상임을 알 수 있다. 기타 「濁, 蟄, 疵, 愼」 이 네 글자에 대해서는 비교할 만한 충분한 자료가 없다. 하지만 이들도 「澤, 宅」과 같이 예외로 간주할 수 있을 것이다.

만일 이 20여 개의 글자가 용싱 방언의 무성음화 경향을 반영하는 것이라면, 이는 주목할 만한 음운 현상이다. 샹어(湘語)의 무성음화는 무기성모로 변화하지만, 관화(官話)는 평성에서는 유기, 측성에서는 무기로 변화한다. 현재 용싱 방언은 본래 샹어에 속하지만, 그 무성음화 과정은 관화의 방향으로 나아가고 있다. 이는 용싱 방언이 서남관화의 영향을 받았기 때문이다. 만약 앞으로 용싱 방언이 완전히 무성음화된다면, 그 무성음화 과정, 적어도 일부 글자의 무성음화 과정은 다음과 같이 진행될 것이다.

(54) 유성무기 ┬ 유성유기/_평성 > 무성유기/_평성
               └ 유성무기/_측성 > 무성무기/_측성

흥미로운 점은 여기에서 드러난다. 관화(官話)의 무성음화가 먼저 성조에 따라 분화된 후 무성음화가 진행되었는지, 아니면 분화와 무성음화가 동시에 진행되었는지는 현재로서는 완전히 알 수 없다. 그러나 용싱 방언은 한 가지 유형을 보여준다. 이 유형은 성조에 따라 먼저 분화가 이루어진 뒤, 이후 무성음화가 진행된 경우이다. 용싱 방언이 물론 하나의 특례일 수 있다. 하지만 중국어 방언 전체에서, 용싱이 과연 유일한 특례일까?

방언의 역사
: 깐방언(贛方言)

제1절 특징 없는 방언

앞 장에서는 용싱 방언의 유기유성성모(送氣濁聲母)라는 음운적 특징을 중심으로 방언 간 접촉 현상을 관찰하였다. 이번 장에서는 탐구 범위를 확대하고, 분석 항목을 추가하며, 관찰 시간축을 확장하여 특정 방언군을 심층적으로 고찰하고자 한다. 방언 및 언어 간의 장기적인 접촉은 다양한 언어적 양상을 유발한다. 본 장의 주요 탐구 대상은 깐방언(贛方言)이다. 방언과 언어의 장기 접촉은 여러 가지 다양한 양태를 초래한다. 이 장에서 다루려는 방언군은 바로 깐방언(贛方言)이다. 깐방언과 접촉한 것은 중국어 방언뿐만 아니라 비중국어적 요소일 가능성도 존재한다. 물론, 오늘날 깐방언 내부에서 나타나는 복잡한 양상에 대해서는 방언 내부 요인도 분명 큰 역할을 했을 것이다. 다루어야 할 문제가 많고 즉각적으로 확정하기 어려운 부분도 많기에, 이 장에서는 핵심적인 부분만 서술하고 앞 장처럼 세세한 논의는 생략한다. 본 장의 목적은 깐방언을 관찰함으로써 다음 사실을 밝히는 데 있다. 오늘날 중국어 방언은 어느 갈래, 어느 방언이든 간에 고립적으로 특정 모어에서 직접 분화된 것이 아니다. 중국어의 발전 과정에서 분화와 접촉은 상호작용하며 진행되었다. 오늘날 다양한 방언 간에서 관찰되는 유사성의 일부는 공통된 조어(祖語)에서 유래한 것이지만, 상당수는 이후의 지속적인 상호 접촉과 융합의 산물이라 할 수 있다.

깐(贛)은 지앙시성(江西省)의 약칭이다. 깐방언(贛方言)이라는 명칭은 문자 그대로 지앙시성에서 사용되는 방언을 의미한다. 그러나 잘 알려진 바와 같이, 방언의 분포 범위와 지리적 혹은 행정적 구획은 본질적으로 일치하지 않는다. 하나의 지역 안에는 복수의 방언, 심지어 서로 다른 대방언(大方言)이 공존할 수 있으며, 반대로, 하나의 하위 방언(次方言)이나 소방언(小方言)이 여러 지역에 걸쳐 분포하는 경우도 적지 않다. 그렇다면 '깐방언'이라는 명칭은 과연 어떤 언어적 실체와 의미를 내포하고 있는가?

방언학에서 깐방언(贛方言)은 샹방언(湘方言)의 동쪽, 위에방언(粤方言)과 커방언(客方言)의 북쪽, 민방언(閩方言)과 우방언(吳方言)의 서쪽, 관화방언(官話方言)의 남쪽 이 지역의 방언을 뜻한다.

지리적으로, 이 지역은 샹지앙(湘江)의 동쪽, 우링(五嶺), 지우리엔산(九連山), 장수에이(章水), 공수에이(貢水)의 북쪽, 우이산(武夷山), 티엔무산(天目山), 황산(黃山), 지우화산(九華山)의 서쪽, 그리고 양쯔강(長江)의 남쪽에 해당한다. 행정 구역상으로는 지앙시성(江西省) 대부분의 지역에 더해, 후난성(湖南省) 동부와 후베이성(湖北省) 남부를 포함한다. 이 지역에서 사용되는 방언들은 서로 어느 정도 유사성이 있다. 이러한 유사성은 매우 두드러지는 것은 아니지만, 주변의 다른 대방언과 비교했을 때, 하나의 독립적인 방언군으로 간주하기에 충분하다. 이 지역의 대부분이 지앙시성에 속하기 때문에, 우리는 이 방언군을 「깐방언(贛方言)」이라고 자연스럽게 부르게 된 것이다.

깐방언(贛方言)은 앞서 언급한 여러 대방언 사이에 위치하고 있기 때문에, 서로 접촉하고 상호 영향을 주고받는 것은 피할 수 없는 일이다. 실제로 많은 방언학자들은 깐방언이 주변 방언들의 영향을 강하게 받은 방언이라고 여긴다. 오늘날 깐방언(贛方言)은 뚜렷한 언어적 독자성을 찾기 어려운 방언으로 평가되곤 한다. 학계에서는 일반적으로 「유성음의 무성화(濁音清化)」와 「평성·측성(平聲·仄聲) 모두에서의 유기음화(送氣)」를 깐방언의 주요 특징으로 간주하는 데에 대체로 합의하고 있다. 그러나 이 특징이 커방언과 구별되지 않는다는 것이 문제이다. 심지어 오늘날 깐방언 지역 내의 각 하위 방언이 공유하는 음운적 특징을 찾는 것조차 어려운 실정이다. 이는 유성무성화 및 평·측 유기라는 특징조차 깐방언 내에서 예외가 적지 않기 때문이다. 주변의 여러 대방언들은 비교적 명확한 언어적 특징을 통해 쉽게 구분되는 반면, 깐방언은 이러한 뚜렷한 정체성을 규정하기 어려운 방언으로 꼽힌다. 예를 들어 샹방언은 고유성성모(古濁聲母)가 무성화 여부와 관계없이 유기음으로 발현되지 않으며, 우방언은 유성성모 및 4성 8조(四聲今八調)를 보존한다. 커방언의 경우 유성음이 무성화되고 평·측음이 유기음화되며, 일부 차탁(次濁) 상성은 음평으로 전환된다. 위에방언은 아홉 개 이상의 성조를 구분하고 장·단 모음도 구별한다. 민방언은 경중순(輕重脣)과 端知의 분화가 없고, 관화방언은 유성음이 무성음으로 바뀌고 평성은 유기음, 측성은 무기음으로 발현되는 특징을 지닌다. 이에 비해 깐방언은 특정 음운적 특징으로 한마디로 규정하기 어려우며, 눈에 띄는 고유성을 갖추지 못했다는 점이 두드러진다. 이러한 점에서 「특유의 언어적 면모가 적은 방언」(詹伯慧, 1981:138)이라는 평가가 과장되지 않은 것으로 보인다.

깐방언의 「특징이 없다」는 이 특징은 다른 관점에서도 확인할 수 있다. 1934년, 趙元任은 상하이《申報》를 위해 인쇄한《中華民國新地圖》(丁文江 외, 1934)의 〈語言區域圖〉에서 중국어 방언을 분류하면서 깐방언을 독립된 갈래로 포함하지 않았다. 대신 깐방언의 북부는 관화(官話)에, 남부는 커지아방언(客家方言)에 속한 것으로 분류되었다. 1937년, 李方桂는《中國年鑑》의 영어판에서 발표한 〈中國境內的語言和方言〉에서도 깐방언과 커방언을 하나의 갈래로 묶어 깐커방언(贛客方言)이라고 칭했다. 1948년,《申報中國分省新圖》제5판에서 깐방언이 처음으로 관화와 커방언으로부터 독립된 방언으로 분류되었다. 그 이후 깐방언은 독립적인 한 갈래의 방언으로 간주되었으나, 그 지위는 여전히 불확실하다. 한편으로는 깐방언이 관화(官話), 샹방언(湘), 우방언(吳), 민방언(閩), 위에방언(粵), 커방언(客)과 동등한 대방언(大方言)으로 평가되기도 했다. 이를 주장한 대표적인 학자로는 周法高(1955), 袁家驊(1960), 詹伯慧(1981), 丁邦新(1982), 李榮(1985) 등이 있다. 반면, 董同龢(1953)나 R. Forrest(1973)의 방언 분류에서는 여전히 깐방언을 독립된 방언으로 인정하지 않았다. 또한 *Journal of Chinese Linguistics*가 1973년에 李方桂의 〈中國境內的語言和方言〉을 재출판할 때, 깐방언의 분류를 원래의 입장대로 유지했다. 학자들 간의 이러한 논의와 주저함은 깐방언의 분류와 정의가 여전히 어려운 문제임을 반영하고 있다.

깐방언의 어려운 점은 한 두 가지 핵심 방언을 찾아내는 것만으로 즉각 해결할 수 있는 문제가 아니다. 이 지역은 사방이 막힌 고립된 곳이 아니어서, 주변 방언의 영향을 깊이 그리고 오래 받아왔기 때문에, 깐방언의 원형에 가까운 다양한 면모를 보존하고 있는 보수적인 방언을 찾기는 어렵다. 따라서, 접근 방식을 바꾸어, 주변 방언의 영향을 받은 부분을 제거하는 방법으로 시작할 수 있을 것이다. 우리는 각각의 주변 대방언의 핵심적인 특징을 찾아내고,[1] 그런 다음 이러한 특징이 깐방언에 작용한 상대적 시기를 추적해 볼 수 있다. 변화가 발생한 순서를 통해 오늘날 깐방언의 전신이 가진 특징을 점차적으로 구별해낼 수 있다. 이를 통해 깐방언과 다른 방언, 특히 커방언과의 관계를 어느 정도 명확히 할 수 있을 것이다.

다른 한편으로, 깐방언의 초기 모습이 오늘날에는 거의 드러나지 않게 되었지만, 여전히 일부는 인근 방언과 완전히 동일하지 않다. 이러한 공통점과 차이점 속에서 우리는 방언이 접촉으로 인해 변화하는 다양한 양태를 관찰할 수 있는 좋은 기회를 얻는다. 깐방언이 받은 영향은 매우 다양하며, 이렇게 넓은 지역이 다양한 자극을 받으면서 나타난 반응과 변화 과정은 개별 방언의 변천을 관찰하면서

---

1   (원주) 본 장에서 다루는 방언 외 주요 대방언의 음운적 특징에 대한 인용은, 특별히 명시하지 않은 경우 袁家驊(1960)와 詹伯慧(1981) 두 저서를 근거로 한 것이다.

는 이해하기 어려운 점을 포함하고 있을 것이다. 이와 같은 관점에서 본다면, 깐방언은 대규모 접경 방언으로 간주할 수 있다. 깐방언은 특징이 없는 것이 특징이며 또한 언어학적으로 중요한 의미를 가진다고 볼 수 있다.

제2절 원시 깐어(贛語)의 특징

楊時逢의 〈江西方言的內部分歧現象〉(1982)을 읽어본 사람이라면, 오늘날 지앙시 지역 방언의 공통된 특징을 찾아내고 하위 방언 구역을 구분하는 일이 얼마나 어려운지 쉽게 느낄 수 있을 것이다. 만약 후베이성 동남부와 후난성 동부의 일부 방언까지 포함한다면, 이러한 어려움은 더욱 심해질 것이다. 楊時逢이 제시한 12개 항목, 약 40여 개의 음운적 특징을 바탕으로 방언 지도를 작성해 보면, 어떤 동일언어선도 완전히 겹치지 않는 것을 알 수 있다. 대체로, 「유성 무성화 및 평·측 유기(濁音清化平仄送氣)」를 제외하고는, 넓은 지역이나 띠 형태로 분포하는 특징은 많지 않다. 대부분의 경우 작은 지역 단위로 조각 형태의 분포를 보이며, 때로는 서로 엇갈리기도 한다. 또한, 일부 음운적 특징은 드문드문 분포하는 지점 형태로 나타난다. 이처럼 복잡하고 분산된 양상 속에서 깐방언의 본래 모습을 찾아내는 일은 매우 어렵다고 할 수 있다.

이러한 방언 지도는 학자들의 견해를 상당히 잘 반영하고 있다.

즉, 오늘날의 공시적 관점에서 볼 때, 깐방언은 「유성 무성화 및 평·측 유기」 외에는 공통점을 찾기 어려운 방언이다. 그러나 이 한 가지 규율 또한 깐방언 내부에 전혀 예외가 없는 것은 아니고, 깐방언 외부에서는 커방언과도 구분되지 않으므로, 그 구별 기능이 자연히 빛을 잃게 된다. 따라서 관점을 바꾸어, 지금처럼 복잡하게 얽히기 이전의 깐방언이 어떤 모습이었는지를 살펴보고자 한다. 깐방언의 기원과 형성 과정을 대체적으로 명확히 한다면, 비록 공시적 특징을 한마디로 설명하기 어렵다 하더라도, 깐방언의 본질을 어느 정도 파악할 수 있을 것이다.

본 작업은 두 단계로 나누어 진행된다. 첫째, 깐방언 주변의 대방언들이 각각 어떤 가장 기본적인 특징을 가지고 있는지 살펴본다. 둘째, 오늘날의 깐방언에도 이러한 특징들이 존재하는지 살펴보고, 있다면 그것을 걸러낼 수 있는지 검토한다. 여기서 말하는 「걸러내기」란 역사적 변천의 관점에서 접근하는 것이다. 방언의 발전은 음운 내부의 변화에 일정한 선후 관계, 즉, 제2장 제3절에서 언급한 내재적 질서를 가지고 있다. 이러한 선후 관계는 음운 변화 조건의 상호 의존성을 통해 판단할 수 있다. 어떤 특징은 다른 변화의 결과를 기반으로 해야 발생할 수 있으므로 나중에 나타나는 특징이다. 반면, 어떤 특징은 더 이상 소급할 수 없으며, 다른 변화가 이를 통해 발생해야 하므로 먼저 나타나는 특징이다. 따라서 걸러낼 수 있는 특징은 후기에 발생한 변화이다. 걸러낼 수 없는 특징은 초기 깐어(贛語)의 본래 특징이라고 할 수 있다. 현재 깐방언의 특징은 여전히 단편적인 경우가 많지만, 비교적 상세한 조사 보고서가 이미 20여 지역에서 이루어져 있다. 이러한 자료를 종합하고 보완하면, 어느 정도 유용하게 활용할 수 있다.[2] 이 원칙에 따라 현재의 자료를 바탕으로 원시 깐어에 포함되었을 것으로 추정되는 특징은 최소한 다음의 7가지이다.

    (55) 유성 무성화 및 평·측 유기(濁音淸化平仄送氣)
    (56) 泥, 來 구분
    (57) 見系 3, 4등자 비구개음화
    (58) 咸攝 1, 2 등자 주요모음 구별
    (59) -m, -n, -ŋ 등 비음운미 보존
    (60) -p, -t, -k 등 파열운미 보존
    (61) 유성 상성은 거성으로 합류, 평성, 거성은 음양으로
         분류, 모두 7개 성조

이 일곱 가지 특징을 기반으로, 오늘날 깐방언의 변화를 대략 설명할 수 있다. 그러나 현재 깐방언의 하위 방언에서 일곱 가지 특징을 모두 보유한 방언은 없다. 난펑(南豊)과 린추안(臨川)은 상대적으로 더 많은 특징을 보존한 방언으로, 각각 6개와 5개의 특징을 가지

---

2   (원주) 본 장에서 지앙시(江西) 지역 내 방언 및 기타 지역의 깐방언(贛方言)에 대한 자료는 다음 문헌을 근거로 하였다. 羅常培(1940), 趙元任 等(1948), 袁家華(1960), 楊時逢(1971, 1974a, 1974b, 1982), 余直夫(1975), 羅肇錦(1977), 熊正輝(1982, 1985), 陳昌儀(1983), 顏森(1981, 1983, 1985, 1986), 鮑厚星, 顏森(1986), 鄭張尚芳(1986), 葉祥苓(1986).

고 있다. 일반적으로 전형적인 깐방언으로 여겨지는 난창(南昌)은 의외로 단 2개만을 보존하고 있다. 푸치(蒲圻)는 「유기 유성음화(次清化濁)」 방언으로, 역사적으로 유성 무성음화 및 평·측 유기 단계를 거쳤지만, 표면적으로는 더 이상 그 특징이 드러나지 않는다. (55)~(61)의 특징이 오늘날 깐방언에서 얼마나 보존되고 있는지는, 이 장의 말미에 첨부된 각종 지도를 참고할 수 있다. 아래 표9는 몇몇 방언에서 선택적으로 추출된 특징들의 비교를 보여준다.

표9 깐방언 음운 특징 비교표

	新淦	南昌	奉新	臨川	南豐	咸寧	蒲圻	平江	攸縣
평측 유기	+	+	+	+	+	+	-	+	+
泥來 구분	-	-	-	+	-	-	-	-	-
見系 3, 4 비구개음화	-	-	-	+	-	-	-	-	-
咸 1, 2 구분	+	+	+	+	+	+	+	+	+
-m, -n, -ŋ 보존	-	-	+	+	+	-	-	-	-
-p, -t, -k 보존	-	-	-	+	+	-	-	-	-
7調 보존	-	-	-	+	-	-	-	-	-

걸러진 특징들은 대략 다음과 같은 몇 가지로 나눌 수 있다.

(62) 泥來 섞임
(63) 설근마찰음과 순마찰음 서로 섞임
(64) 端知系자 비구분

(65) 설면비음 ń 존재
(66) 見系자 구개음화
(67) 복모음 단모음화
(68) 비화모음 존재
(69) 파열운미 약화되어 -ʔ으로 변화 이후 소실

이러한 걸러진 특징들은 대체로 깐방언 주변의 대방언에서 그 기원을 찾을 수 있다. 그러나 일부 특수한 변화는 주변 대방언이나 중국어에서 명확한 기원을 찾기 어렵고, 깐방언의 초기 단계로 거슬러 올라가서도 확인할 수 없는 경우도 있다. 아래는 깐방언에서 일어난 특수한 변화이다.

(70) 來母 細音 d,t,th 혹은 y로 발음
(71) 透, 定모자 h로 발음
(72) 清, 從모자 th로 발음
(73) 부분적 -t 운미 -1로 변화
(74) 유기유성음화(次清化濁): 고대 유기 성모는 현재 유성 파열음, 유성파찰음으로 발음
(75) 유기분조(送氣分調): 유기성모의 영향으로 성조 종류의 분열

이러한 변화가 깐방언(贛方言)에 어떻게 영향을 미쳤는지는 제4절에서 순차적으로 설명할 예정이다.

제3절 깐방언과 커방언의 관계

깐방언과 커방언의 관계는 깐방언이 주변 대방언들과 맺고 있는 관계 중에서 가장 풀기 어려운 부분이다. 앞서 여러 차례 언급했듯이, 깐방언의 비교적 일관된 특징 중 하나인 유성 무성음화 및 평·측 유기(濁音淸化平仄送氣)는 커방언과 동일하다. 뿐만 아니라, 깐방언은 여러 측면에서 커방언과 구분하기 어렵다. 커방언은 일반적으로 6~7개의 성조를 가지며, -m, -n, -ŋ, -p, -t, -k 등의 운미를 보존하고, 見系의 글자가 구개음화되지 않으며, 설면비음성모 ń 등이 존재한다. 이러한 특징들 중 다수는 오늘날의 깐방언에서도 어느 정도 나타나며, 일부는 초기 깐방언까지 소급될 수 있다. 이와 같은 배경에서, 우리는 다음과 같은 가설을 상정할 수 있다. 깐방언과 커방언은 원래 같은 방언군에 속했으나 다른 방향으로 발전했을 뿐이다. 북쪽에 위치한 방언은 주변 방언들의 영향을 깊이 받아 변화가 빠르게 진행되어 오늘날의 깐방언이 되었다. 남쪽에 위치한 방언은 비교적 영향을 적게 받아 보수성을 유지하며 오늘날의 커방언이 되었다. 이러한 관점에서 보면, 중국어 방언의 분류에서 하나의 대방언을 삭제하고, 깐방언과 커방언을 같은 대방언의 두 하위 방언(次方言)으로 간주할 수 있다. 이 둘의 관계는 마치 민난방언(閩南)과 민베이방언(閩北), 혹은 서남관화(西南官話)와 시아지앙관화(下江官話)처럼, 족성(族姓)이 다른 것이 아니라, 방계(傍系)의 차이일 뿐으로 볼 수 있다.

그러나 개인적으로는 깐방언과 커방언을 족성이 다르다고 보는 견해에 더 찬성한다. 내 의견은 두 가지 측면으로 나뉘어 설명된다. 첫 번째는 소극적인 측면으로, 깐방언과 커방언이 동일한 방언군이라는 것이 필연적이지 않음을 보는 것이다. 두 번째는 적극적인 측면에서, 깐방언과 커방언의 조어(祖語)가 반드시 달라야 한다고 보는 것이다.

우선, 두 방언이 변화 과정에서 유사성을 보인다고 해서 반드시 동일한 기원에서 나왔음을 증명하는 것은 아니다. 특히 이러한 유사성이 독점적이지 않을 때는 더욱 그렇다. 이는 상식에 속하는 일로, 굳이 길게 논할 필요는 없을 것이다. 구체적으로 말하자면, 유성무성음화 및 평·측 유기(濁音清化平仄送氣)라는 특징은 깐방언과 커방언만의 고유한 것이 아니다. 이 특징은 당·오대(唐五代) 시기 서북 방언의 한 유형과[3] 12세기 말 서북 방언(龔煌城, 1981), 그리고 오늘날 관중(關中) 지역,[4] 산시(山西),[5] 허난(河南) 서북부의 산시엔(陝縣)(賀巍, 1985), 링바오(靈寶)(馬培芝, 1958 및 楊時逢, 荊允敬, 1971), 지앙쑤성(江蘇省) 운하 동쪽의 타이조우(泰州), 이엔청(鹽城), 루푸(如皋)(江蘇省 및 上海市方言調査指導組, 1960; 丁邦新, 1960), 안후이성(安徽省) 지시(績溪) 링베이(嶺北)(趙元任, 楊時逢, 1965), 쓰촨성(四川省) 지엔웨이(鍵為), 러산(樂山)(田元, 1958) 등지에서도 고루 관찰된다. 심지어 위에(粵) 방언에 속

---

3   (원주) 羅常培가 1933년에 제시한 『대승중종견해(大乘中宗見解)』가 대표하는 방언이다.

4   (원주) 西安(趙林森 1958)이나 商縣(張成材 1958, 1983) 등의 지역.

5   (원주) 린치(臨騎) 방언(田希誠, 呂枕甲 1983).

하는 어느 한 방언에서도 동일한 변화가 발견된다.[6] 우리는 이 모든 지역을 동일한 방언 범주에 포함시킬 수 없을 것이다. 다시 말해, 유형적 유사성이 있다고 해서 반드시 기원적 동일성을 의미한다고 볼 수는 없다.

둘째, 문헌에 나타난 지앙시(江西) 주변의 한족(漢族) 또는 한문화(漢文化) 전파를 살펴보면, 깐방언과 커방언이 동일한 기원을 가진다는 주장은 다소 무리한 면이 있다. 羅香林(1933)의 연구에 따르면, 커지아민족은 산시(山西)와 허난(河南)에서 시작하여 총 다섯 차례의 대규모 이주를 거쳤다. 첫 번째, 남쪽 이주는 영가의 난(永嘉亂) 이후로, 대부분이 지앙화이(江淮) 지역으로 이주했다. 두 번째는 안사의 난(安史亂) 이후로, 지앙시를 거쳐 민시(閩西)에 이르렀다. 그러나 지앙시 지역은 이미 秦代에 지우지앙군(九江郡)이 설치되었고, 漢代에는 위장군(豫章郡)으로 명칭이 바뀌었다. 진(秦)대의 문화적 실상은 정확히 알기 어렵지만, 한(漢)대 지앙시 지역의 상황은 문헌을 통해 유추할 수 있다. 《漢書》에 따르면, 전한(前漢) 때 위장군은 6만여 호(戶), 35만 명의 인구를 보유했고, 18개의 현이 있었다. 후한(後漢) 때는 40만 호, 166만 명의 인구, 21개의 도시로 성장했다. 이로 미루어 보면, 한(漢)대 약 400년 동안 인구는 약 5~6배 증가한 셈이다. 이들이 어떤 중국어를 사용했는지, 혹은 그 방언적 성격이 무엇인지 오늘날 정확히 알 수는 없다. 그러나 다음은 분명히 말할 수 있다. 중국어

---

6   (원주) 레이조우(雷州) 반도의 우양(吳陽) 방언을 가리킨다. 張振興(1986) 참조.

한 방언이 지앙시 지역에 유입되었고, 당시의 표준어가 되었을 가능성이 높다. 이유는, 한(漢)대는 지방 주군(州郡) 장관, 현령(縣令), 현승(縣丞) 등은 현지인을 기용하지 않았다. 따라서 수많은 지방 관리들이 정무를 수행하며 교육과 교화를 펼치는 과정에서 표준어를 사용했을 가능성이 크다. 또한 동한(東漢) 시기에는 효렴(孝廉) 제도가 있었고, 위장군은 양주(揚州) 관할 하에서 가장 많은 인재를 배출한 지역으로 꼽혔다(邢義田, 1983, 표1). 효렴은 당시 지역 엘리트 계층이었으며, 선발된 뒤에는 관직에 올라 전국을 다니며 활동했기 때문에 「경음(京音)」이나 「관화(官話)」에 능통해야만 했다. 결국, 커지아민족의 이주 이전에 이미 중국어가 지앙시 지역에 유입되었음을 알 수 있다. 한(漢)대 위장군의 행정 구역을 고려하면, 이러한 중국어는 최소한 깐난(贛南)의 링두(零都)까지 영향을 끼쳤던 것으로 보인다. 이는 오늘날 깐방언 남쪽 경계에 해당한다. 물론, 한(漢)대 지앙시에 유입된 중국어가 오늘날 깐방언의 전신인지, 또 그 확산과 보급 정도는 단정하기 어렵다. 그러나 반대로, 오늘날 지앙시 지역 방언이 모두 커지아민족에 의해 유입되었다고 주장하는 것도 불가능하다. 같은 시기에 유입된 것이 아니므로, 같은 기원을 가졌다는 주장 또한 신뢰하기 어렵다.

    더 나아가 음운적 특징에서 깐방언(贛)과 커방언(客)이 동일한 기원을 가질 수 없다는 이유를 찾을 수 있다. 이 이유는 一二等의 구별에서 깐방언과 커방언이 상호 배타적 관계에 있다는 점이다. 이 구별은 초기 역사적 조건을 반영하는 것으로, 깐방언과 커방언의 전신으로 거슬러 올라갈 수 있다. 따라서 이를 근거로 깐방언과 커방언이 두 개의 독립된 대방언임을 판단할 수 있다. 깐방언과 커방언의 공통 기원은 중국어의 공동어(共同語)이며, 이는 공동어 아래의 또 다른 대방언이 아니라는 점이 분명하다.

一二等韻 구별은 중고음에서 蟹, 山, 效, 咸 네 개의 攝의 모음 대조로 나타난다. 이러한 모음 대조는 적어도 당(唐)대 이후, 다양한 방언에서 서로 다른 방향으로 점차 통합되었다. 오늘날 각 대방언에서의 반영을 보면, 우방언(吳)과 위에방언(粤)은 대체로 이 구별을 유지하고 있다. 관화(官話)와 썅방언(湘)은 많이 통합되었으며, 蟹攝과 山·咸攝의 입성(入聲)에서만 모음 대조를 보존한다. 민방언(閩)은 效攝의 구별만 보존한다. 아래는 이를 간단히 정리한 비교표로, 「+」는 1, 2등 모음의 구별을 유지함을 나타내고, 「(+)」는 입성에서만 구별이 존재함을 나타낸다.

표10 중국어 방언 1, 2등 운모의 구별

	吳(溫州)	粤(廣州)	贛(南昌)	客(梅縣)	閩(廈門)	湘(漵浦)	官話(普通話)[7]
蟹	+	+	+	+	-	+	+
效	+	+	-	+	+	-	-
山	+	+	+	+	-	(+)	(+)
咸	+	+	+	-	-	(+)	(+)

---

7   (원주) 원서에는 대만의 표준어 표기인 國語라고 기재되어 있으나 普通話로 변경하였다.

一二等 모음 대조의 소실은 중고음에서 현대 중국어 운모 발전 과정에서 중요한 변화 중 하나이다.「攝」체계를 기반으로 한 중고음 음운 체계에서 一二等과 三四等의 구별이 통합됨으로써, 開口·合口 四等 체계에서 관화(官話)의 開齊合撮 四呼로 발전하여 운모 체계가 크게 단순화되었다. 관화가 이러한 과정을 통해 분화된 것처럼, 다른 방언들도 이 구별을 바탕으로 나눌 수 있다. 여기에서 우리는 깐방언이 效攝의 구별이 없는 방언이며, 커방언은 咸攝의 구별이 없는 방언이라는 점을 알 수 있다. 이러한 상황은 앞에서 언급한 난창(南昌)과 메이시엔(梅縣)에서만 나타나는 것이 아니다. 效, 咸의 반영은 대부분의 깐방언 모두는 난창과 같고, 대부분의 커방언은 메이시엔과 같다. 이와 같은 서로 배타적인 차이는 깐방언과 커방언의 전신(前身)으로까지 소급할 수 있다.

M. Hashimoto(1973)는 커방언의 또 다른 중요한 특징으로「馬, 禮, 買, 晚, 領」과 같은 일부 차탁 상성(次濁上聲) 글자가 음평조(陰平調)로 발음된다는 점을 지적했다. 이는 깐방언과 구별할 수 있는 중요한 기준이 된다. 왜냐하면, 이러한 글자들은 깐방언에서 음평조로 읽히지 않기 때문이다. 이러한 글자들이 음평조로 발음되는 것은 양평조(陽平調)가 아니라 음평조로 읽힌다는 점에서 주목할 만하다. 이는 평성(平聲)이 음양으로 나뉜 이후에 발생한 변화임이 분명하다. 최소한 9세기경 중국어의 일부 방언에서 평성이 음양으로 나뉘기 시작한 것으로 알려져 있다. 그러나 이러한 변화가 초기 커지아 방언까지 거슬러 올라갈 수 있다면, 그 발생 시기는 상대적으로 이르

다고 봐야 한다. 이를 대방언을 구분하는 초기 역사적 조건으로 삼는 것은 무리가 없다.

이와 같은 관점에서 보면, 깐방언과 커방언은 두 개의 서로 다른 대방언이다. 최소한 추적 가능한 부분으로 보면 그러하다.

제4절 깐방언의 발전

깐방언의 음운적 발전과 내부 차이는 대부분 본 장 제3절에서 언급한 (62)~(75)번 변화로 설명할 수 있다. 이러한 변화는 조건부 분열 또는 조건부 결합으로, 원시 깐방언(原始贛方言)을 기반으로 발전한 것이다. 물론, 이러한 변화는 지역에 따라 다르게 나타날 수 있다. 동일한 방언이라도 지역에 따라 변화의 정도가 다르며, 변화 후의 음운적 표현도 상호 차이가 있을 수 있다. 이를 개별적으로 간략히 설명하겠다.

泥母와 來母의 구별이 사라지는 현상은 양쯔강 유역 관화(官話) 지역의 큰 특징 중 하나이다. 「홍혼세분(洪混細分)」은 이러한 과정의 중간 단계라 할 수 있다. 난창(南昌)은 약 400년 전의 자료에서는 여전히 泥母와 來母가 구별되었지만, 현재는 홍혼세분 상태로 변화했다(丁邦新, 1978). 泥母와 來母의 일부가 ń으로 발음되는 것과 다른 일부분은 d, t, th으로 읽거나 y로 변화되는 것과 관련이 있다. 泥母 세음(細音)이 ń로 발음되는 것은 커방언(客方言)의 중요한 특징이다. 깐방언에서도 泥母 세음을 ń로 발음하는 경우가 있다. 泥母와 來母가 구별된 방언으로는 따예(大冶), 차링(茶陵), 난펑(南豊)이 있다. 홍혼세분 상태의 방언은 산시엔(散縣), 신간(新淦), 난창(南昌)이 있다. 반면, 泥母와 來母가 완전히 혼합된 방언에서는 이러한 현상이 나타나지 않는다. 이를 통해 泥母, 來母 세음의 발음 분화가 泥母와 來母의 혼합 이전에 발생했음을 알 수 있다. 來母 세음이 d, t, th, y로 발음되는 현상은 다른 대방언에서는 발견되지 않는다. 이는 깐방언 고유의 독자적인 발전이라 할 수 있다.

見系字의 구개음화는 관화방언의 특징 중 하나이다. 관화 방언에서는 見系 三四等의 구개음화가 見系 二等의 구개음화보다 더 일반적이다. 다시 말해, 見系 二等의 구개음화는 三四等의 구개음화를 포함한다고 볼 수 있다. 깐방언에서는 약 1/4의 방언에서 見系자가 구개음화되지 않았다. 구개음화가 일어난 방언들에서는 見系 二等이 동시에 구개음화되는 경우가 대체로 후베이성(湖北)과 후난성(湖南) 지역에 집중되어 있다. 이와 인접한 지역인 시우수에이(修水), 통구(銅鼓), 완자이(萬載)에서는 見三은 여전히 k, kh로 발음되지만, 일부 見二자가 구개음화되는 현상을 보인다. 이러한 현상은 관화의 영향 정도와 시우수에이 등의 지역에서 見二 구개음화가 뒤늦게 발생했음을 보여준다.

설근마찰음(舌根擦音)과 순마찰음(唇擦音)의 혼합은 중국어 방언에서 두 가지 유형이 있다. 하나는 모두 설근마찰음으로 발음되는 경우는 민방언(閩語)의 文讀이 대표적이다. 또 다른 하는 모두 순마찰음으로 발음되는 경우인데 서남관화의 일부와 커방언이 이에 해당한다. 깐방언의 혼합은 대체로 두 번째 유형에 속한다.

羅常培는 린추안(臨川) 방언의 知·章 두 계열 글자가 t, th로 발음되는 현상이 상고음(上古音)을 직접 이어받은 것일 가능성을 제기한 바 있다. 이에 대해 平山久雄은 이를 후기적 변화로 보았다.[8] 이 문제는 이제 비교적 쉽게 해결할 수 있다. 지앙시(江西) 지역 일부 방언에서는 知ṭ, 章tś, 莊tṣ 계열 글자가 모두 설첨파열음 t, th로 발음된다. 장(莊) 계열 글자는 설첨파찰음 ts, tsh로 발음되는 반면, 지知와 章 계열은 파열음으로 발음된다. 이는 민방언(閩方言)의 영향을 받은 결과라고 본다. 민방언은 端t, 知ṭ 모두 파열음으로 발음되고, 章, 莊과 精이 합류되었다. 반면, 깐방언(贛方言)에서는 知와 章 계열이 합류하거나, 나아가 莊 계열과 합류한다. 이로 인해, 깐방언에서 知·章 계열이 합류한 후의 파찰음 중 일부는 민방언의 파열음에 대응된다. 이러한 대응 관계는 파찰음이 다시 파열음으로 변환되는 규율, 즉 영향 규율(76)을 유발한다. 다른 한편으로, 精 계열 글자는 t, th로 변환되지 않는다. 또한, 일부 방언에서 지·장 계열이 파열음으로 발음될 때도, 莊 계열은 여전히 精 계열처럼 ts, tsh로 발음된다. 따라서 우리는 깐방언에서 이 규율에 따라 나타나는 파찰음이 설첨파찰음이 아니라, 설면(舌面) 또는 권설(捲舌)파찰음이었을 가능성을 추정할 수 있다. 따라서 이 규율의 발생 시기는 매우 이르지 않으며, 반드시

---

8 (원주) 平山久雄의 의견은 余直夫(1975:148-149)에서 인용된 것이다.

지·장 계열이 합류하고 장(莊) 계열이 설첨화된 이후에 나타났을 것이다.

(76) t, tʰ ⇢ $\left\{ \begin{array}{c} \text{tɕ, tɕʰ} \\ \text{tʂ, tʂʰ} \end{array} \right\}$ > t, tʰ

이와 유사한 음운 변화로는 清母tsh와 從母dz 글자가 th로 발음되고, 透 th와 定 d 글자가 h로 발음되는 두 가지 변화를 들 수 있다. 이 두 가지 변화는 반드시 유성 무성음화(濁音清化) 이후에 발생했음을 알 수 있다. 즉, 清母와 從母가 모두 tsh로 발음되고, 透母와 定母가 모두 th로 발음되는 시점 이후, 우리가 추정하는 원시 깐방언 이후에 나타난 변화이다. 깐방언에서 tsh(清, 從)가 th로 변화하는 방언 지역은 난펑(南豐), 난청(南城), 리추안(黎川), 펑신(奉新), 요우시엔(攸縣), 시엔닝(咸寧) 등이다. 앞의 다섯 방언에서 th(透, 定)도 h로 발음된다. 이를 통해 tsh>th 변화가 th>h 변화 이후에 발생했음을 알 수 있다. 이 두 가지 연관된 변화는 아마도 양광(兩廣) 지역의 지역적 변화와 관련이 있을 가능성이 있다. 타이산(臺山), 카이핑(開平), 광시(廣西)의 위에방언(粤方言)에서는 중고음의 清(tsh) 모가 th로 발음되는 사례가 있다. 쓰이(四邑) 위에어(粵語)와 하이난 민어(海南閩語)에서도 th(透, 定 일부)> h 변화가 나타난다.⁹ 이 두 가지 변화는 더 넓은 관점

---

9   (원주) 위에서 언급한 위에어(粵語) 자료는 다음 문헌을 참고하였다. 袁家驊(1960:204), Tsuji(1980), Yue(1979), 張振興(1986), 劉村漢(1985) 하이난 민어(海南閩語)에

에서 살펴볼 필요가 있다. 이는 중고음 精(ts) 모 글자가 이 지역에서 t로 변화하는 현상과 서로 연결되어 있다. 우리는 주앙동어(壯侗語)와 베트남어(越南語)에는 본래 설첨 파찰음(舌尖塞擦音, ts) 성모가 없었다. 반면, 음조(陰調)를 가진 ʔb, ʔd와 같은 성문 폐쇄음(喉塞音)이 존재한다.[10] 이러한 언어와 설첨 파찰음(舌尖塞擦音) ts, tsh를 지니거나 음조(陰調)의 무성 파열음(清塞音)과 조합된 p, t의 언어, 즉 중국어는 접촉 후에 아래와 같은 연쇄변화로 발전하였다.

(77) a. p > ʔb (혹은 ɓ)
    b. b > p
(78) a. t > ʔd (혹은 ɗ)
    th > h
    ts > t
    tsh > th

(77)a와 (78)a에서 시작된 이러한 연쇄 변화는 일종의 「끌림 연쇄(拉力鏈, drag chain)」 과정을 형성한다.[11] 이 과정은 본래 주앙동어(壯侗語)와 베트남어(越南語)가 중국어를 조정하며 영향을 미친 결과로 생겨난 것이지만, 일단 규율이 형성된 후에는 반대로 이들 언어 주변

대한 자료의 출처는 35페이지 주석 36을 참조하기 바란다.

10 (원주) 三根谷徹(1972), 張均如(1983)과 Haudricourt (1959) 참조.
11 (원주) 張賢約 선생은 하이코우 방언(海口方言)을 논의하면서 이 현상을 지적한 바 있다. 張賢豹(1976:24) 참조.

의 중국어 방언에도 영향을 미쳤다. 현재 자료에 따르면, 이 연쇄 변화의 영향 범위는 양쯔강(長江) 하구의 구 진산(金山) 우어(吳語)에서 똥징완(東京灣) 근처의 위에어(粵語), 하이난다오(海南島)의 민어(閩語)까지 확인된다. 그리고 구이(桂)에 근접할수록, 변경에 가까워질수록 변화는 완전해진다. 변화의 시간적 범위도 상당히 긴데, 10세기 베트남어에서 시작되어 명·청 시대 이후의 민위에(閩粵) 이민까지 지속되었다.[12] 난펑(南豐) 등지에서 관찰된 th> h, tsh > th 변화는 이러한 연쇄 변화의 일부라고 확신한다. 다만, 이러한 변화가 주앙동어 및 남아시아어(南亞語)의 기저층에 의한 것인지, 아니면 깐방언이 규율 확산의 영향을 받은 것인지는 현재로서는 확정할 수 없으며, 논의가 필요하다.

복모음의 단모음화는 중국어 방언에서 두 가지 유형으로 나타난다. 하나는 고모음화 및 원순모음화이다. 우방언(吳方言)에서 볼 수 있는 유형이다. 다른 하나는 명확한 고모모음화와 원순모음화가 없는 경우인데, 서남관화(西南官話)에서 나타나는 유형이다. 깐방언(贛方言)의 단모음화는 서남관화의 유형에 더 가까운 편이다. 지리적 분포에서도 이러한 경향을 확인할 수 있다.

서남관화, 시아지앙관화(下江官話), 민어(閩語) 모두 비화 모음(鼻化元音)을 포함한다. 우방언(吳語)의 일부도 역사적으로 비음화 단계를 거친 적이 있다. 이를 깐방언과 비교하면, 비화 모음이 있는 깐방언

---

12   (원주) 平田昌司(1983:84), 鄭張尚芳(1986, p.35 각주 36, p.104 각주 79) 관련 자료 참조.

의 경우 대부분 -m 운미(韻尾)가 없다. -n, -ŋ은 주로 고모음이나 중모음 앞에서 나타난다. 바꿔말하면, 비음 모음은 주로 저모음a 혹은 æ 앞에서 발생한다. 이때, 해당 글자가 원래 -m, -n, -ŋ 운미를 가졌는지는 상관없다. 이러한 상황은 비교적 관화(官話)와 유사하다.

이와 동시에 발생했을 가능성이 있는 변화로 파열음 운미(-p, -t, -k)의 점진적인 약화를 들 수 있다. 현재 알려진 바에 따르면, 파열음 운미를 유지하고 있는 방언 지역은 린추안(臨川), 난펑(南豐), 두창(都昌), 찡안(靖安) 등이다. 변화의 순서를 보면, -k 운미가 먼저 약화되어 -ʔ로 변한다. 이후 -p 운미가 일부 방언에서 -t로 합류한다. 이러한 세 가지 파열음 운미(-p, -t, -k)를 모두 가지거나 두 가지를 가지는 방언은 주로 깐방언의 중심 지역에 분포한다. 중심지의 주변 지역에서는 대부분 하나의 -ʔ 운미만 남아 있거나, 운미 없이 입성(入聲)을 유지하거나, 심지어 입성조차 소멸된 경우도 있다.

깐방언(贛方言) 중 일부 지역, 주로 지앙시성(江西省) 내에서는 -t>-i의 변화가 나타난다. 이러한 변화는 주로 1등, 2등 합구(合口)자에서 발생하는데 「突, 物, 骨」 같은 글자가 여기에 해당된다. 이 변화의 기원은 현재로서는 명확히 알 수 없으며, 단순히 음운적 변이일 가능성도 있다.

중국어 방언 중 우어(吳語)의 우지앙(吳江) 방언과 깐방언(贛方言)의 난창(南昌), 신지엔(新建), 시우수에이(修水), 두창(都昌), 후코우(湖口), 신위(新喩), 난펑(南豐) 등지에서는 「유기 분조(送氣分調)」 현상이 관찰된다. 이는 유기성모(送氣聲母)가 성조를 저하(低化)시키는 현상이다.[13] 유기 분조는 이러한 방언들에서 무성 유성 분조(淸濁分調) 이후에 발생한 변화이므로, 그 시기를 너무 이르게 추정할 수는 없다. 광시(廣西)와 구이저우(貴州) 일대의 미아오어(苗語)의 쫑띠(宗地), 쓰따짜이(四大寨), 신창(新場), 시아오미아오짜이(小苗寨) 지역의 방언과 통어(侗語)의 롱지앙(榕江), 처지앙(車江) 및 주앙어(壯語)의 티엔바오(天保) 등 언어에서도 유기 분조가 나타나며, 역시 성조를 저하시키는 방식으로 작용한다.[14] 미아오어, 통어, 주앙어의 유기 분조 역시 각 언어의 무성 유성 분조 이후에 발생한 변화이다. 중국어와 비중국어 사이에 이러한 현상이 어떠한 연관성이 있는지 탐구하는 것은 매우 흥미로운 문제이다.

위에서 언급한 내용은 우리가 추측하는 원시 깐방언(原始贛方言)의 기초 위에서 발생했을 가능성이 있는 몇 가지 발전 과정이다. 이러한 발전은 물론 모든 방언에서 발생한 것은 아니므로, 방언 간의 차이를 야기하게 되었다. 하지만 깐방언 내부에는 원시 깐방언 시대부터 존재했을 가능성이 있는 중요한 차이점이 있다. 그것은 바로 깐방언에서 널리 나타나는 백화음(白話音)의 특징이다. 오늘날 깐방언에서는 중고음의 梗攝과 曾攝이 구별되지 않고, 모두 e 또는 비슷한 모음으로 발음된다. 그러나 백화음의 영향 아래에서 梗攝과 曾攝이 다른 발음을 가졌으며, 두 모음의 차이는 대체로 aːe 비교로 나

---

13 (원주) 葉祥苓(1958, 1983), 楊時逢(1969b), 丁邦新(1984), 顔森(1986) 참조.

14 (원주) 李永燧, 陳克炯, 陳其光(1959), 李方桂(1962), 梁敏(1980), 石林(1981) 참조.

타났다. 각 지역의 문백(文白) 차이가 있을 수 있지만, 梗과 증會의 혼합되지 않음은 상당히 일관되게 나타난다. 따라서 원시 깐방언에는 이러한 구별이 존재했을 가능성이 크다. 그러나 梗과 曾 사이의 a:e 대조는 깐방언만의 특징이 아니며, 우방언(吳方言), 위에방언(粤方言), 커방언(客方言), 일부 관화방언(官話方言), 특히 후난(湖南)과 후베이(湖北)에서도 나타난다. 또한 이러한 대조는 백화음(白話音)에서 대부분 보존되고 있다. 따라서 이 a:e 대조가 원시 깐방언의 특징의 일부인지, 아니면 양쯔강 이남 지역에서 널리 퍼진 백화음의 특징의 일부인지는 추후에 더 연구가 필요하다.

깐방언(贛方言) 중 일부 지역에서는 차청화탁(次清化濁) 현상이 나타난다. 이 현상은 린샹(臨湘), 푸치(蒲圻) 등지에서 방언 차이를 일으키며, 이는 「규율 역전(規律逆轉)」으로 설명될 수 있다. 이러한 현상은 음운학과 방언학에서 특별한 의미를 지닌다. 이에 대한 내용은 이미 제3장 제2절에서 논의된 바 있으므로, 여기에서는 반복하지 않겠다.

제5절 논의가 필요한 문제

우리가 추측할 수 있는 원시 깐방언의 특징은 대체로 중고음계(中古音系)를 통해 설명할 수 있다. 그러나 漢代에 이미 중국어가 깐방언 지역에 유입되었다는 점을 고려하면, 漢代의 이 방언과 원시 깐방언 사이의 연결은 어떻게 설명해야 할까? 오늘날의 중국어 음운사 지식을 바탕으로 할 때, 漢代 깐 지역(贛地)으로 유입된 중국어는 유성음이 무성음화되지 않았으며, 운류(韻類)의 분합(分合)이 상고음(上古音)의 흔적을 간직하고 있는 방언이었을 가능성이 크다. 이 방언이 깐 지역에 유입된 이후, 한편으로는 현지 토착 언어의 영향을 받았고, 다른 한편으로는 본토화 과정에서 당시 문화적·정치적 우세 언어를 따라 변화했을 것이다. 중국어의 독서음(讀書音)은 송(宋) 이전까지 대체로 일관되게 유지되었으며, 단지 남북조 후기에만 일부 차이가 나타난다(何大安, 1981b). 이 독서음은 위魏晉 시기부터 운부(韻部)의 재구성을 거치며(Ting, 1975), 상고음 단계에서 중고음으로 점진적으로 전환되었다. 유성성모(濁聲母)의 무성음화는 아마도 중고음 후기에 이르러서야 시작되었을 것이다. 커방언(客方言)의 첫 번째 이주는 東晉과 西晉의 경계 시점에 이루어졌으며, 이들이 지앙화이(江淮) 지역으로 가져온 방언은 대체로 유성성모를 유지하고 있었을 가능성이 크다. 그렇다면 중고음 이전의 지앙난 중국어(江南漢語)는 남방으로 이주한 시기의 빠르고 늦음을 불문하고, 유성음이 무성음화 되지 않았다고 볼 수 있는가? 만약 그렇다면, 전 깐 방언(Pre-Kan)의 무성음화는 어떤 요소가 촉진했을까? 唐五代의 서북 방언에서는 이미 두 가지 유형의 방언에서 무성음화가 시작되었음을 알 수 있다. 그 중에서 《大乘中宗見解》가 대표하는 방언은 무성음화 후 평·측 모두 유기(送氣)이다. 다른 하나는 《開蒙要訓》이 대표하는 방언으로 무성음화 후 평·측 모두 무기(非送氣)이다(羅常培,

1933). 북송 초기의 비엔루오(汴洛) 방언은 무성음화 후 평성(平聲)은 유기, 측성(仄聲)은 무기다(周祖謨, 1942(1966)). 이로써 중고음 후기 이후 북방에서 유성 무성음화가 시작되었으며, 여러 가지 다른 유형이 형성되었음을 알 수 있다. 안사의 난(安史亂) 이후 남하한 커지아의 두 번째 이주는, 《大乘中宗見解》가 대표하는 방언과 유사한 무성음화 과정을 거쳤을 가능성이 있다. 그렇다면, 「전 깐방언(Pre-Kan)」에서 「원시 깐방언(Proto-Kan)」까지의 유성 무성음화는 실제로 커방언의 영향을 받은 것일까?

지난 절에서 깐방언 음운 발전을 논의하며, 관화, 커방언, 민방언, 그리고 비중국어의 영향을 살펴보았다. 그렇다면 위에방언(粤方言), 우방언(吳方言), 샹방언(湘方言)도 깐방언에 영향을 주었을까? 이는 추가적인 검증이 필요한 문제이다. 현재 자료에서 가장 불확실한 부분은 깐난(贛南) 지역이다. 위에베이(粤北) 지역 방언에 대해서도 알려진 바가 매우 적다.[15] 깐방언 동북부에서 우방언과의 접촉 사이에는 후이조우방언(徽州方言)이라는 과도기가 존재한다. 그렇다면 후이조우방언과 깐방언의 관계는 어떠한가? 이 또한 명확히 밝혀져야 한다.[16] 샹방언은 구샹방언(老湘)과 신샹방언(新湘)으로 나뉜다.[17]

---

15   (원주) 梁猷剛(1985)은 이 주제에 대해 비교적 간략한 서술을 제시하였다. 보다 심층적인 개별 조사는 아직 진행되어야 할 과제로 남아 있다.

16   (원주) 최근 이 분야의 이해를 돕는 논문이 두 편 있는데, 바로 葉祥苓(1986)과 鄭張尚芳(1986)의 연구이다.

17   (원주) 노샹어(老湘語)와 신샹어(新湘語)의 차이에 대해서는 楊時逢(1974b)과 辻仲久(1979) 두 분의 논의를 참조하기 바란다.

구샹방언은 유성성모를 보존하며 지푸(激浦), 청부(城步), 수앙수아이(雙率) 지역에서 관찰된다. 신샹방언은 탁음이 무성음화 되고, 평·측 모두 무기(非送氣)로 발음되는데 창샤(長沙), 샹샹(湘鄉) 지역에서 확인된다. 그러나 신샹방언 중 깐방언과 가까운 지역인 창샤(長沙), 샹샹(湘鄉) 위에양(岳陽), 샹인(湘陰), 닝샹(寧鄉), 안화(安化), 화롱(華容), 난시엔(南縣)에서는, 산섭(山攝) 1등과 2등의 서성(舒聲) 모음 구별이 여전히 존재한다. 반면, 구샹방언에서는 이러한 구별이 없다(楊時逢, 1974b). 그렇다면 이러란 신샹방언과 원시 깐방언은 본래 전 깐방언에 속한 것이얼까? 두 방언이 분화 이후에야 다른 방향으로 유성 무성음화가 이루어졌을까?

깐방언과 주위의 4대방언의 교섭은 결코 원시 깐방언에서부터 시작된 것이 아니다. 이러한 역사상의 얽힘은 어떻게 해결해야 하며, 어느 정도까지 해결해야 하는지는 두 번째로 중요한 문제이다.

깐방언(贛方言)과 주위의 커방언(客方言), 월방언(粵方言), 샹방언(湘方言), 서남관화(西南官話)는 모두 이미 유성 무성음화가 이루어졌거나 진행 중인 방언들이다. 유성 무성음화의 방향은 깐방언과 커방언이 유사한 반면, 다른 방언들은 각기 다른 유형을 보인다.[18] 따라서

---

18 (원주) 서남 관화(西南官話)는 평성(平聲)은 유기(送氣)이고, 측성(仄聲)은 무기(不送氣)이다. 위에어(粵語)는 일반적으로 평성과 상성은 유기, 거성과 입성은 무기를 보인다. 그러나 예외적인 경우도 존재한다. 광시(廣西) 일부 방언에서는 평성과 측성 모두 무기인 경우가 있으며, 또 다른 방언에서는 평성, 상성, 입성은 유기, 거성은 무기인 경우도 있다. 楊煥典, 梁振仕, 李譜英, 劉村漢(1985) 참조. 레이조우반도(雷州半島)의 우양 방언(吳陽方言)에서는 평성과 측성 모두 유기를 보인다. 張振典(1986) 참조.

이들 방언이 접하는 지역에서는 독특한 유성 무성음화의 특수 유형이 나타나기도 한다. 후난 안런(湖南 安仁)에서 평성은 무기, 측성은 유기로 발음되며, 후난 쯔위(湖南 資與)에서는 평성은 순음으로, 설첨 파열음은 무기고, 측성도 무기로 발음된다. 그러나 평성의 다른 성모는 유기로 나타난다. 후난 루청(湖南 汝城)에서는 순음과 설첨 파열음이 무기로 발음되고, 설첨 파찰음과 설근음은 유기로 발음된다.(楊時逢, 1974b). 후베이 지아위(湖北 嘉魚)에는 평성과 측성 모두 유기로 발음된다. 그러나 입성이 양평으로 변하는 경우는 무기로 발음된다. (趙元任 등, 1948) 이러한 특수 유형은 아마도 여러 주요 유형 간의 상호 충돌 결과로 나타난 것이다. 그렇다면, 이들 변화는 어떤 발생 순서를 따르는가? 또한, 우리가 이미 검토한 「비부적(比附) 변화」나 「음운 타협(音韻妥協)」 외에 이러한 특수 유형들은 어떤 새로운 통찰을 제공할 수 있는가? 이 또한 심도 있게 연구할 가치가 있는 문제이다.

간방언(贛方言)처럼 큰 규모의 접경 방언(搭界方言)에 대해 우리가 진행한 구조적 변화에 대한 관찰은 여기서 잠시 멈추기로 한다. 만약 이 장에서 제기된 여러 가설이 합리적으로 받아들여질 수 있다면, 우리는 오늘날의 어느 방언도 고립적으로 조어(祖語)로부터 전해져 발전한 것이 아니라는 점을 알 수 있다. 발전 과정에서 방언은 전통적인 요소, 자체적으로 창조된 요소, 외부에서 유입된 요소를 모두 포함하게 된다. 여기서 외부에서 유입된 요소란 단순히 다른 중국어 방언뿐만 아니라, 비중국어(非漢語)의 영향까지 포함될 수 있음을 이해해야 한다.

부록 설명

여기 수록된 11개의 지도는 몇 가지 음운적 특징이 방언에서 어떻게 분포되어 있는지를 나타낸다. 지도에서 점선으로 표시된 부분은 지앙시성(江西省)이다. 또한, 우(吳) 방언, 민(閩) 방언, 위에(粤) 방언, 샹(湘) 방언, 커(客) 방언 및 관화(官話)의 몇몇 지점을 특별히 표기하여, 이들 방언 간의 상대적 위치를 보여준다. 총의(崇義), 상요우(上猶), 위궈(與國), 닝두(寧都), 스청(石城)을 잇는 선의 남쪽 지역은 커 방언권에 속한다(顔森, 1986). 또한, 꾸시엔(顧縣)은 서남관화(西南官話)에 속하며, 비교의 편의를 위해 지도에 포함되었다. 캉둥(康東) 북부와 안후이(安徽) 지역 일부에도 깐방언이 분포한다(梁猷剛, 1985; 鄭張尚芳, 1986; 葉祥苓, 1986). 그러나 자료가 부족하여 이번에는 포함되지 않았다.

6장
방언의 역사: 깐방언(贛方言)

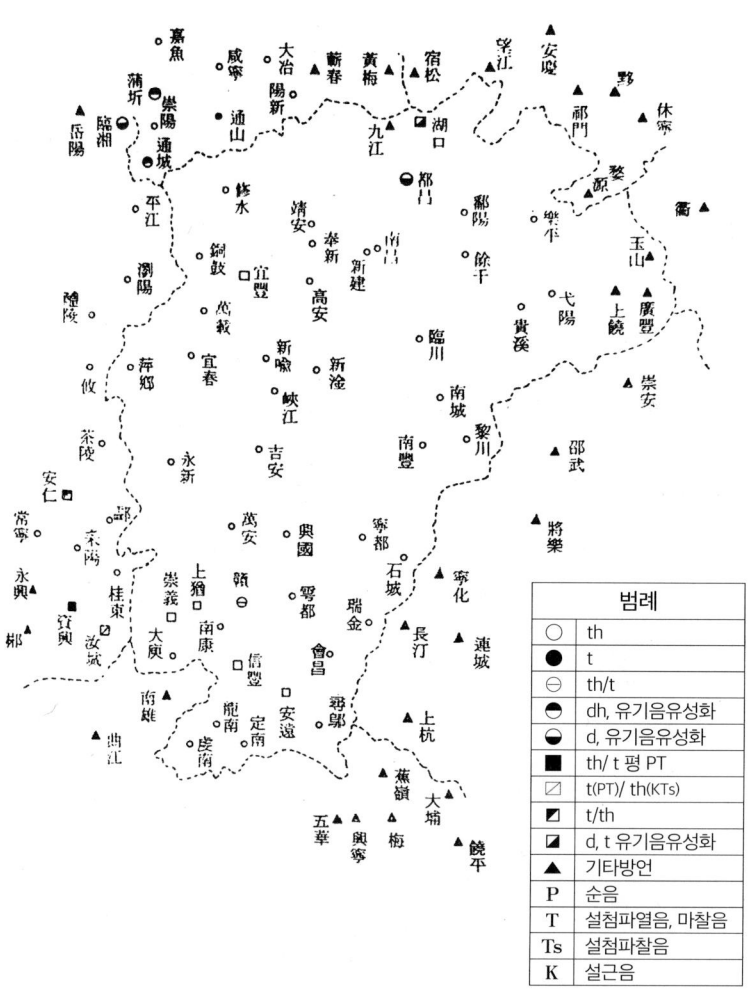

그림5 유성음 무성음화

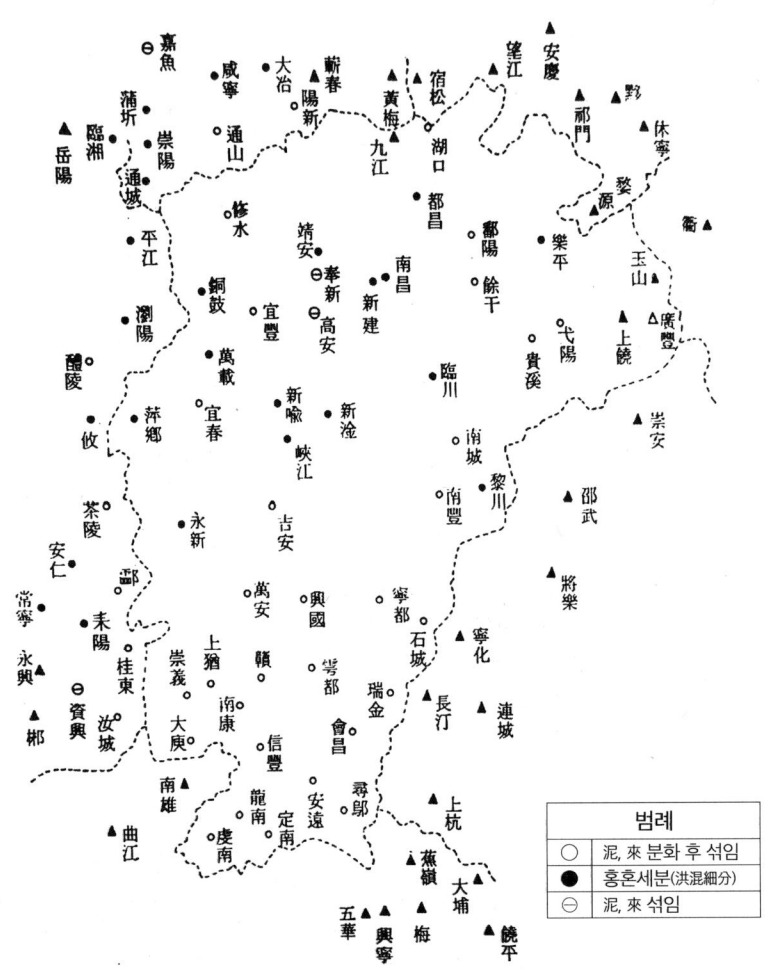

그림6 泥來 분리와 혼독

6장
방언의 역사: 깐방언(贛方言)

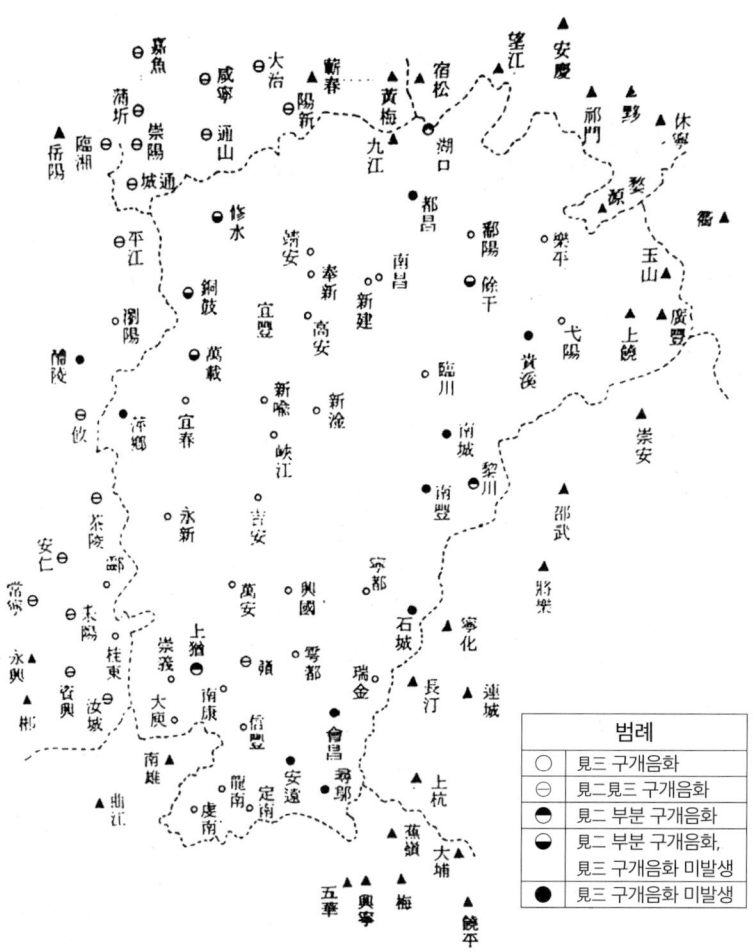

그림7 見系자의 구개음화

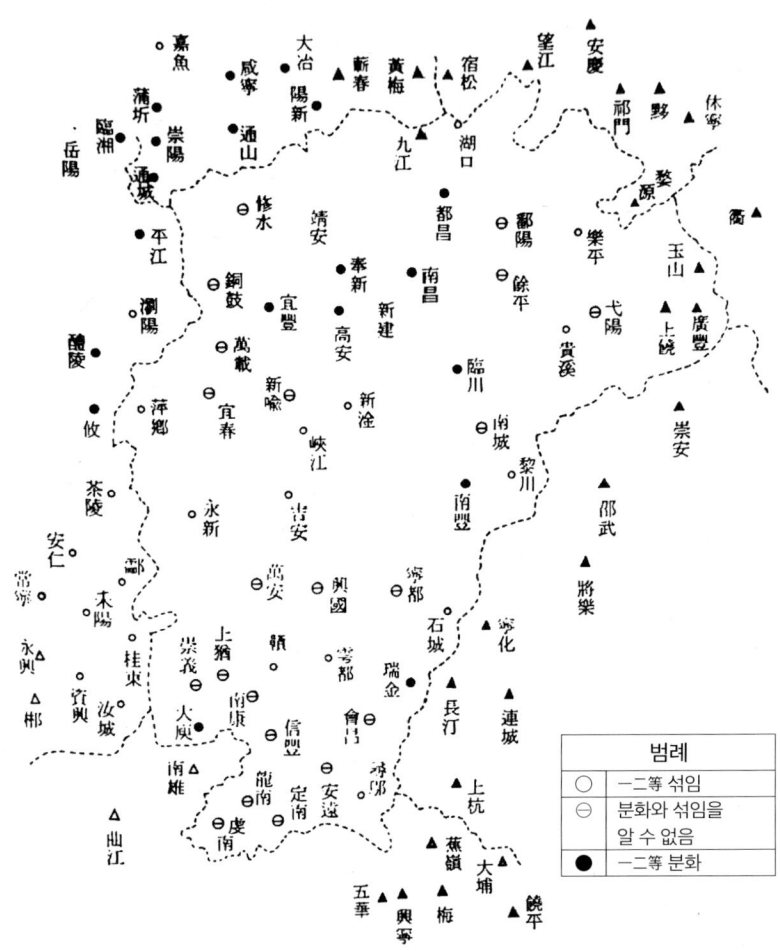

그림8 咸攝 구별

6장
방언의 역사: 깐방언(贛方言)

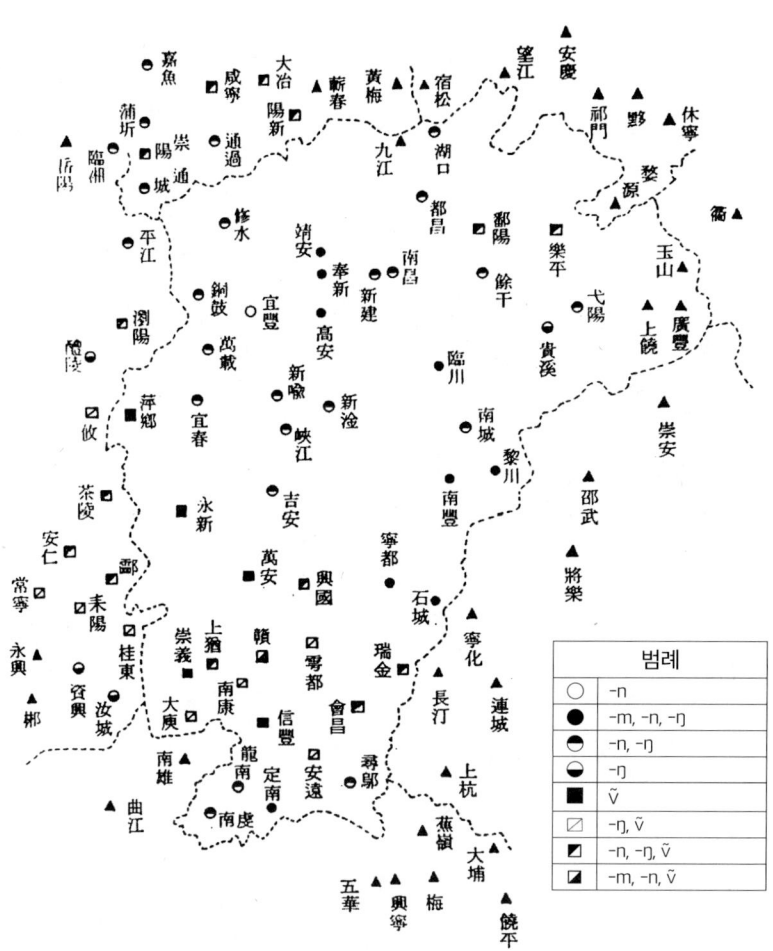

그림9 비음운미

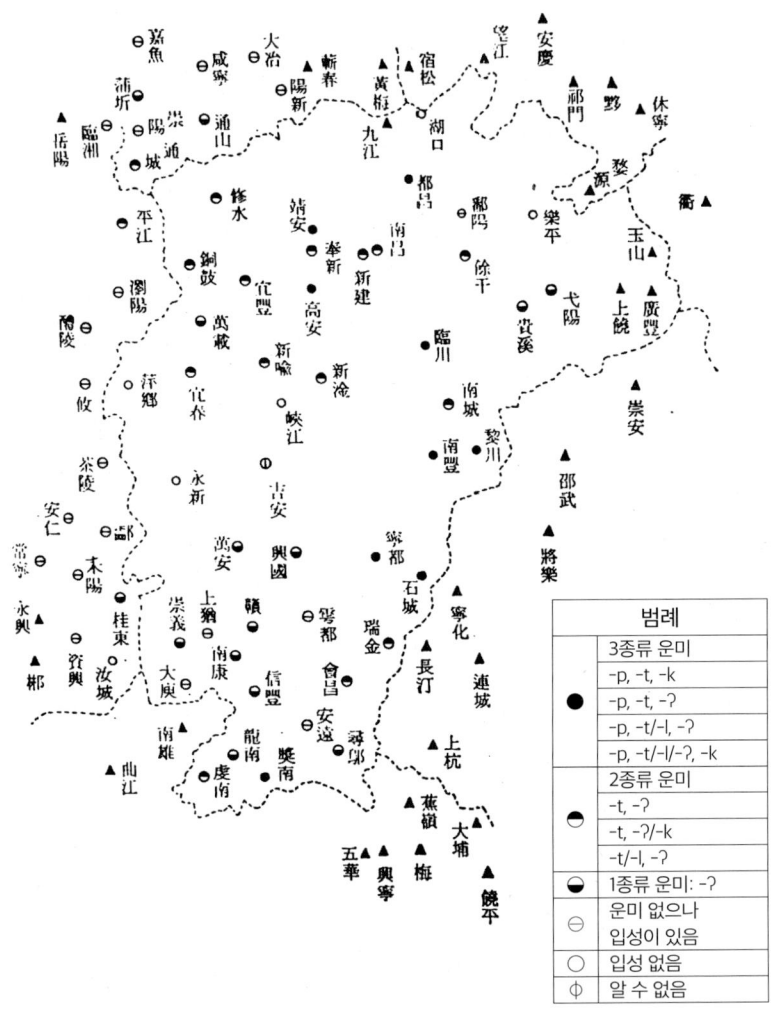

그림10 파열음운미

6장
방언의 역사: 깐방언(贛方言)

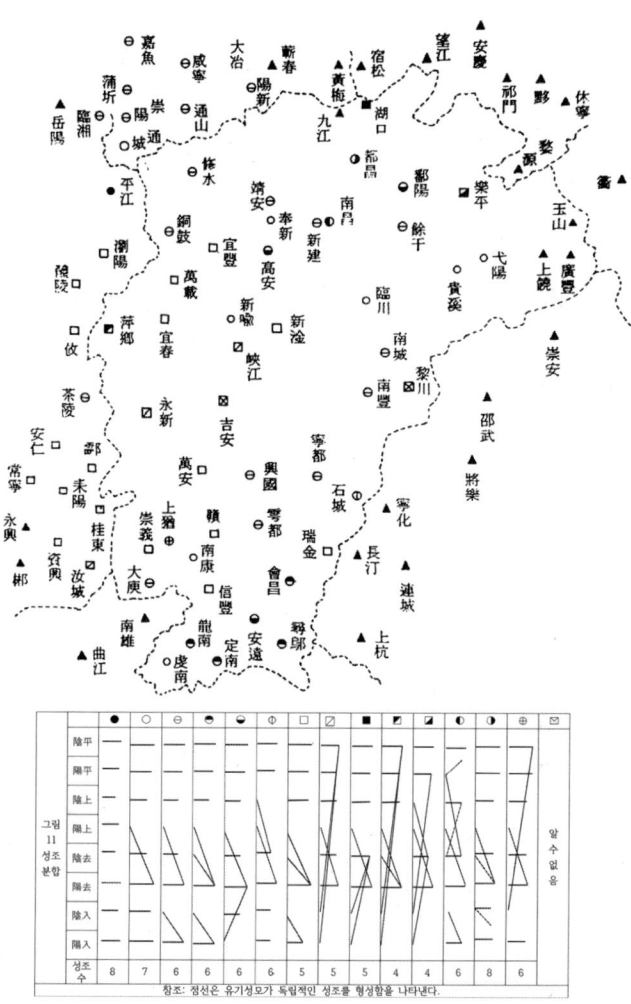

그림11

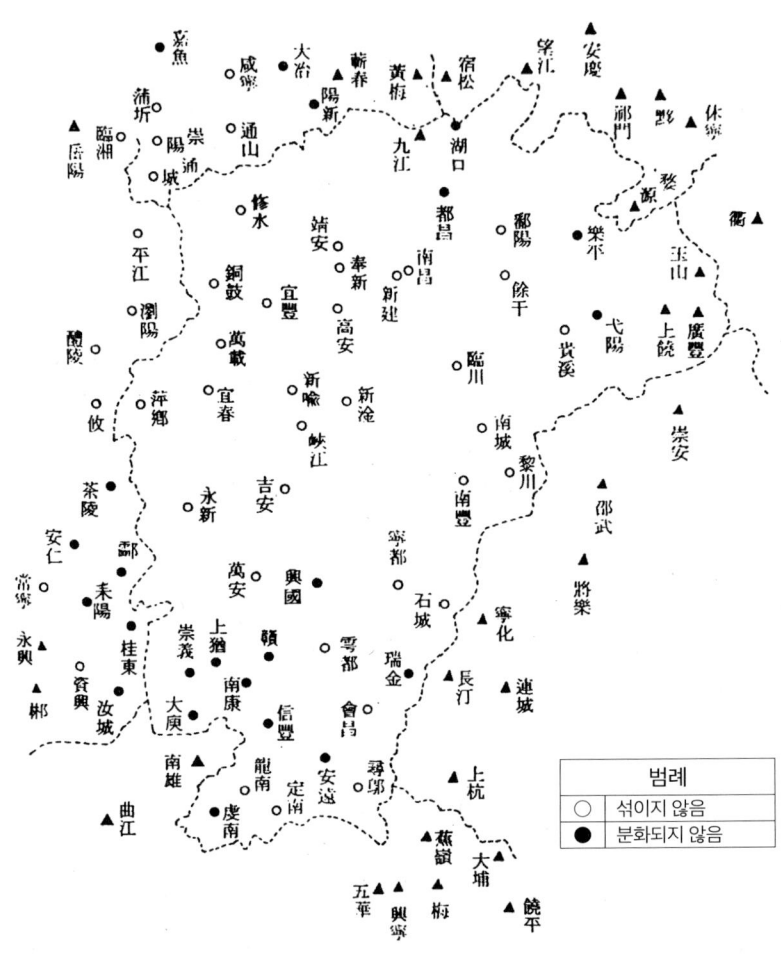

그림12 설근마찰음과 순마찰음의 분리와 혼독

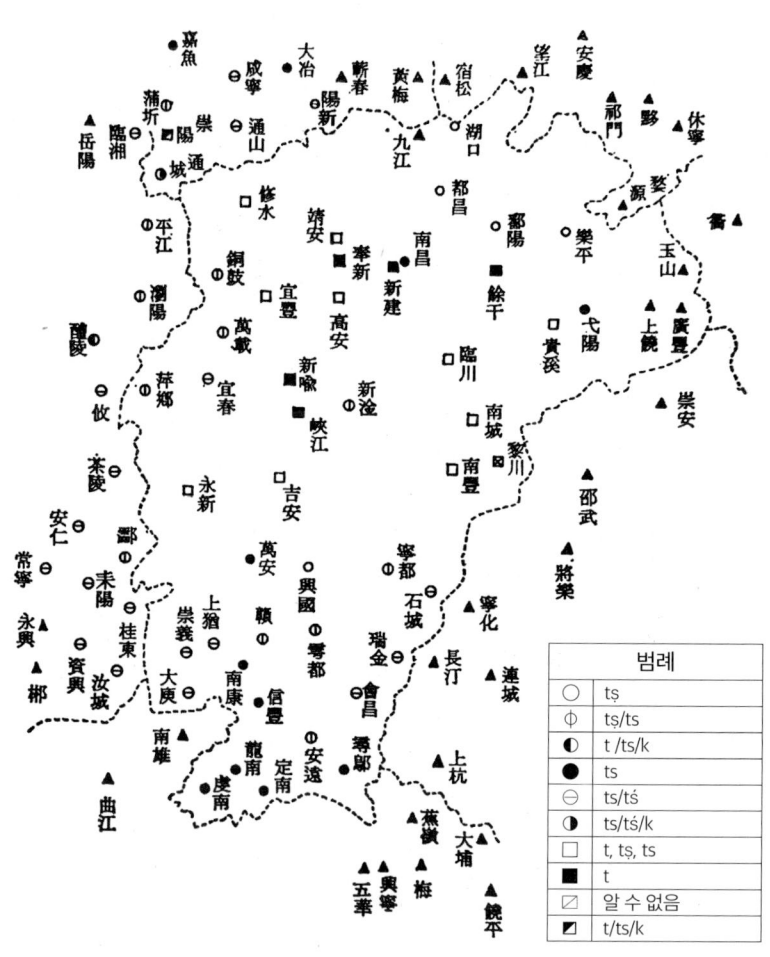

그림13 知莊章系자의 今讀

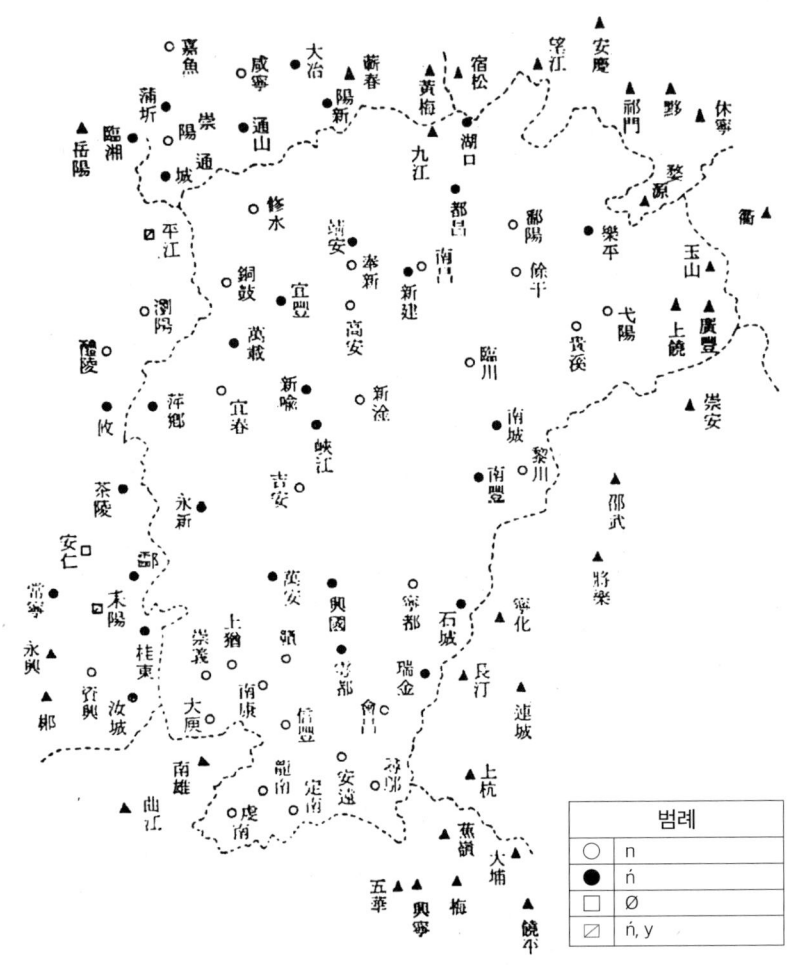

그림14 泥母 細音

6장
방언의 역사: 깐방언(贛方言)

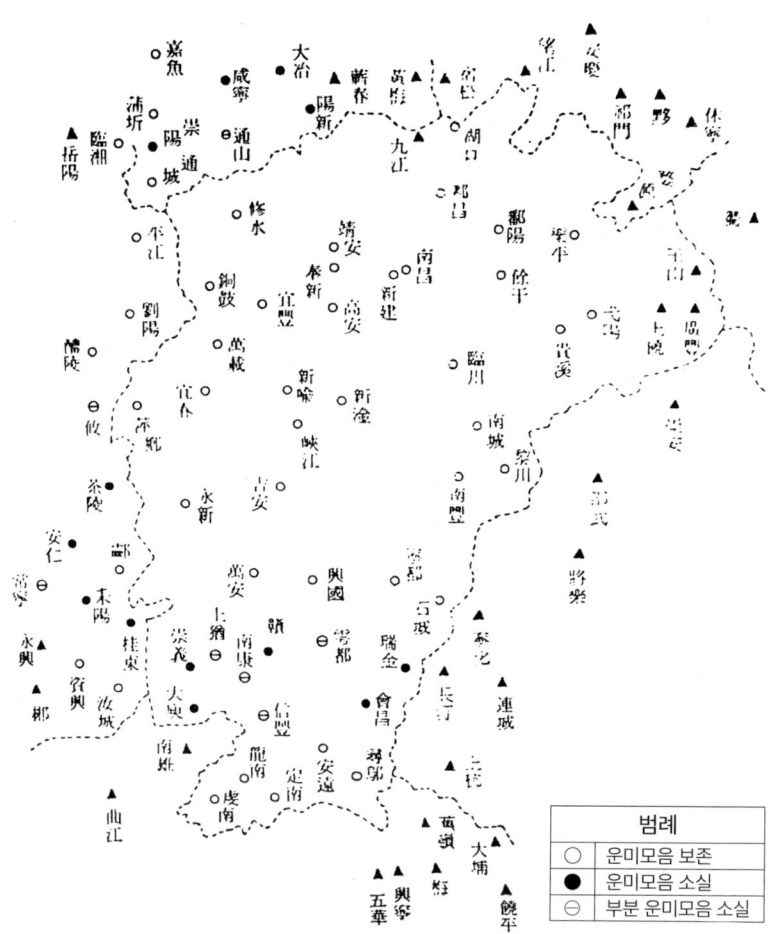

그림15 단모음화

7장

규율 영향면 연구
: X/F의 서남

제1절 문제의 범주

　　이번에는 세 번째 사례 연구를 진행하려고 한다. 이 연구는 규율 영향면(規律影響面)에 관한 것이다. 이 연구는 음운 규율 자체에 초점을 맞추어, 특정 지역에서 한 규율이 어떤 형태로 나타나는지를 관찰하고, 그 그 규율의 발전 과정과 「규율사(規律史)」를 정립하는 것을 목표로 한다. 이 연구의 주요 특징 중 하나는 선택한 음운 규율을 지역적 특성으로 간주하고, 해당 지역 내 방언들 간의 친족 관계를 일시적으로 무시한다는 점이다. 하지만 서로 다른 방언 집단은 동일한 규율을 본토화하는 과정에서 각기 다른 구조적 해석을 제공하게 되고, 이는 각 방언 집단의 구조적 차이와 적응 정도를 반영하게 된다. 이러한 관점에서 규율 영향면 연구는 방언 간 규율 전파의 역사로 이해될 수도 있다. 한 규율이 여러 방언에서 나타내는 다양한 하위 규율 또는 하위 유형은 일련의 계통적 관계 또는 내적 질서를 정리할 수 있게 한다. 따라서 규율 영향면 연구의 구체적인 결과는 이러한 하위 규율 간의 내적 질서를 파악하는 데 있다. 이 질서의 각 단계는 변화가 진행되는 과정에서 나타나는 구조적 특징을 반영한다.[1]

1　(원주) 제1장 제3절에서는 규율 영향면에 대해서도 일부 설명하고 있으니, 해당 부

이번 장에서는 중고 시대의 曉(x), 匣(ɣ)母 一二等 合口字가 중국 서남 지역 후베이(湖北), 후난(湖南), 쓰촨(四川), 윈난(雲南)에서 중고 후기 非(f), 敷(fh), 奉(v)母와 혼독(混讀) 현상을 검토하고자 한다.[2] 이를 간단히 표현하면, X는 중고 曉, 匣母 合口字를, F는 경순마찰음에 속하는 음절을 나타내는 기호로 사용하여 이 지역의 주요 네 가지 유형을 설명할 수 있다.

(79) RA X ⎰ f/_u
         ⎱ x

(80) RB X ⎰ x/_o, oŋ
         ⎱ f

(81) RC F > xu

(82) RD X > f

R은 규율을, A, B, C, D는 네 가지 유형을 나타낸다. 「>」의 왼쪽은 문제의 曉(x), 匣(ɣ) 母 一二等 合口字인 X와 非(f), 敷(fh), 奉(v)인 F를 가리킨다. 「>」의 오른쪽은 현대 방언에서의 음운류를 나타낸다. x는 설근마찰음을 나타내며, 각 방언에서의 실제 음가는 x나 h일 수 있다. f는 순마찰음을 나타내며, 각 방언에서의 실제 음가는 f, Φ 또는 v일 수 있다. 위에서 언급한 네 가지 유형 외에도 두 가지 일반적

분 참고.

2 (원주) 여기서 말하는 '혼독(混讀)'은 음위적(音位的)인 집합을 뜻하며, 즉 X로 읽거나 F로 읽는 경우를 가리킨다. 이는 음성적(語音的)인 '자유 변체'(free variation)와는 다른 개념이므로, 아래 본문을 참고하기 바란다.

인 변이 형태가 있으며, 이는 (83)과 (84)로 나타낼 수 있다.

(83) RA-1 F 〈 x/_uV
            f

(84) RB-1 F 〈 x/_oŋ
            f

 이 두 가지 변이는 각각 RA와 RB와 유사하며, 이를 임시로 RA-1과 RB-1이라 부르기로 한다. 그리고 이 변이를 RA와 RB의 하위 유형 중 하나로 간주한다.
 이 네 가지 유형 중, (79)는 서남관화(西南官話)가 중심이며 소수의 샹어(湘語)가 포함된다. (80)은 주로 샹어이며 일부 서남관화도 포함된다. (81)은 전적으로 서남관화이다. (82)는 방언의 수가 적지만 모두 깐(贛)방언에 속한다. 대체로 위의 서남 지역에서 X/F의 발달은 X>f와 F>x 두 가지 주요 방향을 가진다. RA, RB, RD는 전자에 속하며, RA-1, RB-1, RC는 후자에 속한다. 같은 계통에 속한 방언들 사이에서는 변화 방향이 대체로 일관되게 나타난다. 반면 지리적으로는 인접하지만 계통적으로는 다른 접경 방언들 사이에서는 변화 방향이 다양하고, 변화의 강도 역시 비교적 격렬하게 드러난다.
 본격적인 관찰과 논의에 앞서, 몇 가지 사전적인 설명이 필요한 지점이 있다. 먼저, 논의의 층위를 명확히 설정할 필요가 있다. 음성적으로 볼 때, 많은 방언에서 f를 비교적 약하게 발음하여 쌍순(雙脣) 경향을 띠는 경우, 즉 [f]~[Φ]~[x^w]의 자유 변체로 발음하는 현상은 흔히 관찰된다. 이러한 음성적 변이 발음은 이 논의의 범위에 포함되지 않는다. 이번 장에서 논의하려는 것은 X와 F의 혼독으로 인해 발생한 음운의 분합(分合) 현상이다. 다시 말해, 우리가 주목하는 대상은 현재의 음성적 현상이 아니라, 역사 속에서 두 성모가 어떻게 발달해 왔는가 하는 과정이다. 음성적 변이는 조건부 여부와 무관하게 음운 발달의 한 요인으로 작용한다. 오늘날의 음성 현상은 앞으로의 음운 구조 변화를 유발할 수 있으며, 현재 관찰되는 음운적 분합의 배경에는 과거 음성 변이가 작용했을 가능성도 있다. 그러나 이는 결국 서로 다른 시기에 해당하는 문제로서, 음운 구조의 변화가 단지 음성 변화가 확대된 결과만은 아니다. 적어도 이번 연구에서는 음성보다는 음운에 초점을 맞추어 논의를 전개하고자 한다.

다음으로 살펴볼 것은 이번 장에서 다루는 방언과 중고음(中古音) 간의 관계이다. 후베이(湖北), 후난(湖南), 쓰촨(四川), 윈난(雲南) 지역의 중국어 방언은, 이번 논의에서 활용되는 범위에 한해 서남관화(西南官話), 샹어(湘語), 깐방언(贛方言)이라는 세 주요 방언군으로 구분된다. 이 세 방언군이 중국어에서 어떻게 파생되었는지는 아직 명확히 밝혀지지 않았으나, 이번 장에서 다루는 범위 내에서는 《切韻》으로 대표되는 중고음의 틀을 통해 설명할 수 있다. 특히 강조해야 할 점은, 이 세 방언군 전체에 걸쳐 X/F 혼독이 나타나는 것이 아니라는 사실이다. X/F 혼독 현상은 세 방언군 내부에서도 일부 방언에 한정되어 나타난다. 따라서 이러한 혼독을 세 방언군의 조어(祖語) 단계까지 소급하기는 어렵고, 이는 비교적 후기의 변화임을 의미한다. 다만 이 변화가 언제 어디서 시작되었는지는 정확히 알 수 없지만, 중국어와 그 하위 방언군의 발전사에서 초기 현상이 아니었다는 점, 그리고 X/F 혼독을 보이는 방언들이 《切韻》으로 대표되는 중고음과 직접적인 계승 관계에 있지 않다는 점은 분명하다. 따라서 본문에서 언급되는 曉(x), 匣(ɣ), 非(f), 敷(fh), 奉(v) 등의 음운은 어디까지나 편의상 설정해 둔 기호이며, 이들 사이의 범주적 대응 관계를 드러내기 위한 도구일 뿐이다. 좀 더 큰 틀에서 보자면, X는 曉·匣母 一二等 合口字를 대표한다(이번 장에서는 開口 一二等의 曉·匣母를 다루지 않으므로 혼란이 없다). 한편 F는 非·敷·奉 모음을 대표한다. 결국 X/F 혼독이란, 이 두 성모 범주에서 일어날 수 있는 모든 혼독 현상을 포괄적으로 가리키는 개념이다.

세 번째로 설명할 것은 자료 수집의 범위이다. X/F 현상은 중국어 방언 중 서남 지역 방언에만 나타나는 것이 아니다. 이 연구에서 서남 4성을 선택한 가장 큰 이유는, 이 지역의 방언에 대한 비교적 완전한 조사 보고서가 이미 존재하기 때문이다.[3] 이 조사 보고서들은 묘사 방식이 통일되어 있고, 기술의 세밀함도 비슷하며, 조사 지점의 지리적 분포도 고르게 되어 있어, 지역적 규율 영향 연구에 적합하다. 반면, 현재까지 발표된 깐방언, 커방언, 지앙화이관화 자료

---

3   (원주) 이는 趙元任 등(1948)과 楊時逢(1969a, 1974b, 1984)의 후베이(湖北), 윈난(雲南), 후난(湖南), 쓰촨(四川) 네 성(省)의 방언 조사 보고서에서 가져온 자료를 바탕으로 하고 있다. 본 장의 내용은 이 네 보고서를 근거로 하며, 이후 본문에서는 별도로 주석을 달지 않는다.

는 내용의 풍부함에 차이가 있고, 지역 분포도 고르지 않아 활용하기에 어려움이 있다. 다만 자료 수집 범위는 어디까지나 인위적으로 설정된 것이기 때문에, 이 논의 결과는 전체 현상을 포괄하기에 부족할 수밖에 없다. 따라서 본 논의는 가능한 한 필요한 범위로 제한하며, 이 장의 논거가 부족한 부분은 향후 보다 풍부한 방언 자료를 통해 보완되기를 기대한다.

제2절 네 가지 유형의 지리적 분포

서남 4성의 374개 방언 중 212개 방언에서 X/F의 혼독 현상이 관찰되었다.[4] 현재까지의 관찰 결과에 따라 이 212개 방언을 앞서 언급한 네 가지 유형으로 분류하고, 이를 성(省)별로 나누어 배열하였다. 각 방언 앞에는 번호를 부여하여, 이 장 이후에 제시될 지도와 상호 참조할 수 있도록 하였다. 방언 이름 앞뒤에 괄호([])를 붙인 경우, 해당 방언이 해당 유형의 하위 유형(RA-1 또는 RB-1)에 속함을 나타낸다. 또한 괄호() 안의 숫자는 해당 성 내 방언의 개수를 나타낸다.

RA (148)
湖北(7): 1. 利川, 2. 石首, 3, 公安, 4. 松滋, 5. [鶴峯], 6. [宣恩],

---

[4] (원주) 총 374개 방언 중, 각 지역별 방언 수는 후베이(湖北) 64개, 후난(湖南) 75개, 쓰촨(四川) 134개, 윈난(雲南) 101개이다.

7. [恩施].

湖南(10): 8. 永興, 9. 新田, 10. 鳳凰, 11. 麻陽, 12. 臨澧, 13. [保靖], 14. [大庸], 15. [桑植], 16. [湘鄉], 17. [新化].

四川(98): 18. 華陽, 19. 安岳, 20. 合川, 21. 大足, 22. 壁山, 23. 銅梁, 24. 墊江, 25. 彭水, 26. 潼南, 27. 蓬溪, 28. 南充, 29. 岳池, 30. 廣安, 31. 開江, 32. 萬源, 33. 江北, 34. 巴縣, 35. 南川, 36. 涪陵, 37. 長壽, 38. 鄰水, 39. 大竹, 40. 酆縣, 41. 酉陽, 42. 秀山, 43. 忠縣, 44. 梁山, 45. 開縣, 46. 城口, 47. 劍閣, 48. 北川, 49. 安縣, 50. 綿竹, 51. 廣漢, 52. 金堂, 53. 名山, 54. 懋功, 55. 靖化, 56. 南部, 57. 西充, 58. 鹽亭, 59. 射洪, 60. 茂縣, 61. 彭縣, 62. 什邡, 63. 郫縣, 64. 崇寧, 65. 理番, 66. 灌縣, 67. 汶川, 68. 崇慶, 69. 溫江, 70. 邛崍, 71. 雙流, 72. 新津, 73. 大邑, 74. 蒲江, 75. 峨邊, 76. 青神, 77. 綿陽, 78. 犍為, 79. 樂山, 80. 馬邊, 81. 雷波, 82. 宜賓, 83. 屏山, 84. 高縣, 85. 慶符, 86. 長寧, 87. 興文, 88. 珙縣, 89. 敘永, 90. 古宋, 91. 古藺, 92. 江津, 93. 綦江, 94. 簡陽, 95. 仁壽, 96 .內江, 97. 井研, 98. 榮縣, 99. 萬縣, 100. 石砫, 101. 榮昌, 102. 隆昌, 103. 威遠, 104. 富順, 105. 筠連, 106. 黔江, 107. 眉山, 108. 彭山, 109. 合江, 110. 南溪, 111. 江安, 112. 納谿, 113. 瀘縣, 114. [資陽], 115. [資中].

雲南(33): 116. 雙柏, 117. 易門, 118. 屏邊, 119. 會澤, 120. 巧家, 121. 華坪, 122. 永仁, 123. 祿勸, 124. 尋甸, 125. 雲縣, 126. 鎮沅, 127. 景谷, 128. 火關, 129.

永善, 130. 綏江, 131. 鹽津, 132. 鎭雄, 133. 富民, 134. 羅次, 135. 祿豐, 136. 元謀, 137. 江川, 138. 通海, 139. 河西, 140. 峨山, 141. 墨江, 142. 濾西, 143. 邱北, 144. 廣南, 145. 永勝, 146. 永平, 147. 武定, 148. 景東.

RB (46)

湖北(8): 149. 禮山, 150. 黃安, 151. 麻城, 152. [來鳳], 153. 咸寧, 154. 通山, 155. 蒲圻, 156. 崇陽.

湖南(32): 157. 晃縣, 158. 永順, 159. 靖縣, 160. 芷江, 161. 資興, 162. 龍山, 163. 寧遠, 164. 黔陽, 165. 永明, 166. 城步, 167. 益陽, 168. 衡山, 169. 常寧, 170. 湘潭, 171. 會同, 172. 通道, 173. 長沙, 174. 南縣, 175, 瀏陽, 176. 安化, 177. 沅江, 178. 慈利, 179. [乾城], 180. [江華], 181. [岳陽], 182. [桃源], 183. [寧鄕], 184. [藍山], 185. [綏寧], 186. [湘陰], 187. [永綏], 188. [古丈].

四川(6): 189. 中江, 190. 武勝, 191. 永川, 192. [樂至], 193. [遂寧], 194, [巫溪].

RC (13)

湖北(3): 195. 沔陽, 196. 京山, 197. 巴東.

湖南(2): 198. 道縣, 199. 石門.

四川(8): 200. 儀隴, 201. 蓬安, 202. 營山, 203. 羅江, 204. 德陽, 205. 雲陽, 206. 奉節, 207. 巫山.

RD (3)

湖北(1): 208. 通城.

湖南(2): 209. 醴陵, 210. 平江.

　이밖에, 후난(湖南)에는 음운 타협으로 인해 주요 유형에 명확히 분류되지 않는 211. 린샹(臨湘) 212. 샤오양(邵陽)이 있다. 이 두 방언은 임시로 분류하지 않기로 한다. 샤오양(邵陽)의 경우, 이미 제4장 제4절에서 다룬 바 있다. 린샹(臨湘)은 이후 제8절에서 논의될 예정이다.
　위의 212개 방언은 서남관화, 샹어, 깐방언에 속한다.[5] 방언군과 네 가지 유형의 지리적 분포는 도표17~23을 참고하면 된다. 도표17은 374개 방언의 방언군 구분을 보여준다. 여기서「초어(楚語)」는 후베이 지역 관화의 한 갈래로,《湖北方言調查報告》의 방법을 따라 표기하여 비교에 용이하도록 했다. 도표18은 X/F 혼독이 있는 212개

5　(원주) 후베이(湖北), 쓰촨(四川), 윈난(雲南) 각 방언의 계통 분류는 대체로 각 조사 보고서 원저자의 의견을 따랐다. 다만, 다음과 같은 변경이 이루어졌다.
　(1) 후베이의 허펑(鶴峯), 송쯔(松滋), 공안(公安), 스수에이(石首), 지엔리(監利) 다섯 지역은《湖北方言調查報告》에서 독립된 한 구역으로 분류되며, "후난 방언(湖南方言)"에 가깝다고 간주되었다(p.1570). 그러나 이 지역의 고전탁성모(古全濁聲母)는 오늘날 대체로 평성 무성음 유기, 측성 무성음 무기로 실현되며, 이는 서남 관화(西南官話)와 유사하고, 샹어(湘語)의 유성음 무기 또는 무성음 무기와는 다르다. 역사적 조건(丁邦新, 1982: 260-261)을 고려할 때, 이 지역 방언은 서남 관화에 포함되는 것이 타당하다.
　(2) 리산(禮山), 황안(黃安), 마청(麻城) 등 19개 방언은《湖北方言調查報告》에서 제2구역 또는 "초어 지역(楚語區)"로 분류되었다(p.1568-1569). 그러나 丁邦新(1982: 264)의 견해에 따라 이를 서남 관화와 병렬 관계에 있는 관화 방언으로 간주하고, 독립적인 계통으로 보지 않았다. 후난 방언(湖南方言)의 구분은 丁邦新(1982)의 의견을 따랐다. 다만, 린샹(臨湘)을 방언 구역에 포함시킨 것은 개인적인 추정에 따른 것이다. 이에 대한 자세한 논의는 본서 제3장 제2절을 참조하기 바란다. 또한, 鮑厚星, 顏森(1986), 黃雪貞(1986)의 후난 방언과 서남 관화 내부 구분에 관한 논의도 참고하면 유익하다.

방언의 분포 상황을 나타낸다. 도표19~23은 각 유형 방언의 분포를 보여준다. 도표에 표시된 숫자는 본 절에서 순서대로 나열된 방언을 나타낸다.

제3절 RA

이 절부터는 각 유형의 혼독을 개별적으로 관찰하며, 먼저 RA 유형을 논의한다.

RA 유형에는 총 148개 방언이 포함된다. 4종의 샹방언 10. 펑황(鳳凰), 11. 마양(麻陽), 13. 바오징(保靖), 16. 샹샹(湘鄉)과 1종의 깐방언 17. 신화(新化)을 제외하고, 나머지 143개 방언은 모두 서남관화이다. 이 유형의 혼독 특징은 모음 u 앞의 X와 F가 모두 f(또는 Φ)로 변하지만 개음 u 앞의 X는 현재도 여전히 x 또는 h로 발음된다. 아래는 18. 화양(華陽)의 현재 발음을 표로 나타냈다.

표11 화양 f, x 성모의 분포

	f	x	글자 예	
			f	x
u	+		拂 *fh, 服婦父 *v 呼虎 *x, 胡戶 *ɣ	
a	+	(+)	法髮 *f, 伐 *v	(下 *ɣ)
ua		+		花化 *x, 滑話 *ɣ

7장
규율 영향면 연구: X/F의 서남

o	+			火 *x, 禍活獲 *ɣ
	(+)			(喝 *x, 何合 *ɣ)
e	(+)			(黑赫 *x, 核 *ɣ)
ue	+			或 *ɣ
ai	(+)			(海 *x, 鞋亥害 *ɣ)
uai	+			懷壞 *ɣ
ei	+		飛非 *f, 肺 *fh, 肥 *v	
uei	+			灰毀 *x, 回會 *ɣ
ao	(+)			(好 *x, 毫 *ɣ)
əu	+		否 *f, 浮 *v	
an	+	(+)	反 *f, 翻 *fh, 凡范 *v	(酣含寒汗 *ɣ)
uan	+			歡喚 *x, 環幻 *ɣ
ən	+	+	分粉奮 *f	(亨 *x, 恒杏 *ɣ)
				昏 *x, 魂橫 *ɣ
aŋ	+	(+)	方 *f, 芳 *fh, 房 *v	(行巷項 *ɣ)
uaŋ	+			荒謊 *x, 黃 *ɣ
oŋ	+	+	風封 *f, 馮奉 *v	弘宏紅 *ɣ

표11 좌측은 현재 성모(f, x)와 현재 운모의 결합을 나타낸 것이다. 결합 가능한 조합에는 「+」로 표시되며, 오른쪽에는 예시를 추가로 제시한다. 표에서 괄호( )로 표시된 항목은 曉(x), 匣(ɣ) 母 一二等 開口字이다. 이 開口字는 본 장의 주요 논의와는 직접적 관련은 없지만, 설명의 완결성을 위해 표에 포함되었다. 이후 각 표에서는 이러한 開口字를 다시 포함하지 않을 것이다. 오른쪽 예시자의 중고 성

모는 이후의 표에서도 생략하여 간결함을 유지하고자 한다.

표11을 통해 알 수 있는 핵심은, 화양(華陽) 방언에서 X가 f로 변하는 현상이 현재 발음의 모음 u가 있을 때만 일어난다는 점이다. 다시 말해, 설근 마찰음(舌根擦音)이 모음 u 앞에 오는 경우에만 경순화(輕脣化)가 발생한다. 한편, 고대어 合口 성분 가운데 현재 발음이 ua, ue, uai, uei, uan, uən, uaŋ 등 개음 u를 포함하거나, o, oŋ 등 모음 o가 포함된 경우에는, *x와 *ɣ가 여전히 x로 발음된다.

RA 유형의 148개 방언 중, 화양 방언과 완전히 동일한 양상을 보이는 것은 109개에 이른다.[6] 이들 방언은 서남 4성 전역에 분포하며, 이는 서남 지역에서 관찰되는 X/F 혼독의 대표적인 유형이라고 할 수 있다. 화양(華陽) 방언에서의 x와 동일한 위치에 오는 발음은, 후난(湖南) 지역 일부 방언(8. 용싱(永興), 9. 신티엔(新田), 10. 펑황(鳳凰), 11. 마양(麻陽) 등)에서는 후음마찰음(喉擦音) h로 나타나고, 이때 기타 음운 조건은 모두 동일하다. 음성적으로 x와 h를 구분하지 않는다고 본다면, 이러한 '화양형' 방언은 총 113개로 늘어난다.

나머지 35개 방언은 대체로 화양(華陽)을 기반으로 그 변화를 설명할 수 있다. 133. 푸민(富民)을 포함한 19개 방언에서는 화양에서 모음 u로 발음되던 음을 f와 영성모(零聲母) 뒤에서 y로 발음한다.[7] 그

---

[6] (원주) 이 109개 방언은 앞서 언급된 번호 1~4 (후베이), 18~105 (쓰촨), 116~132 (윈난)에 해당하는 방언들이다.

[7] (원주) 푸민(富民) 이외의 18개 방언의 번호는 134~148 (雲南), 107~108 (四川), 12 (湖南) 이다.

러나 X/F와 관련된 다른 모든 분포 조건에서는 어떠한 차이도 나타나지 않는다. 이 방언들은 명백히 RA 유형 이후에 추가적으로 모음의 자음화(元音輔音化)라는 변화 과정을 거친 것으로 보인다.

$$(85)\ u \begin{matrix} \nearrow v/ \left\{ \begin{matrix} f \\ \# \end{matrix} \right\} \_\# \\ \searrow u \end{matrix}$$

쓰촨(四川) 지역에는 독특한 입성(入聲)을 보이는 방언들이 존재한다. 이들 방언에서는 이미 파열음운미(塞音韻尾)를 상실했으나, 성조 값(調値)이 짧지 않아 일반적인 서성조(舒聲調)와 큰 차이를 보이지 않는다. 다만, 입성조(入聲調)의 영향으로 인해 운모의 모음이 좀 더 열리는 경향이 나타난다. 예를 들어, 서성조에서 모음 u는 입성조에서 ʊ로 발음되고, 모음 i는 ɪ로 변하기도 한다.[8] 이번 장에서 다루는 내용과 관련해, 이러한 방언 중 일부에서는 모음 u가 X에 영향을 주어 f로 변화하는 사례가 나타난다(87. 싱원(興文), 88. 공시엔(珙縣)). 반

---

8 (원주) 쓰촨(四川) 지역에서 입성(入聲)이 독립적으로 유지되는 방언은 총 51개이며, 그중 서성(舒聲)과 입성이 변독(變讀) 관계를 이루는 방언은 37개이다. 서성/입성의 모음 변독 상황은 대체로 다음과 같다. (1) i/I, (2) u/ʊ, (3) ɑ/æ, ɑ/a, ɑ/A, (4) o/ɔ, (5) ɔ/ɒ, ɒ/o, o/ʊ, ɒ/ɔo, o/ø, ɒ/-u, o/ʊ, (6) y/iʊ~yʊ, y/iu. 전체적인 경향을 살펴보면, (1), (2), (4)처럼 '서(舒)에서 열리고, 입(入)에서 더 열리는' 패턴을 보인다. 반면 저모음(低元音)의 경우에는 (3)처럼 '서성에서 뒤(후설)로, 입(入)에서 앞(전설)로' 바뀌는 경향이 있다. (5)는 '서(舒)에서 닫히고, 입(入)에서 열리는' 유형으로, (4)와는 반대의 양상을 띤다. 지리적으로 살펴보면, (5) 유형은 주로 쓰촨 남부 방언에서 나타나며, 이때 입성은 중핑(中平)으로 실현된다. 반면 (4) 유형은 청두(成都) 평원 일대에 집중되어 있으며, 이 지역의 입성은 중핑(中平)이나 중성(中升)으로 나타난다.

면, 일부 방언(109. 허지앙(合江), 110. 난시(南溪))에서는 이러한 변화가 일어나지 않는 것으로 관찰된다.

　아래는 이러한 방언들의 음운 변화 양상을 비교하기 위해 네 가지 예시 글자를 들고, 입성과 서성의 구별이 없는 두 방언(89. 쉬용(敍永), 91. 구린(古藺))을 추가로 포함한 비교 표를 작성한 것이다.

	舒聲		入聲	
	夫府 *f 父 *v	呼虎 *x 胡 *ɣ	福 *f 服佛 *v	忽 *x 斛 *ɣ
興文	fu	fu	fʊ	fʊ
珙縣	fu	fu	fʊ	fʊ
合江	fu	fu	fʊ	xʊ
南溪	fu	fu	fʊ	xʊ
敍永	fu	fu	fu	xo
古藺	fu	fu	fu	xo

　이것은 각 방언이 ʊ를 구조적으로 어떻게 처리하는지에 관한 문제이다. 싱원(興文)과 공시엔(珙縣)은 u와 ʊ를 구별하지 않으며, ʊ를 u로 간주한다고 볼 수 있다. 허지앙(合江)과 난시(南溪)는 u와 ʊ를 구별한다. 이는 쉬용(敍永)과 구린(古藺)이 u와 o를 구별하는 것과 같다. 만약 u와 ʊ의 차이를 일반적인 방식, 즉 모음의 긴장도 차이로 본다면, RA 유형에서 허지앙과 난시는 [+긴장도(緊)]라는 추가적 조건이 필요하다. 이를 (86) 또는 RA'로 정의할 수 있다.

(86) RA' X ⟨ f/_ u [+긴장]
            x

RA 유형은 본래 x와 ɣ의 경순화(輕脣化) 과정을 설명한다. 그러나 *f, *fɦ, *v가 변화가 발생하여 설근마찰음(舌根擦音)이 되었다. 이와 같은 변화를 보이는 방언은 총 10개이다. 이들은 RA 유형과 생성 항목 및 조건 항목이 유사하기 때문에 RA의 하위 유형(次類) RA'으로 분류한다. 이 10개 방언 중 6개는 후베이(湖北) 남서부와 후난(湖南) 북서부 접경 지역에 분포한다. (5. 허펑(鶴峯), 6. 쉬엔은(宣恩), 7. 은시(恩施), 13. 바오징(保靖), 14. 따용(大庸), 15. 상즈(桑植)) 남은 2개는 후난 중부에 분포한다. (16. 샹샹(湘鄉), 17. 신화(新化)) 다른 2개는 사천 중서부에 분포한다. (114. 쯔양(資陽), 115. 쯔중(資中)) 아래 표12는 바오징(保靖)의 혼독을 나타낸다.

표12 바오징 f, x 성모의 분포

	f	x	글자 예	
			f	x
u	+		府服婦 忽虎狐	
ua		+		法髮 花化滑
o		+		火禍活
ue		+		或
uai		+		懷壞
uei		+		飛廢肺 灰回會

əu	+		否	
uã		+		反凡范 喚換緩
uə		+		分粉奮 昏橫
uaŋ		+		方放防 黃
oŋ	+	+	風封奉	弘宏紅

바오징(保靖) 방언에서는 현대에 f로 발음되는 曉(x), 匣(ɣ)자가 u 모음 앞에서만 나타나며, 이는 화양(華陽)과 동일하다. 그러나 화양에서는 非(f) 계열자가 현대로 발음될 때 x로 변화하는 경우가 없지만, 바오징에서는 이러한 음운 변화가 개음 u를 포함한 운모에서 나타난다. 이를 요약하자면, 바오징 방언은 RA 유형에 추가적으로 RA-1 유형의 변화를 포함하며, 이는 (87)로 표시할 수 있다.

(87) RA-1 F $\begin{matrix} \diagdown \text{x}/\_\ \text{u V} \\ \diagdown \text{f} \end{matrix}$

상즈(桑植), 은시(恩施), 따용(大庸), 허펑(鶴峯), 쯔중(資中), 쯔양(資陽), 쉬엔은(宣恩) 등의 지역에서는 「風, 封, 奉」 계열의 글자도 x로 발음된다. 이는 RA, RA-1 이후에 추가적으로 (88)로 나타난 발전이다.

(88) F $\begin{matrix} \diagdown \text{x}/\_\ \text{oŋ} \\ \diagdown \text{f} \end{matrix}$

(88)은 사실 RB의 하위 유형인 RB-1의 변이에 해당하며, 이는 다음 절에서 설명할 것이다.

제4절 RB

RB 유형의 방언은 총 46개로, 대부분 후난성(湖南省)에 집중되어 있다. 후난성 157. 황시엔(晃縣)에서는 표13과 같은 X/F 혼독이 관찰된다.

표13 황시엔 f, x 성모의 분포

	f	x	글자 예	
			f	x
u	+		夫服婦 呼忽戶	
a	+		法髮 花化滑	
o		+		火霍禍
e	+		或獲	
ai	+		懷壞	
ei	+		飛廢肥肺 灰毀回會	
əu	+		否	
an	+		反凡范 喚緩換	
ən	+		分粉奮 昏橫魂混	

aŋ	+		方放房 黃	
oŋ	+	+	風封奉	弘宏紅

중고음의 단서로 살펴보면, *x, *ɣ 母의 合口(합구)자 중에서 현대 발음 o 모음 앞에서는 여전히 설근마찰음의 발음이 유지되지만, 다른 경우에는 경순화(輕脣化)되었다. 화양(華陽)과 비교하면, 경순화의 정도가 훨씬 더 심화된 것을 알 수 있다. 동시에, 화양에서 x 앞에 존재했던 開合의 대립을 이루는 운류는 모두 開口로 통합되면서 사라졌다. (예: aːua, eːue, aiːuai, eiːuei, anːuan, ənːuən, aŋːuaŋ)

일부 샹방언(湘方言)은 유성마찰음 성모의 구별을 유지하고 있고, X/F에서 무성유성성모의 음운적 변화는 대체로 동일하게 나타난다. (제4장 제4절에서 논의된 샤오양(邵陽) 방언을 제외) 166. 청부(城步)에서 표14와 같은 혼독 현상이 관찰된다.

표14 청부 f, v, h, 성모의 분포

	f	v	h	글자 예		
				f	v	h
u	+	+		虎	狐乎	
a	+	+		法	畫話	
o			+			火
ei	+	+		飛灰	會	
ã	+	+		喚緩	凡完換	

ən	+	+	分奮	橫魂	
aŋ	+	+	方防	黃	
oŋ	?	?	+			紅

만약 「緩, 防」의 발음을 예외로 간주한다면,[9] 청부(城步) 방언에서 X의 변화는 다음과 같다.

(89) a. x ⟨ h/_ o
              f

b. ɣ ⟨ h/_ oŋ
            v

따라서 황시엔(晃縣)을 기반으로 하는 RB는 변화 항목과 생성 항목에 각각 [∝유성음]이라는 특징만 추가하면 청부(城步)의 현상을 간단히 설명할 수 있다. 이를 (90) 또는 RB'로 정의할 수 있다.

(90) RB' X   ⟨ x/_ o, oŋ,
         [∝유성음]   f
                   [∝유성음]

---

9 (원주) 「緩」 자는 중고음에서 匣母 상성(上聲)에 속하지만, 많은 방언에서는 이를 曉母 글자로 간주한다. 예컨대, 국어(國語, 대만의 표준어)에서는 상성으로 발음되며 거성(去聲)이 아니다. 청부(城步) 방언에서도 이와 유사할 가능성이 있다.
「防」 자는 중고음에서 奉母 (<並母) 평성(平聲)에 속하며, 청부 방언에서는 일반적으로 v로 발음되며 f로는 발음되지 않는다. 그러나《湖南方言調查報告》에서는 이 글자를 f 아래에 분류하였다(p.456). 이는 잘못 분류된 것으로 의심된다.

RB는 본질적으로 「어떤 소리가 변화를 겪지 않는지」를 제한하는 소극적인 규칙이다. 보통 RB가 작동하는 영역은 현대 발음에서 o나 oŋ로 나타나는 음들이다. 황시엔(晃縣)과 청부(城步) 사례를 살펴보면, 현대 발음의 o는 중고 시대에 果攝 혹은 일부 입성자에서 유래했고, 현대 발음의 oŋ는 중고 시대의 通攝 양성자에서 왔다는 점을 확인할 수 있다. 이는 通攝의 주요 모음 *u와 果攝의 개음 *u가 X의 경순화가 일어나기 전에 이미 다른 변화를 겪어 더 이상 合口 성분을 유지하지 않았음을 시사한다. 이런 사실은 현대 발음만으로는 설명하기 어려웠던 방언(제3장 제3절에서 소개한 형산(衡山))을 이해하는 데 도움이 된다. 형산과 유사한 방언으로 169. 창비(常筆), 170. 샹탄(湘潭) 등이 있는데, 이들 방언이 복잡해 보이는 주된 이유는 X/F 혼독의 전후 시기에 걸쳐 通攝 양성(陽聲)자가 두 가지 다른 경로로 발전한 결과가 상호 간섭을 일으켰기 때문이다.

(91) *uŋ > oŋ > əŋ > ən
(92) *uŋ > oŋ > ʌŋ > ʌn

(91)과 (92)는 사실 같은 규율의 두 가지 음성적 표현이다. 이 규율은 후난 지역에서 상당히 보편적이며, 서남관화, 샹어, 깐방언 모두 이 규율의 영향을 받았다. 이 규율과 X/F 혼독의 상호작용은 제3장 제3절에서 언급된 형산(衡山)과 시엔닝(咸寧) 두 사례를 참고하면 된다.

171. 후에이통(會同), 172. 통다오(通道), 173. 창샤(長沙), 174. 난시

엔(南縣) 등에서는 RB에 새로운 내용이 추가되었다. 난시엔(南縣)에서 표15에 나타난 것과 같은 혼독 현상이 관찰된다.

표15 난시엔 Φ, x 성모의 분포

	Φ	x	글자 예 Φ	글자 예 x
u	+		夫府父服 戶胡	
a	+		法髮 花化話	
o		+		火禍獲
ai	+		懷壞	
əi	+		飛廢肥 灰回會	
ɤ	+		否	
ã	+		反凡飯	
õ		+		喚完換
ũ	+		方放防 黃	
ən	+	+	分粉奮 (風封奉)[10] 橫魂	弘宏紅

通攝 양성 운모의 변화는 이미 앞에서 언급되었다. 난시엔의 이 변화 속도는 헝산보다 빠르다. 헝산은 *uŋ>oŋ>ʌŋ으로 변했지만,

---

10 (원주)《湖南方言調查報告》에는 본래 通攝 양성(陽聲) 순음(唇音) 글자인「風」,「封」,「奉」등의 글자가 누락되어 있다. 현재 이들 글자의 발음은《報告》p.242의「고음비교(與古音比較)」와 p.253의「음운 특징(音韻特點)」을 근거로 추측하여 Φən으로 제시하였다.

난시엔은 *uŋ>oŋ>əŋ>ən으로 진행되었다. 특히 주목할 만한 것은 「喚, 完, 換」 등의 글자이다. 이 글자들은 이전에 언급된 황시엔, 청부, 헝산에서는 이미 경순화(輕脣化)가 이루어진 상태였다. 반면, 난시엔에서는 여전히 설근음(舌根音)으로 유지되고 있다. 이러한 중고 山攝 합口 양성자에 해당하는 글자가 핵심이고, 경순화가 발생하기 전에 이미 합口 성분이 사라져 운모가 ŏ로 변했다.

(93) *uən > (on >) ŏ

따라서 RB가 난시엔에서 가지는 제한 조건은 다음과 같이 정의될 수 있다.

(94) X ⎯ x/_ o, oŋ, ŏ
        f

이 새로운 제한 조건은 본질적으로 RB와 차이가 없다. 왜냐하면, RB가 적용되는 방언에서는 o, oŋ 외에 *x, *ɣ의 一二等 합口字와 결합되는 다른 o 모음 운모가 존재하지 않기 때문이다. 따라서 RB와 (94)의 공통적인 특징은 다음과 같다.

(95) RB″ X ⎯ x/_ o
            f

RB 유형의 방언 중에도 하나의 하위 유형이 존재한다. 이 하위 유형의 방언에서는 설근마찰음의 경순화(輕脣化) 외에도 일부 경순음(輕脣音)이 다시 설근화(舌根化)되는 변화를 보인다. 179. 깐청(乾城)이 이에 해당한다. 깐청의 혼독 현상은 표16에서 확인할 수 있다.

표16 깐청 Φ, h 성모의 분포

	Φ	h	글자 예	
			Φ	h
u	+		府福婦 呼忽狐戶	
a	+		法髮 花化話畫	
o		+		火禍活
e	+		或	
ai	+		懷壞	
ei	+		飛非廢肺肥 灰回會	
əɤ	+		否	
ã	+		反凡犯 喚緩換	
ən	+		分粉奮 魂橫	
aŋ	+		方放防 黃	
oŋ		+		風奉 紅

경순음(輕脣音)의 설근화(舌根化)는 주로 oŋ 운모 앞에서 발생하며,

이는 다음과 같이 나타난다.

(96) RB-1 F ⊏ x/_ oŋ
         f

깐청(乾城)에서 생성 항목인 x의 음가는 [h]로 발음된다. o 운모(또는 果攝)는 어떠한 경순음 성모와도 결합하지 않기 때문에, RB-1의 오른쪽 변화 조건도 o로 간화 할 수 있다.

이제 한 가지 문제가 제기된다. RB-1과 RB"(또는 RB)는 생성 항목과 변화 항목이 완전히 동일하다. 그렇다면, 이 두 규율이 본래 구별되지 않는 규율일 가능성은 없는가? 다시 말해, 이 하위 유형의 방언에서 초기 발달 과정에서 F와 X가 일단 통합된 후, o 모음 앞에서는 x로 변하고, 다른 운모 앞에서는 f로 변한 것은 아닌가? 만약 이 가설이 성립한다면, RB"와 RB-1이라는 두 개의 규율이 필요 없이 하나의 규율로 동일한 변화 결과를 설명할 수 있다. 이를 구체적으로 표현하면, (97) 혹은 (98) 두 가지 가능성이 있다. a, b 각각의 변화 순서는 아래와 같다.

(97) a. X > f
     b. f ⊏ x/_ o
          f

(98) a. F > x
     b. x ⊏ x/_ o
          f

아쉽게도 (97)이나 (98) 모두 현재로서는 이를 입증할 수도, 부정할 수도 없다. 그 이유는, RB-1 규율의 독립적 존재가 필요한 여러 방언들이 있기 때문이다. 제3절 말미에서 언급된 상즈(桑植), 은시(恩施), 따용(大庸), 허펑(鶴峯), 쯔중(資中), 빈양(賓陽), 쉬엔은(宣恩) 등이 이에 해당한다. 따라서 RB"(또는 RB)와 RB-1을 두 개의 별도 규율로 분리하는 것이 분석 및 처리가 더 편리하다.

RB-1 하위 유형에 속하는 방언 중 일부는 헝산의 通攝자 변화와 유사한 특징을 보인다. 183. 닝샹(寧鄕)은 oŋ 운모를 가지고 있지 않다. 중고 通攝 양성자 금독(今讀)은 ən이다. 「風, 奉, 紅」 등의 글자와 開口의 「恒, 很」과 동일하게 xən으로 발음된다. 이는 RB와 RB-1 이후에 발생한 (*uŋ>)oŋ> (əŋ>)ən의 변화로 인해 나타난 현상이다.

제5절 RC

후베이(湖北)의 195. 미엔양(沔陽)은 X/F의 또 다른 유형을 대표한다. 이 유형의 방언에서는 경순마찰음(輕脣擦音)이 존재하지 않는다. 즉, *f, *fh, *v가 모두 설근마찰음(舌根擦音)으로 발음된다. 이에 대한 구체적인 예는 표17을 참고하면 된다.

표17 미엔양(沔陽) x 성모의 분포

	x	글자 예
u	+	府父服, 虎忽狐戶
ua	+	法髮, 化畫話滑
o	+	禍獲活或
uai	+	懷壞
uei	+	飛非廢肺肥, 灰回惠會
əu	+	否
uan	+	反凡范, 歡喚緩換
uən	+	分奮, 昏
uaŋ	+	放房防, 荒黃
oŋ	+	風封縫奉, 弘宏紅

그러나 o와 oŋ 외에 설근마찰음(舌根擦音)으로 발음되는 경우, 모두 현재 合口韻에 속하며 開口韻으로 발음되지 않는다. 이 점은 200. 이롱(儀隴)와 201. 펑안(蓬安)을 비교할 때 특히 명확하게 드러난다. 두 지역 모두 쓰촨(四川) 중부에 위치하며 음운 체계가 매우 유사하다. 펑안에서 F가 현재 모두 hu-로 발음된다. 반면, 이롱에서 ən 운모를 제외하고는 모두 h로 발음된다.

	이롱	펑안
分粉奮	fən	huən
昏魂橫混	huən	huən
(亨恒杏	hən	hən)

만약 이룽(儀隴)과 펑안(蓬安)을 음운 변화 과정에서 연속적인 두 단계로 본다면, 이 비교를 통해 다음과 같은 사실을 알 수 있다. (F>) f 가 hu로 변하기 전에, 본래 合口韻과 결합하지 않았다. 즉, 중고 시대 생성된 경순음(輕脣音)의 합구 성분은, 경순음이 설근화(舌根化) 되기 이전에 이미 사라졌다.

쓰촨(四川), 후베이(湖北), 윈난(雲南)의 일부 서남관화에서는 중고 流攝의 순음성모자를 通攝 양성자로 발음하는 현상이 관찰된다. 예컨대 「畝, 茂, 某, 浮, 否」 등의 현대 발음이 moŋ 또는 xoŋ으로 실현되는 경우가 그 예이다. 이때 「浮, 否」는 xoŋ으로 발음되므로, 같은 流攝에 속하는 「侯, 後」 등 글자들은 여전히 xəu로 유지되는 결과가 나타난다. 이는 쓰촨 204. 더양(德陽) 방언에서는 F의 설근화(舌根化)가 비교적 늦게 이루어진 현상임을 보여준다.

만약 더양(德陽)이 미엔양(沔陽)과 같이 「浮, 否」가 먼저 설근화되어 xəu로 변하고, 그 후에 xəu>xoŋ 변화가 발생했다면, 「侯, 後」가 왜 xoŋ이 아니라 xəu로 남아 있는지 설명할 수 없게 된다. 이는 더양 방언에서 (99)로 제시된 변화가 먼저 일어난 뒤, 그 후에 RC 변화가 나타났음을 보여주는 근거가 된다.

(99) əu>oŋ/순음_

제6절 RD

중고 *x, *ɣ 一二等 合口字는 208. 통청(通城), 209. 리링(醴陵), 210. 핑지앙(平江) 등지에서 현재 모두 f 성모로 발음된다. 이로 인해 *f, *fh, *v에서 유래한 글자와 구별되지 않게 되었다. 리링(醴陵)의 음운 변화는 표18에서 확인할 수 있다.

표18 리링 f 성모의 분포

	f	글자 예
u	+	府符婦, 胡戶
ua	+	法髮, 花化畫話
o	+	火忽禍獲活
ai	+	懷壞
ei	+	飛廢肺肥, 灰回會
eu	+	否
aŋ	+	反凡范
oŋ	+	方防, 喚換黃
ʌŋ	+	分奮憤, 昏婚魂橫 風封奉, 弘宏紅

비록 깐방언에서 X/F의 변화는 한 가지 형태로 나타나지 않지만,[11] X>f 변화는 깐방언 외의 다른 4성 방언에서는 출현하지 않았

11　(원주) 린추안(臨川)과 난창(南昌) 방언에서는 X>Φ 변화가 나타난다. 羅常培(1940), 楊時逢(1969b) 참조. 반면, 펑신(奉新) 방언은 X>xu로 변화하며(余直夫, 1975), 신깐(新

다. 따라서 X>f는 특정 깐방언이 X/F 변화와 관련하여 그 구조가 공통적으로 드러나는 한 가지 형태적 표현이라고 볼 수 있다.

제7절 규율 요약

앞선 각 절에서는 X/F가 서남 지역에서 나타나는 여러 유형과 관련된 변화를 논의하였다. 지금부터 이를 요약하여 명확히 정리하고자 한다.

RA X ⟵ f/_u   (79)
        ⟵ x

RA' X ⟵ f/_ u [+긴장]   (86)
       ⟵ x

RA-1 F ⟵ x/_ uV   (83, 87)
       ⟵ f

RB X ⟵ x/_o, oŋ   (80)
      ⟵ f

RB' X ⟵ x/_o, oŋ   (90)
[∝유성음] ⟵ f
          [∝유성음]

㴰 방언(顔森, 1983)에서는 일부 X가 f로 발음된다. 또한, 일부 방언에서는 X:F가 대립하여 혼동 없이 유지되며, 예를 들어 차오베이(潮北)의 양신(陽新)과 따예(大冶) 방언이 그렇다. 한편, 커 방언(客方言)에서도 X>f 변화가 관찰되지만, 본 장은 커 방언의 자료를 포함하지 않으므로 이에 대한 논의는 생략한다.

RB″ X ⟨ x/_ o   (95)
        f

RB-1 F ⟨ x/_ oŋ   (84, 88, 96)
        f

RC F > xu   (81)

RD X > f .   (82)

u ⟨ ɣ/ { f # } _#   (85)
    u

*uŋ > oŋ   (37, 91, 92)

(*uŋ>) oŋ>ʌŋ   (92)

*uaŋ > oŋ   (40)

*uan > (on>) õ   (93)

(*uŋ>) oŋ > (əŋ>) ən   (91)

əu > oŋ/순음_   (99)

이러한 규율들이 각 방언에서 적용되는 순서는 다음과 같다.

RA형	화양	RA
	허지앙	RA'
	푸민	RA' u>ɣ
	바오징	RA, RA-1
	샹즈	RA, RA-1, RB-1

RB형	황시엔	*uŋ>oŋ, RB
	청부	*uŋ>oŋ, RB'
	난시엔	*uŋ>oŋ, *uan>õ, RB", (*uŋ>) oŋ>ən
	헝산	*uŋ>oŋ, RB, (*uŋ>) oŋ>ʌŋ, *uaŋ>oŋ
	깐청	*uŋ>oŋ, RB, RB-1
	닝샹	*uŋ>oŋ, RB, RB-1, (*uŋ>) oŋ>ən
RC형	미엔양	RC
	더양	əu>oŋ, RC
RD형	리링	RD

    독자 여러분들은 RB 유형 방언이 X/F 혼독이 발생하기 전에 반드시 *uŋ> oŋ의 변화를 먼저 겪었다는 점에 주목할 것이다. 실제로 이 변화는 RB 유형 방언에만 국한되지 않는다. 通攝 양성운이 *uŋ에서 oŋ으로 변하거나 더 나아가 əŋ, ən, ʌŋ, ʌn으로 변하는 것은 후난(湖南)과 후베이(湖北) 지역에서 매우 일반적인 발달이다. 이 내용은 이미 제3장 제3절에서 상세히 설명한 바 있다. RA, RC, RD 유형 방언 중에도 X/F 혼독이 일어나기 전에 이러한 변화를 겪은 사례가 많다. 다만, 혼독을 할 때 通攝의 今讀과 직접적인 관계가 없기 때문에 명확히 드러나지 않을 뿐이다. 즉, 후난(湖南)과 후베이(湖北) 지역에서 X/F 혼독은 후기 변화이며, 시간적으로 *uŋ>oŋ보다 늦게 발생한 것이다.

제8절 쯔중(資中)과 린샹(臨湘)

마지막으로, 「음운 타협」이 나타나는 115. 쯔중(資中), 116. 린샹(臨湘) 방언을 소개하고자 한다. 쯔중의 X/F 현상은 표19에서 확인할 수 있다.

표19 쯔중 f, h 성모의 분포

	f	h	글자 예	
			f	h
u	+		府福父符服 虎忽胡	
ua		+		法髮伐 花化畫話
o		+		火霍禍獲
ue		+		或
uai		+		懷壞
uəi		+		飛肺肥 灰會
əu	+		否浮	
uan		+		翻反凡犯 歡還緩

표19를 바탕으로 다음과 같은 가설을 제시할 수 있다. 첫 번째 가설은 *f, *fh, *v> hu (RC) 이고, 그리고 나서 h>f/_u, əu의 변화가 발생하였다. 이 가설의 어려움은 「侯, 厚, 後, 候」 등의 글자가 여전히

həu로 발음되며, fəu로 변화하지 않았다는 점이다. 두 번째 가설은 *x, *ɣ의 글자들이 먼저 RA를 겪은 후, *f, *fh, *v에서 유래한 글자들이 f> h/_uV, oŋ으로 변화하였다는 것이다. 이 가설은 f>h 조건의 이유를 설명하지 못한다. 만약 조건 항목의 oŋ이 후대의 변화이며, f>h 이전에는 실제로 uŋ이었다고 가정하여 조건을 uV, uŋ으로 수정하더라도 문제가 발생한다. 왜냐하면 uV와 un의 u는 성질이 다르고, 전자의 u는 개음이고 후자의 u는 모음이기 때문이다. 그래서 같은 모음u가 있는 fu가 hu로 변화하지 않는다. 게다가 쯔중은 깐방언으로 보기 어렵다. 通攝의 글자가 f> h 앞에 있으면 이미 일반적인 서남관화처럼 *uŋ>oŋ의 변화를 겪었을 가능성이 높다. 만약 이 두 가설이 모두 성립하지 않는다면, 아래에 제시된 순서로만 해석이 가능할 것이다.

(100) X ⤆ f/_u
          h

(101) F ⤆ h/_uV
          f

(102) f ⤆ h/_oŋ
          f

(100), (101), (102)는 각각 RA, RA-1, RB-1을 나타낸다. RA-1과 RB-1은 같은 방향으로 진행되는 두 개의 하위 규율(次規律)이며, 쯔중은 이 두 하위 규율을 순차적으로 받아들였다.

이제 린샹(臨湘)으로 돌아가 보자. 린샹의 혼독 현상은 표20에서 확인할 수 있다.

표20 린샹 f, h 성모의 분포

	f	h	글자 예	
			f	h
u		+		府否父服 狐虎戶忽
a	+		法髮 花化畫	
o		+		火禍
e	+		或獲	
ai	+		懷壞	
əi	+		飛廢 灰會惠	
an	+		凡反飯	
on		+		喚完
en	+		橫	
ən	+		奮 昏魂	
aŋ	+		方防放 黃	
ʌŋ		+		風奉 紅宏

린샹(臨湘)의 X와 F 두 성모의 금독 분포는 다음과 같이 간략히 정리할 수 있다.

$$X \begin{cases} h/\_u, o, \Lambda\eta(<o\eta<*u\eta), on(<*uan) \\ f \end{cases}$$

$$F \begin{cases} h/\_u, o, \Lambda\eta(<o\eta<*u\eta) \\ f \end{cases}$$

위에서 언급된 규율들을 활용하면, 두 가지 가설이 가능하다. 첫 번째 가설은 (103)이다. 이 가설에서는 다음과 같은 전제 하에 변화가 이루어진다고 본다. c, d가 동시에 발생하며 순서 구분이 없다. e, f 또한 동시에 발생하며 순서 구분이 없다.

(103) a. *uan > on
 b. *uŋ > oŋ
 c. $F \begin{cases} h/\_u \\ f \end{cases}$
 d. $F \begin{cases} h/\_o\eta \\ f \end{cases}$
 e. $X \begin{cases} h/\_u \\ f \end{cases}$
 f. $X \begin{cases} h/\_o, o\eta, on \\ f \end{cases}$
 g. oŋ > ʌŋ

아래는 몇 가지 예시 단어들을 제시하여 간단한 관찰을 하고자 한다.

	灰	婦	狐	喚	飛	風	紅	火
	*x	*v	*ɣ	*x	*f	*f	*ɣ	*x
103 a.	—	—	—	hon	—	—	—	—
b.	—	—	—	—	—	foŋ	hoŋ	—
c, d	—	hu	—	—	fəi	hoŋ	—	—
e, f	fəi	hu	hu	hon	—	hoŋ	hoŋ	ho
g.	—	—	—	—	—	hʌŋ	hʌŋ	—
현재 발음	fəi	hu	hu	hon	fəi	hʌŋ	hʌŋ	ho

이러한 추측에는 반드시 두 가지를 주의해야 한다. 앞서 언급한 (103)a, b, g 모두는 일반적인 변화이다. (103)d는 RB-1이고, (103)f는 RB"로 문제되지 않는다. 그러나 (103)c는 RA-1과 유사해 보이지만 조건 항목은 uV가 아니고, 모음u이다. 이것은 첫 번째 다른 부분이고, 조건이 축소되었다. (103)e.는 RA와 유사하지만, 두 생성 항목이 서로 뒤바뀌었다. 이는 일종의 국부적 역전으로 볼 수 있다. 이것이 두 번째 다른 점이다.

두 번째 가설은 (104)이다. 이 중의 d, e는 동시에 발생한다.

(104) a. *uan > on
　　　b. *uŋ > oŋ
　　　c. F > hu
　　　d. X ⟵ h/_u
　　　　　　　　f

e. X ⥥ h/_o, oŋ, on
     f

f. oŋ > ʌŋ

같은 예시 단어들에서, (104) 가설에 따른 변화의 순서는 다음과 같다:

	灰	婦	狐	喚	飛	風	紅	火
104 a.	—	—	—	hon	—	—	—	—
b.	—	—	—	—	—	foŋ	hoŋ	—
c.	—	hu	—	—	huəi	hoŋ	—	—
d, e.	fəi	hu	hu	hon	fəi	hoŋ	hoŋ	ho
f.	—	—	—	—	—	hʌŋ	hʌŋ	—
현재 발음	fəi	hu	hu	hon	fəi	hʌŋ	hʌŋ	ho

두 번째 가설의 주요 차이점은 F가 먼저 설근화 된 후, 다시 X와 함께 변화한다는 점이다. (104)c.는 바로 RC를 나타내며, 이는 이미 생성된 규율이기 때문에 (103)c.에서 발생한 문제를 회피할 수 있다. 따라서 제3장 제2절에서도 이 설계를 일시적으로 채택하였다.

이 두 가지 가설 중 어느 쪽이 옳은지에 대해서는 결론을 내리기 어렵다. 다만 이 절에서 다루는 문제의 관점에서는, 린샹의 변화 과정이 (103)이든 (104)이든 결론은 동일하다. 즉 린샹에는 X/F에 관한 「음운 타협」 과정이 존재했다는 것이다. (103)e.나 (104)d.는 RA의 한 변이(變體)로, 적어도 RA의 하위 규율(次規律)로 볼 수 있다. 이 부규율이 린샹 내부에서 독자적으로 생성된 것이든, 외부에서 전파되어 온 것이든 간에, (103)f. 혹은 (104)d.에 해당하는 RB와 하나의 구조 체계 안에서 공존함으로써 곧 「타협」을 형성하게 된다. 만약 (103)의 견해를 따른다면, 이러한 타협은 더욱 뚜렷해진다. 왜냐하면 (103)c.를 RA-1의 부규율로 볼 수 있고, 이 부규율이 다시 (103)d.에 해당하는 RB-1과 공존하며 나란히 작용하기 때문이다.

린샹(臨湘)은 깐(贛)·샹(湘) 방언이 접경(搭界)하는 지역의 방언으로, 구조적으로는 본래 깐방언에 속하지만, 샹방언의 지속적인 영향을 받고 있다. 이러한 접경 방언은 내부적 체질이 달라 대체로 더 크고 급격한 변화를 겪는 경우가 많다. 린샹에서 「가능한」 (103)c, (103)e나 (104)d, 그리고 제3장 제2절에서 언급한 규율 역전 현상 등은 모두 이를 잘 보여주는 예라 할 수 있다.

제9절 규율의 동태적(動態的) 측면

이번 장의 논의를 통해, 우리는 한층 다른 각도에서 언어 변화를 관찰하고 이해하는 경험을 하였다. 한편으로는 규율이 각 방언 내부에서 어떻게 작동하는지를 살펴보았고, 다른 한편으로는 그 규율이 방언 사이를 전파할 때, 어떤 식으로 확산되고, 또 서로 다른 방언들이 이에 대응하여 얼마나 조정하거나 어떤 방향으로 변화하는지 알 수 있었다. 바로 이것이 규율 영향면을 연구하는 의의라고 할 수 있다.

구체적으로 말하자면, X/F 변화가 서남 지역에서 전개된 과정에서 적어도 다음과 같은 점들이 분명해졌다. 첫째, 서남 지역에서 X/F 변화의 방향은 크게 두 가지로 나뉜다. 하나는 모두 X로 바뀌는 경우와 다른 하나는 모두 F로 바뀌는 경우이다. RA·RB·RD는 F로 변하지만, 정도가 다를 뿐이다. RB-1·RA-1·RC는 X로 변하지만, 이 역시 정도가 각각 다르다.

이러한 관계를 도식으로 나타내면, 그림16과 같이 표현할 수 있다.

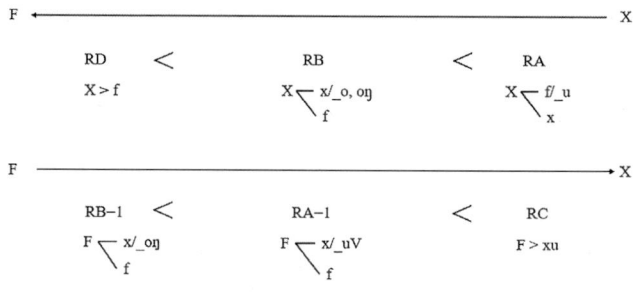

그림16 서남에서 X/F의 두 방향

혹은 간단히 하면 아래와 같다.

(105) X > RA > RB > RD > F
(106) F > RB-1 > RA-1 > RC > X

RA와 RA-1, RB와 RB-1은 조건 항목이 매우 유사하며, 이들 사이에 상호 연관성이 있을 가능성이 크다. 따라서 이들을 각각 동일한 유형으로 묶도록 한다. 이 관점에서 보면, (105)와 (106)을 서남 지역에서 완전히 독립적인 두 규율로 간주하는 것은 그리 타당하지 않다. 당연히, 현재로서는 (105)가 먼저 발생했는지, (106)이 먼저 발생했는지를 명확히 할 수 없다. X>F와 F>X라는 두 가지 상반된 변화가 어디서 먼저 시작되었는지는 불분명하다. 설령 X>F와 F>X를 같은 변화에서 파생된 두 개의 상반된 하위 규율로 보지 않고, X>F와 F>X가 이 지역에서 개별적으로 발생한 두 개의 별개 규율로 본다면, 우리는 이미 이 두 규율이 전파 과정에서 나타낸 다양한 형태를 이해할 수 있다. (105)와 (106)은 이러한 형태의 전환 과정이다.

　　둘째, 쓰촨, 윈난, 후베이의 서남관화는 변화가 비교적 단순하다. 이 지역 방언들은 대부분 RA, RB, RC 중 하나의 규율만을 따른다. 이에 비해, 후난과 인접한 후베이 지역의 깐방언은 훨씬 더 복잡한 양상을 보인다. 이들 방언은 X/F 혼독과 기타 다른 운모 변화와 함께 얽힌 경우뿐만 아니라, 심지어 둘 이상의 X/F 유형을 포함하여 음운 타협 현상을 만들어내기도 한다.

　　셋째, 음운 타협이 나타나는 방언은 주로 샹시(湘西)와 후베이 서부 샹방언과 서남관화가 접촉하는 지역 상즈(桑植), 따용(大庸), 은시(恩施), 쉬엔은(宣恩), 허펑(鶴峯), 샤오양(邵陽)에 집중된다. 이는 샹어형 RB와 서남관화형 RA가 이 지역에서 전파 과정 중 상호 교차했기 때문일 가능성이 크다.

넷째, 깐방언과 샹어를 비교하면 유추적 변화(比附演變) 현상이 나타난다.[12] 이러한 유추적 변화는 서로 구조가 다르거나 해석 방식이 다른 방언들이 동일한 규율을 수용하면서 나타난 결과로 해석된다.

---

12   X/F 혼동으로 인해 발생한 유추적 변화 현상은 이미 제3장 제3절에서 다룬 바 있다. 따라서 본 장에서는 이를 생략하니, 독자는 해당 부분을 참고하기 바란다.

규율과 방향: 변천 중인 음운 구조

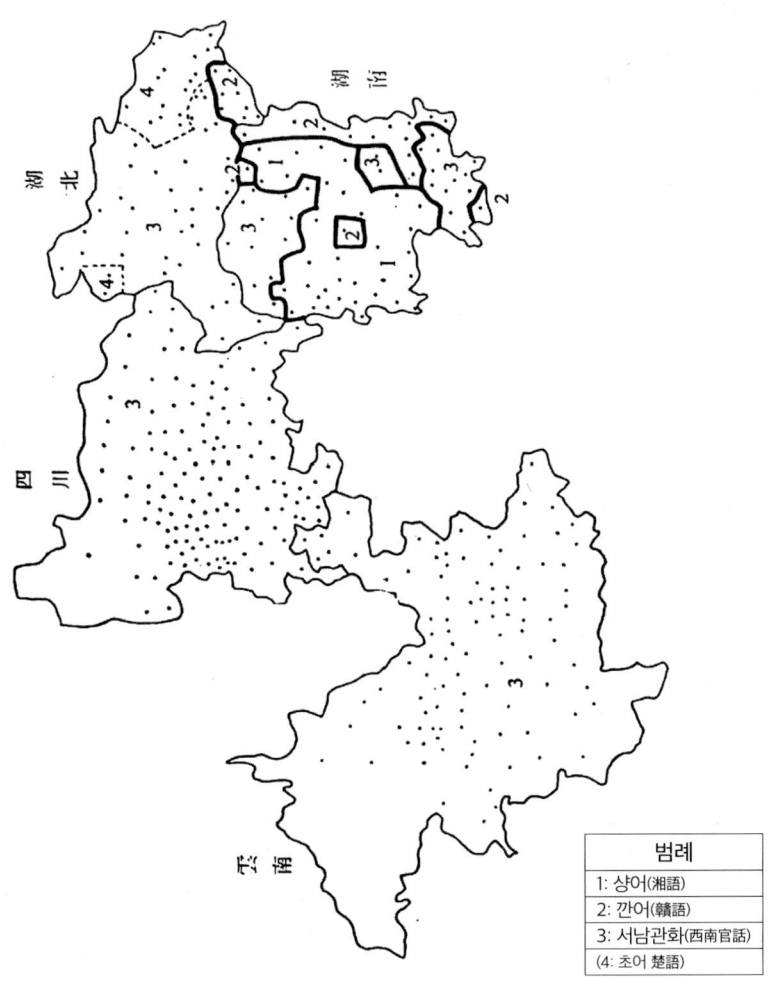

범례
1: 상어(湘語)
2: 깐어(贛語)
3: 서남관화(西南官話)
(4: 초어 楚語)

그림17 서남 4성 방언 분구도

7장
규율 영향면 연구: X/F의 서남

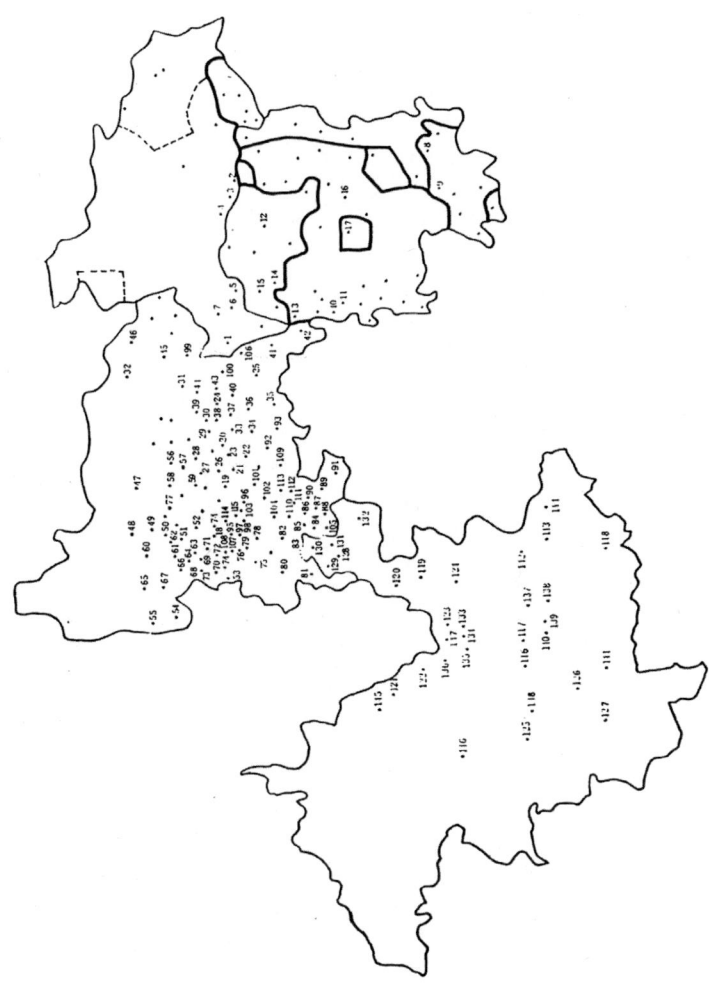

그림18 X/F 혼독이 있는 방어

244 규율과 방향: 변천 중인 음운 구조

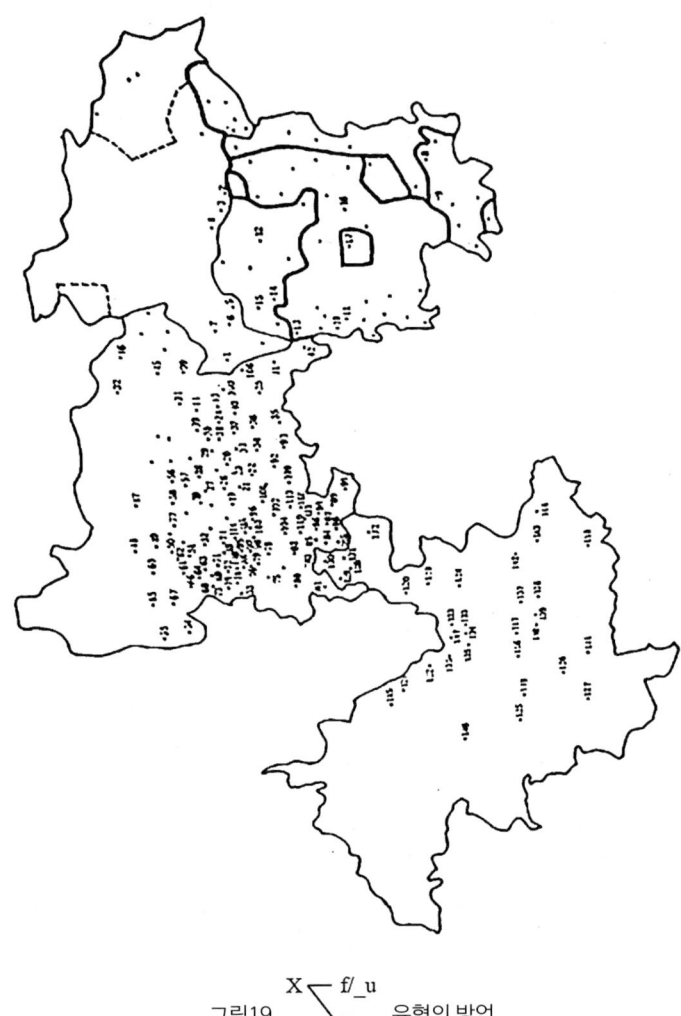

그림19 $X \begin{cases} f/\_u \\ x \end{cases}$ 유형의 방언

7장
규율 영향면 연구: X/F의 서남

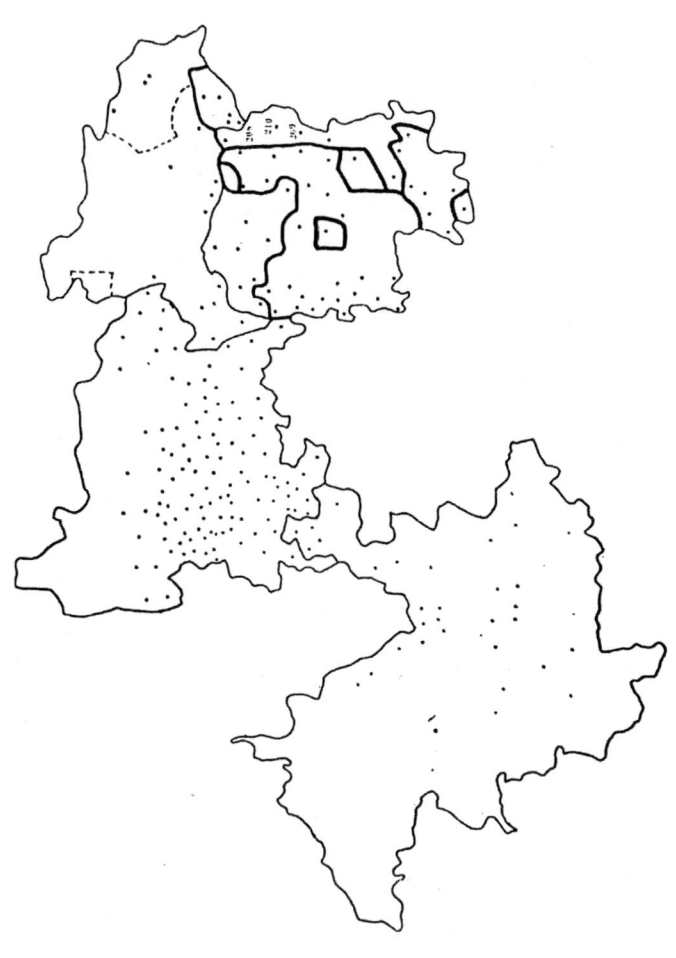

그림20 X ⟨ x/_o, oŋ   유형의 방언
         f

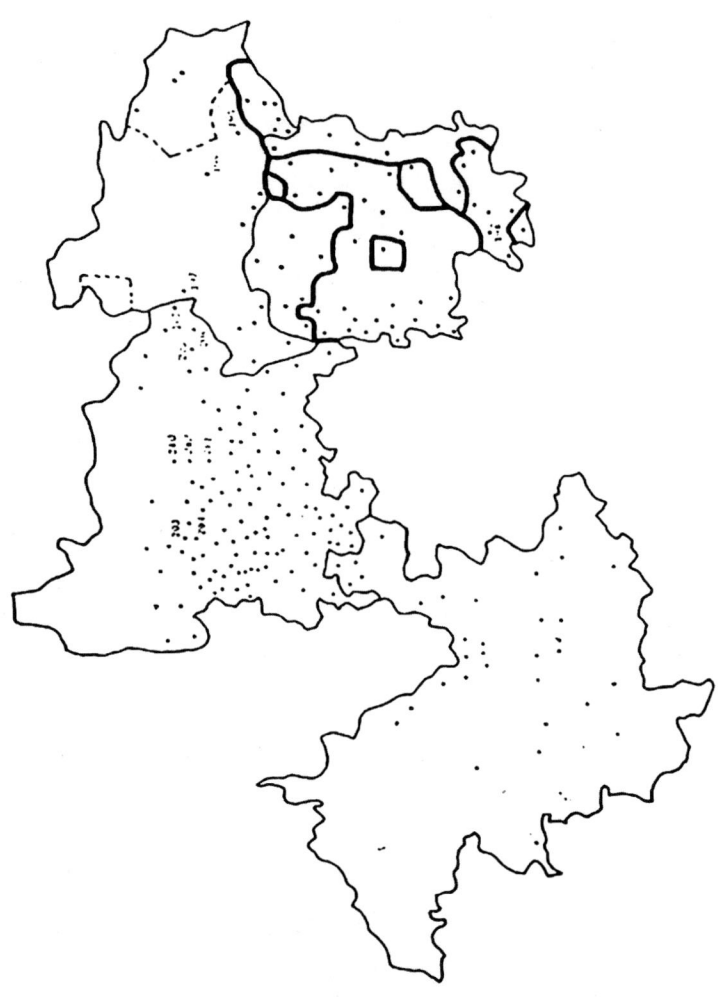

그림21 F) xu 유형의 방언

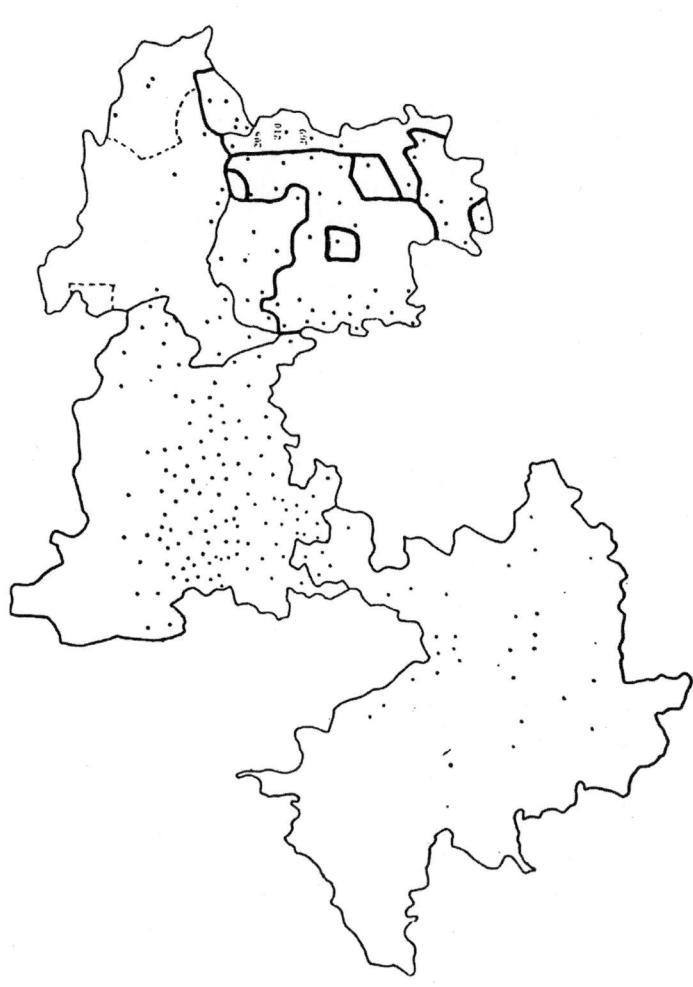

그림22 X 〉 f 유형의 방언

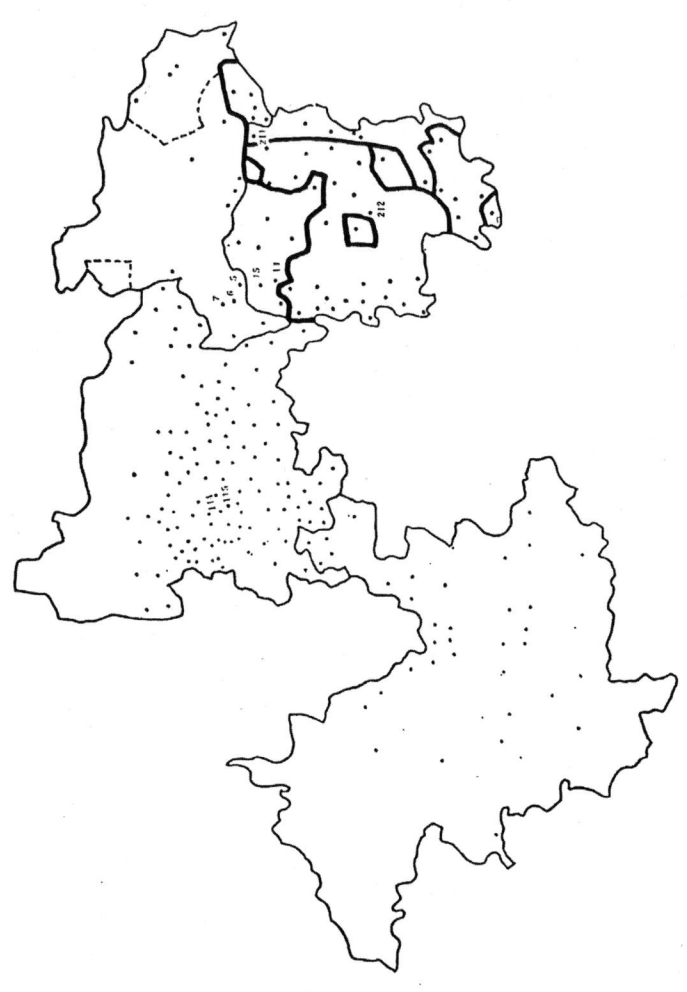

그림23 음운 타협의 방언

요약

8장 요약

　　언어는 끊임없이 변동하는 구조이다. 우리가 방언 접촉의 관점에서 중국어 방언의 규율과 방향을 검토할 때, 이러한 변천 속의 음운 구조에서 이전과는 다른 경험을 체감하게 된다.[1]

　　접촉 중인 언어들은 음운적으로 연관되거나 대응하는 부분에서 서로 영향을 주고받는다. (제2장 제2절, 제5장 제3절, 제5장 제4절, 제6장 제4절) 방언 간에 음운 해석이 다르다면, 유추적 변화(比附演變)가 필연적으로 나타난다. (제3장 제3절) 구조적 차이가 큰 접경 방언일수록 변화의 폭이 명확하다. (제3장 제2절, 제7장 제8절) 규율은 구조적 특징을 반영하며, 자체적으로 내적 질서를 가진다. (제2장 제3절) 그리고 단순해 보이는 X/F와 같은 변화도 방언의 체질적 차이에 따라 다양한 형태로 나타난다. (제7장 제9절) 이는 하위 규율 간의 경쟁을 초래할 수 있다. (제4장 제4절) 분포 면적이 작지 않은 깐방언과 같은 대방언 지역은 지속적인 규율 전파 과정에서 본래의 특징을 상당 부분 상실하기도 한다. (제6장 제5절) 언어는 평행적 또는 비평행적 변화를 통해 기존 구조 관계를 바꾸고 재평가한다. (제4장 제2절, 제4장 제1절)

---

[1]　언어 구조 변천이나 언어 접촉에 관한 주요 저작으로, 확인된 바에 따르면 최소한 다음과 같은 연구들이 있다. M. Emeneau(1956), U. Weinreich(1968), U. Weinreich, W. Labov, M. Herzog(1968), W. Labov(1972), M. Samuelson(1972), J. Anderson(1973). 그러나 이들 저작은 각기 다른 문제에 초점을 맞추고 있기 때문에, 본서에서 다루는 현상은 이들 연구와 겹치는 부분이 많지 않다.

이러한 구조적 조정은 음운 타협(音韻妥協)과 무중생유(無中生有)을 통해 상당한 유연성을 보여준다. (제4장 제4절, 제4장 제3절)

그러나 이러한 방언 접촉의 동태적 과정 이외에도, 가장 인상 깊은 점은 각 언어가 가진 응변 기능이다. 어느 언어도 완전히 고립된 상태로 존재할 수 없으며, 언어 간 접촉은 필연적이다. 그렇기에 이 응변 기능은 언어가 독립적으로 발전하고 지속적으로 존재할 수 있는 기반을 제공한다. 최소한 두 방면에서 우리는 이러한 기능의 조작 과정을 보았다. 첫 번째는 구조의 조정이고, 두 번째는 변화 방향은 자주적이라는 것이다. 융싱(永興)이 영향 요소를 선택적으로 수용하는 방식(제2장 제2절, 제4장 제3절), 샤오양(邵陽)과 린샹(臨湘)에서 경쟁 규율이 타협하는 것(제4장 제4절, 제7장 제8절), 우리는 어떤 한 언어가 어떻게 자기를 조정하고 외래의 영향에 적응하는 지를 보았다. 또한 구조 자체의 반응 유연성(린샹), 창조력(융싱 제4장 제3절), 외부 영향을 수용하는 폭(샤오양, 린샹)을 보았다. 음운 구조가 유사하고 외부 영향이 동일할 때 허지앙(合江)과 난시(南溪)의 변화 정도와 싱원(興文)과 공시엔(珙縣)은 차이가 있다(제7장 제3절). 융싱에서 어떤 글자는 변하고, 어떤 글자는 변하지 않는 것은 주가오(竹篙)와는 다른 방식으로 나타난다(제5장 제4절). 우리는 구조를 조정하는 다양한 방식과 여러 방향으로의 변화 방향을 관찰할 수 있지만, 어느 방언이 어떤 방식을 선택하고, 어떤 방향으로 발전할지는 절대 예측할 수 없다. 언어는 기호 체계로서 구조적 공통점을 가질 수 있고, 언어의 변화에는 구조적으로 허용되는 범위와 한계가 있을 수 있다. 그러나 이 한계 내에서 언어는 충분한 자율성을 가진다. 언어 자신만이 방

8장 요약

향을 결정할 수 있는 것이다.

언어가 가진 자율성과 기능은, 결국 그 언어를 만들고 사용하는 사람들에게서 비롯된다. 따라서 언어는 단순한 물리적 현상이 아니라 인문적 현상이다. 아무리 정밀한 기기를 사용해 언어를 물리적 실체로 변환하고 기록할 수 있다 하더라도, 그 물리적 실체 뒤에는 언어를 사용하는 모든 개인이 주체로 존재한다는 사실을 인정해야 한다.

각 언어는 모두 스스로에게 말하고 있다. 우리는 언어를 구조적으로 분석할 수 있지만, 언어의 방향을 대신 결정할 수는 없다. 언어는 제약을 받지 않는다. 동일한 환경과 자극이 주어지더라도, 각 방언의 반응은 완전히 예측 불가능하다. 변화 방향을 결정할 때, 모든 화자는 경쟁 규율에 한 표를 던지는 셈이다. 언어의 방향성은 그 사회 공동체 화자들의 집단적 의지를 반영한다.

언어의 강인함과 유연성, 창의성과 자율성은 해당 언어를 사용하는 사람들의 집단적 특성을 반영한다. 언어는 사용자들이 동의하지 않는 한 완전히 동화되지 않으며, 더 이상 고집하지 않는 한 쉽게 사라지지 않는다.

하이데거(M. Heidegger)는 언어를 존재(Sein)의 집이자 그 존재의 드러냄이라고 보았다. 이러한 개념은 일반 독자들에게는 다소 철학적으로 느껴지며, 실증적 이해가 어려울 수 있다. 그러나 방언을 정리하고 책으로 엮어내는 작업을 하며, 이러한 철학적 인식에 공감하게 되었다. 마치 그 방언 속에 「거기에 존재함(Da-Sein)」을 지닌 존재들이 살아 숨 쉬며, 자신들의 목소리를 어떻게 주체적으로 지켜왔는지를 이야기하는 듯한 감각이 들었다.

참고문헌

丁文江(編),《中華民國新地圖》, 上海,申報館, 1934. 1948년 수정 5판에서《中國分省新圖》변경

丁邦新,〈如皋方言的音韻〉,《歷史語言研究所集刊》36:573633, 1960.

丁邦新,〈問奇集所記之明代方音〉,《中研院成立五十週年紀念論文集》Ⅱ: 577-592, 1978.

丁邦新,〈上古漢語的音節結構〉,《歷史語言研究所集刊》50.4:717-739, 1979.

丁邦新,〈漢語方言區分的條件〉,《清華學報》新14.1, 2: 257-274, 1982.

丁邦新,〈吳語聲調之研究〉,《歷史語言研究所集刊》55.4: 755-788, 1984.

丁邦新,《儋州村話》, 歷史語言研究所專刊之84, 1986a.

丁邦新,〈十七世紀以來北方官話之演變〉,《近代中國區域史研討會論文集》1-10, 臺北,「中央研究院」, 1986b.

三根谷徹,《越南漢字音の研究》, 東洋文庫論叢第53. 東京, 財團法人東洋文庫, 1972.

中國社會科學院語言研究所,〈官話區方言尖團音分合的情況〉,《方言和普通話叢刊》1:141-149, 1958.

田元,〈四川犍、樂方音和北京語音〉,《方言與普通話集刊》3: 91-93, 1958.

田希誠,〈晉東南語音和北京語音的差別〉,《語文知識》6: 43-46; 7: 41-44; 11: 45, 1956.

田希誠, 呂枕甲,〈臨猗方言的文白異讀〉,《中國語文》5: 337-343, 1983.

平田昌司,〈吳語幫端母古讀考〉,《均社論叢》14: 18-30; 15: 22-26, 1983-84.

石林,〈侗語概論〉, Journal of Asian and African Studies 22: 21-55, 1981.

辻伸久,〈湖南諸方言の分類と分布—全濁聲母の變化に基く初步的試み—〉,《中國語學》226:1-12。 1979

江蘇省和上海市方言調査指導組,《江蘇省和上海市方言概況》, 上海, 江蘇人民出版社, 1960.

何大安,〈海南島樂會方言音韻研究〉. (未刊) 1976.

何大安,〈澄邁方言的文白異讀〉,《歷史語言研究所集刊》52.1: 1981a 101-152.

何大安,《南北朝韻部演變研究》, 臺灣大學中文研究所博士論文, 1981b.

何大安,〈變讀現象的兩種貫時意義—兼論晉江方言的古調值〉,《歷史語言研究所集刊》55.1:115-132, 1984.

何大安,〈雲南漢語方言中與顎化音有關諸聲母的演變〉,《歷史語言研究所集刊》56.2: 261-284, 1985.

何大安,〈元音i,u與介音i,u—兼論漢語史研究的一個方面〉,《王靜芝先生七十壽慶論文集》227-238, 臺北, 文史哲出版社, 1986.

李方桂,〈台語系聲母及聲調的關係〉,《歷史語言研究所集刊》34.1: 31-36, 1962.

李方桂,〈上古音研究〉,《清華學報》新 9.1, 2: 1-61, 1971.

李永燧, 陳克炯, 陳其光,〈苗語聲母和聲調中的幾個問題〉,《語言研究》4: 65-80, 1959.

李 榮,《切韻音系》, 北京, 科學出版社, 1952.

李 榮,〈官話方言的分區〉,《方言》1: 2-5, 1985.

余直夫,《奉新音系》, 臺北, 藝文印書館, 1975.

邢義田,〈東漢孝廉的身分背景〉,《第二屆中國社會經濟史研討會論文集》1-56, 臺北, 漢學研究資料及服務中心。1983.

河北北京師範學院, 中國科學院河北省分院語文研究所,《河北方言概況》, 天津, 河北人民出版社, 1961.

周法高,《中國語文研究》, 中華文化叢書, 臺北, 中華文化出版事業委員會, 1955.

孟慶惠,《安徽方音辨正》, 合肥, 安徽人民出版社, 1961.

南京大學中文系方言調查組1953,1954年級語言組同學,〈南京方音中幾個問題的調查〉,《方言與普通話集刊》8: 1-32, 1961.

高文達,〈山東黃縣方音與北京語音的對應〉,《方言與普通話集刊》8: 33-39, 1961.

徐承俊,〈溫縣土話與普通話簡說〉,《方言與普通話集刊》6: 113-118, 1959.

袁家驊,《漢語方言概要》, 北京, 文字改革出版社, 1960.

馬培芝,〈靈寶方音與北京語音的對應〉,《方言與普通話集刊》2: 70-75, 1958.

夏劍欽,〈中古開口一等韻字在瀏陽方言有[i]介音〉,《中國語文》6: 464, 1982.

夏劍欽,〈瀏陽南鄉方言記略〉,《方言》1: 47-58, 1983.

曹正一,〈山東安丘方音和北京語音〉,《方言與普通話集刊》8: 39-54, 1961.

陳昌儀,〈都昌(土塘)方言的兩個特點〉,《方言》4: 248-259, 1983.

陳振亞,〈湖北孝感專區江北九縣方音與北京音的對應規律〉,《方言與普通話集刊》7: 39-42, 1959.

張成材,〈商縣方音和北京語音的差別〉,《方言與普通話集刊》2: 90-95, 1958.

張成材,〈商縣(張家塬)方言單音詞滙釋(一)〉,《方言》4: 305-318, 1983.

張兆鈺, 高文達,〈濟南音和北京音的比較〉,《方言和普通話叢刊》1: 103-140, 1958.

張均如,〈壯侗語族塞擦音的產生和發展〉,《民族語文》1: 19-29, 1983.

張均如,〈壯侗語族語音演變的趨向性、階段性、漸變性〉,《民族語文》1:27-37, 1986.

張振興,〈廣東省雷州半島的方言分布〉,《方言》3: 204-218, 1986.

張 琨,〈切韻的前*a和後*a在現代方言中的演變〉,《歷史語言研究所集刊》56.1: 43-104, 1985a.

張 琨,〈論吳語方言〉,《歷史語言研究所集刊》56.2: 215-260, 1985b.

張賢豹(張光宇),《海口方言》, 臺灣大學中文研究所碩士論文, 1976.

張歸璧,〈革開方言的濁音和入聲〉,《語言論文集》146-166, 北京, 商務印書館, 1984.

梁 敏,《侗語簡志》, 北京, 民族出版社, 1980.

梁猷剛,〈化州話的d〉,《中國語文》5: 354-355, 1979.

梁猷剛,〈廣東省北部漢語方言的分布〉,《方言》2: 89-104, 1985.

梁猷剛,〈海南島文昌方言音系〉,《方言》2: 123-132, 1986.

崔榮昌, 李錫梅,〈四川境內的「老湖廣話」〉,《方言》3: 188-197, 1986.

游汝杰,〈老派金山方言中的縮氣塞音〉,《中國語文》5: 357-358, 1984.

奠 陸,〈莒南方言〉,《方言與普通話集刊》6: 14-21, 1959.

黃雪貞,〈西南官話的分區(稿)〉,《方言》4: 262-272, 1986.

賀 巍,〈河南省西南部方言的語音異同〉,《方言》2:119-123, 1985.

賀 巍,〈東北官話的分區(稿)〉,《方言》3: 172-181, 1986.

賀 巍, 錢曾怡, 陳淑靜, 〈河北省、北京市、天津市方言的分區(稿)〉, 《方言》4: 241-252, 1986.

董同龢, 〈中國語言〉, 《中國文化論集》1: 33-41 혹은《董同龢先生語言學論文選集》353-365, 臺北, 食貨出版社, 1953.

董同龢, 《中國語音史》, 臺北,「中華文化出版事業委員會」, 1954.

詹伯慧, 〈萬寧方音槪述〉, 《武漢大學人文科學學報》1: 89-107, 1958.

詹伯慧, 《現代漢語方言》, 湖北, 人民出版社, 1981.

詹伯慧, 李元授, 〈鄂南蒲圻話的語音特點〉, 《武漢大學學報》, 111-132, 1964.

葉祥苓, 〈吳江方言的聲調〉, 《方言與普通話集刊》5: 8-11, 1958.

葉祥苓, 〈吳江方言聲調再調查〉, 《方言》1: 32-35, 1983.

葉祥苓, 〈贛東北方言的特點〉, 《方言》2: 107-111, 1986.

楊秀芳, 〈試論萬寧方言的形成〉, 《毛子水先生九五壽慶論文集》1-34, 臺北, 幼獅出版社, 1987.

楊 峯, 〈山東方音辨正舉例〉, 《方言與普通話集刊》6: 1-13, 1959.

楊時逢, 《臺灣桃園客家方言》, 歷史語言研究所單刊甲種之22, 1957.

楊時逢, 《雲南方言調查報告》, 二册, 歷史語言研究所專刊之56, 1969a.

楊時逢, 〈南昌音系〉, 《歷史語言研究所集刊》39: 125-204, 1969b.

楊時逢, 〈江西方言聲調的調類〉, 《歷史語言研究所集刊》43.3: 403-432, 1971.

楊時逢, 〈贛縣音系〉, 《蔣公逝世週年紀念論文集》1187-1202, 臺北「中央研究院」, 1974a.

楊時逢, 《湖南方言調查報告》, 二册, 歷史語言研究所專刊之66, 1974b.

楊時逢, 〈江西方言的內部紛歧現象〉, 《淸華學報》新14.1, 2: 307-326, 1982.

楊時逢, 《四川方言調查報告》, 二册, 歷史語言研究所專刊之82, 1984.

楊時逢, 荆允敬, 〈靈寶方言〉, 《淸華學報》新9.1, 2: 106-147, 1971.

楊煥典, 梁振仕, 李譜英, 劉村漢, 〈廣西的漢語方言(稿)〉, 《方言》3: 181-190, 1985.

趙元任, 〈南京音系〉, 《科學》13: 1005-1036, 1929.

趙元任, 丁聲樹, 楊時逢, 吳宗濟, 董同龢, 《湖北方言調查報告》, 歷史語言研究所專刊之18, 上海, 商務印書館, 1948.

趙元任, 楊時逢,〈績溪嶺北方言〉,《歷史語言研究所集刊》36.1: 11113, 1965.

趙林森,〈西安方言跟普通話的語音對應規律〉,《方言與普通話集刊》2: 77-90, 1958.

熊正輝,〈南昌方言裏會攝二等讀如一等的字〉,《方言》3: 164-168, 1982.

熊正輝,〈南昌方言的文白讀〉,《方言》3: 205-213, 1985.

劉村漢,〈廣西蒙山語言圖說〉,《方言》4: 278-289, 1985.

劉特如,〈淮北方音〉,《方言與普通話集刊》7: 42-51, 1959.

鄭張尚芳,〈浦城方言的南北區分〉,《方言》1: 39-45, 1985.

鄭張尚芳,〈皖南方言的分區(稿)〉,《方言》1: 8-18, 1986.

鄭錦全,〈明清韻書字母的介音與北音顎化源流的探討〉,《書目季刊》14.2: 77-87, 1980.

鮑厚星, 顏森,〈湖南方言的分區〉,《方言》4: 273-276, 1986.

應裕康,《清代韻圖之研究》, 臺北, 弘道文化事業有限公司, 1972.

顏森,〈高安(老屋周家)方言的語音系統〉,《方言》2: 104-121, 1981.

顏森,〈新干方言本字考〉,《方言》3: 212-219, 1983.

顏森,〈咸山兩攝字在廣昌方言中的異同〉,《語言研究》2: 102-104, 1985.

顏森,〈江西方言的分區(稿)〉,《方言》1: 19-38, 1986.

羅香林,《客家研究導論》, 興寧, 希山書藏, 1933.

羅常培,《唐五代西北方音》, 中央研究院歷史語言研究所專刊之12, 上海, 商務印書館, 1933.

《臨川音系》, 中央研究院歷史語言研究所專刊之17, 上海, 商務印書館, 1940.

羅肇錦,《瑞金方言》, 臺灣師範大學國文研究所碩士論文, 1977.

龔煌城,〈十二世紀末漢語的西北方音〉,《歷史語言研究所集刊》52.1: 37-78, 1981.

Anderson, James M., *Structural Aspects of Language Change*. New York: Longman. 1973.

Bhat, D. N. S., *A General Study of Palatalization*. In J. H. Greenberg ed., *Universals o-f Human Language*, vol. 2: 47-92. Stanford University Press. 1978.

Bloomfield, Leonard, *Language*. New York: Holt, Rinehart and Winston. 1933.

Burrow, T., *The Sanskrit Language*. First published in 1955. London: Faber and Faber. 1973.

Bynon, T., *Historical Linguistics*. Cambridge University Press. 1977.

Chomsky, Noam, *Syntactic Structures*. The Hague: Mouton. 1957.

Chomsky, Noam, *Language and Mind*. New York: Harcourt Brace Jovanovich. 1968.

Chomsky, Noam, *The Logical Structures of Linguistic Theory*. New York: Plenum Press. 1975a.

Chomsky, Noam, *Reflections on Language*. New York: Pantheon. 1975b.

Chomsky, Noam, *Language and Responsibility*. New York: Pantheon. 1979.

Chomsky, Noam, *Rules and Representations*. Columbia University Press. 1980.

Chomsky, Noam, *Lectures on Government and Binding*. Dordrecht: Foris Publications. 1982a.

Chomsky, Noam, *Noam Chomsky on The Generative Enterprise: A Discussion with Riny Huybregts and Henk van Riemsdijk*. Dordrecht: Foris Publications. 1982b.

Chomsky, Noam and M. Halle, *The Sound Pattern of English*. New York: Harper and Row. 1968.

Emeneau, M. B., India as a Linguistic Area, *Language* 32.1: 3-16. 1956.

Greenberg. Joseph H. (ed.), *Universals of Human Language, 4 volumes*. Stanford University Press. 1978.

Halle, Morris, Phonology in Generative Grammar, Word 18: 54-72. Reprinted in J. Fodor and J. Katz eds., *The Structure of Language: Readings in the Philosophy of Language* 334-352, 1964. New Jersey: Prentice Hall. 1962.

Harris, Zellig S., *Methods in Structural Linguistics*. University of Chicago Press. 1951.Reprinted as Structural Linguistics, 1961.

Hashimoto, Mantaro(橋本萬太郎), The Bon-shio Dialect of Hainan-A Historical and Comparative Study of Its Phonological Structure: First Part: The

Initials, Gengo Kenkyu 38: 106-135. 1960.

Hashimoto, Mantaro(橋本萬太郎), *The Hakka Dialect*. Cambridge: U. K. University Press. 1973.

Haudricourt, A. G., 〈歷史和地理怎樣可以解釋語音上的發展〉, 岑麒祥譯,《語言研究》4: 81-86, 1959.

Kenstowicz, Michael and Charles Kisseberth, *Generative Phonology: Description and Theory*. New York: Academic Press. 1979.

King, Robert D., *Historical Linguistics and Generative Grammar*. Englewood Cliffs, New Jersey: Prentice Hall. 1969.

Kiparsky, Paul, Linguistic Universals and Linguistic Change. In Emmon Bach and Robert T. Harms eds., *Universals in Linguistic Theory* 171-202. New York: Holt. 1968.

Kurzweil, Edith, *The Age of Structuralism*. Columbia University Press. 1980.

Labov, William, *Sociolinguistic Patterns*. University of Pennsylvania Press. 1972.

Ladefoged, Peter, *A Course in Phonetics*, 2nd edition. New York: Harcourt Brace Jovanovich. 1982.

Lehmann, Winfred P., *Proto–Indo–European Phonology*. The University of Texas Press. 1955.

Li, Fang-Kuei(李方桂), Languages and Dialects of China[中國境內的語言和方言], *Chinese Year Book*, Shang-hai, 1937. Reprinted in *Journal of Chinese Linguistics* 1.1: 1-13, 1973.

Lightfoot, David W., *Principles of Diachronic Syntax*. Cambridge University Press. 1979.

Martinet, André, *Élements de Linguistique Generale*. Paris: Armand Colin.1960. [English translation by Elisabeth Palmer, Elements of General Linguistics, 1964. The University of Chicago Press.]

Masica, Colin P., *Defining a Linguistic Area: South Asia*. The University of Chicago Press. 1976.

Newton, Brian, *The Generative Interpretation of Dialect: A Study of Modern Greek Phonology*. Cambridge University Press. 1972.

Passmore, John, *Recent Philosophers: A Supplement to A Hundred Years of Philosophy*. London: Duckworth. 1985.

Pettit, Philip, *The Concept of Structuralism: A Critical Analysis*. University of California Press. 1975.

Piaget, Jean, *Structuralism*. New York: Harper and Row. 1968.

Piaget, Jean, *L'Epistemologie Genetique*. Presses Universitaires de France. 1970. [English translation by Wolfe Mays, The Principles of Genetic Epistemology, 1972. London: Routledge Kegan & Paul.]

Poppe, Nicholas, *Introduction to Altaic Linguistics*. Wiesbaden: Otto Harrassowitz. 1965.

Sagart, Laurent, How Did the Aspirated Stops Become Voiced? *Computational Analysis of Asian and African Languages* 22: 87-94. 1984.

Saussure, Ferdinand de, *Cours de Linguistique Générale*. Paris: Payot. 1916. [English translation by Wade Baskin, Course in General Linguistics, 1959. New York: Philosophical Library.]

Sommerstein, Alan H., *Modern Phonology*. University Park Press. 1977.

Ting, Pang-hsin(丁邦新), *Chinese Phonology of the Wei-Chin Period: Reconstruction of the Finals as Reflected in Poety*. Institute of History and Philology Special Publications 65. Taipei: Academia Sinica. 1975.

Tsuji, Nobuhisa(辻伸久), *Comparative Phonology of Guangxi Yue Dialects*. Tokyo: Kazama Shobo Publishing Co. 1980.

Vennemann, Theo, Rule Inversion, *Lingua* 29: 209-242. 1972.

Wang, William S. Y. (王士元), Competing Changes as a Cause of Residue, *Language* 45.1:9-25. 1969.

Weinreich, Uriel, A Retrograde Sound Shift in the Guise of a Survival. In D. Catalan ed. *Miscelanea Homenaje a Andre Martinet*: 221-267 • Tenerife: Universidad de la Laguna. 1958.

Weinreich, Uriel, *Languages in Contact*. The Hague: Mouton. 1968.

Weinreich, Uriel, William Labov, and M. Herzog, Empirical Foundations for a Theory of Language Change. In W. P. Lehmann and Y. Malkiel eds., *Directions for Historical Linguistics*: 97-188. University of Texas Press.

1968.

Woon, Wee-lee(雲惟利), A Synchronic Phonology of Hainan Dialect, *Journal of Chinese Linguistics* 7.1: 65-100; 7.2: 268-302. 1979.

Yue, Anne O.(余靄芹), *The Teng-xian Dialect of Chinese*. Computational Analysis of Asian and African Languages Monograph No. 3. Tokyo: National Inter-University Research Institute of Asian and African Languages and Cultures. 1979.

용어

양평조(陽平調)
유성음(濁音)
무성음(淸音)
유기무성성모자 送氣淸聲母字
유기유성성모자 送氣濁聲母字
무기무성성모자 不送氣淸聲母字
무기유성성모자 不送氣濁聲母字
아후음(牙喉音)
치두음(齒頭音)
유성무성음화(濁音淸化)
세음운모(細音韻母)
모음(元音)
개음(介音)
구개음화(顎化)
첨단(尖團)
설첨음(舌尖音)
설면음(舌面音)
입성자(入聲字)
설첨파찰음(舌尖塞擦音)

마찰음(擦音)
상승복모음(上升複元音)
홍음운(洪音韻)
유성파열음(濁塞音)
유성파찰음(濁塞擦音)
유성마찰음(濁擦音)
제치운(齊齒韻)
촬구모음(撮口元音)
서성자(舒聲字)
설근음(舌根音)
이화 작용(異化作用)
동화 작용(同化作用)
합구설근무성마찰음(合口舌根淸擦音)
순치무성마찰음(唇齒淸擦音)
개구운(開口韻)
합구운(合口韻)
설근마찰음(舌根擦音)
후음마찰음(喉擦音)
회귀적 변화(回頭演變)

용어

완전 회귀적 변화(完全回頭演變)
부분 회귀적 변화(部分回頭演變)
규율 역전(規律逆轉)
유성파찰음(濁塞擦音)
유기무성파찰음(送氣淸塞擦音)
유기무성파열음(送氣淸塞音)
차청(次淸)
전탁(全濁)
유기음 유성음화(次淸化濁)
측성(仄聲)
후설 모음(後元音)
전설 모음(前元音)
금독(今讀)
경순음(輕脣音)
설면전고모음(舌面前高元音)
이독자(又讀字)
문독(文讀)
유기무성음(送氣淸音)
무기유성음(不送氣濁音)
커 방언(客家方言)
깐 방언(贛方言)
유기청음(送氣淸音)
규율 추가(rule addition)
규율 소실(rule loss)
규율 재배열(rule reordering)
규율 단순화(rule simplification)

샹 방언(湘語)
유추적 변화(比附演變)
관화(官話)
비음운미(鼻音韻尾)
파열음운미(塞音韻尾)
혼독(混讀)
재구(擬音)
음운 해석(phonological interpretation)
재평가(重估, reinterpretation 또는 rephonologization)
설첨비음(舌尖鼻音)
설근비음(舌根鼻音)
순음(脣音)
음성(語音)
비평행적 변화(非平行演變)
무중생유(無中生有)
음운 타협(音韻妥協)
섭(攝)
삽입음(epenthesis)
평성(平聲)
상성(上聲)
거성(去聲)
입성(入聲)
고전탁성모(古全濁聲母)
고차탁성모(古次濁聲母)
고청성모(古淸聲母)

유성파열음(濁塞音)
유성파찰음(濁塞擦音)
유성마찰음(濁擦音)
유성비음(濁鼻音)
유성음류(濁流)
어휘 확산(詞彙擴散)
대방언(大方言)
하위 방언(次方言)
소방언(小方言)
차탁(次濁)
후음마찰음(喉擦音)
모음의 자음화(元音輔音化)
성조 값(調值)

색인

언어학 용어

개구운 62
개합(開合) 108
거부 122
걸러내기 163
경순마찰음(輕脣擦音) 225
경순화 95, 127, 218, 223
경중순(輕重脣) 159
고 알타이어 26
고어(古語) 27
고유성성모(古濁聲母) 159
고저(高低) 108
고정된 단면 16
고청성모(古淸聲母) 132
공동어(共同語) 171
공시적(共時的) 34
관계 16
관화(官話) 방언 29
구개수음(小舌音) 29
구개음 30
구개음화(顎化) 25, 174
구개음화 원칙 30
구개음화의 조건 59
구 규칙 16
구성 성분 15, 16, 17, 34, 39, 40, 43, 107, 143
구조 14, 15
구조 변천 연구 22
구조적 정보 53
구조 조정(結構調整) 34
구 후광어(老湖廣話) 146
국부적 역전 236
규율 24, 39, 40, 202, 251
규율 경쟁(規律競爭) 124
규율사(規律史) 201
규율 역전(規律逆轉) 34, 73, 89, 90, 92, 181
규율 역전 현상 238
규율 영향면(規律影響面) 201

규율의 분합(分合) 72
규율 적용 순서 98
규율 전파 251
규율 추가 89
규칙(規則) 17
근원 언어(來源語言) 121
금독(今讀) 83
금독 분포 234
기원적 동일성 169
기호 체계 252
긴장도(緊) 214
깐방언(贛方言) 86
꽌시엔(灌縣) 143
끌림 연쇄(拉力鏈, drag chain) 177
내부 재구 22
내적 질서 251
단계성 46
단지(端知)의 분화 159
동화 작용(同化作用) 59
리링(醴陵) 방언 115
마찰음(擦音) 25
만주어 27
모음운미(元音尾) 40
모음의 자음화(元音輔音化) 213
몽골어 26
무기음유성화(次淸化濁) 88
무성 유성 분조(淸濁分調) 180

무성음화 152
무성화(淸化) 121
무성화 규율 136
무시 122
무조건적 변화 43
무중생유(無中生有) 35, 110, 115, 252
문독(文讀) 85
문헌 자료 134
발생학적 연구법 23
발음자의 서술 134
발트-슬라브어 26
방언의 음운적 특징 134
방언의 차이 42
방언 접촉 33
백화음 181
범주적 대응 관계 205
베트남어(越南語) 177
변화 규율(演變規律) 17, 43
변화 항목 43, 46, 122
보편 원리 연구 31
보편 원칙 30
부규율 238
부분 회귀적 변화(部分回頭演變) 71, 72, 85
분화 18, 45
분화 과정 119
비가역성 52

비교 연구 방법 22
비음 성모(鼻音聲母) 72
비음화 단계 178
비중국어적 요소 157
비평행변천(非平行演變) 34
비평행적 변화(非平行演變) 110, 111, 113
비화 모음 178
상호 보완의 조건 142
상호 의존성 52
생성 항목 43, 46, 122
설근마찰음(舌根擦音) 127, 225
설근음 25
설근음성모(舌根音聲母) 25
설근화(舌根化) 223, 227
설면음 26
설면전고모음(舌面前高元音) 84
설첨 파찰음(舌尖塞擦音) 25
설첨음(舌尖音) 25, 27
설첨화(舌尖化) 56, 57, 58, 59
설치음(舌齒音) 29
세음(細音) 55, 113
세음운(細音韻) 55, 60
세음운모(細音韻母) 47, 59, 84
소멸 40
수용 122
순음(脣音) 25
신샹어 방언 151

심리적 실재감 139
쓰시엔(四縣) 방언 41
알타이어 27, 28
어휘 형성 규칙 16
어휘 확산 150
언어가 가진 자율성 253
언어 구조 변천 23, 31
언어 구조성 16
언어 내부 구조 120
언어 변천 22
언어의 구조성 16
언어의 방향성 253
언어 접촉 33
X/F 혼독 217
역사 언어학 22
연쇄 변화 178
연쇄적(連鎖的) 46
영성모(零聲母) 57
영향 규율 43, 175
영향 범위 178
완전 회귀적 변화 71
운도(韻圖) 51
원순설근음 25
원시 깐방언(Proto-Kan) 183
운류(韻類)의 분합(分合) 182
유기 분조 180
유기유성성모 35, 157

유기청음(送氣淸音) 87
유기화(送氣化) 121
유성 무성음화(濁音淸化) 167, 176
유성성모 120
유성음 무성음화(濁音淸化) 88, 138, 159
유추적 변화(比附演變) 34, 93, 99, 103, 241, 251
유형적 유사성 169
음성 변이 204
음성적 표현 220
음성 현상 204
음소 30
음운 변화 123
음운 분포 134
음운적 분합 204
음운 타협(音韻妥協) 35, 110, 121, 124, 232, 240, 252
음절 형성 규칙 16
이독자(又讀字) 85
이화(異化) 58, 64
이화 작용(異化作用) 60
인도유럽어 27
인도이란어 26
입성 운미 소멸 49
자유 변체 203
자율성 252
자음운미(輔音尾) 40

자질 값 45
재평가(重估) 34, 110
전 깐방언(Pre-Kan) 182, 183
전위(前位) 우세 28
전체 16
전환 40
전후(前後) 108
접경(搭界) 238
접경 방언(搭界方言) 185
접촉 18, 33, 45
제치운(齊齒韻) 55, 60
조건 항목 43, 46, 51, 122
조어(祖語) 168, 185, 204
조정된 수용 122
주가오 방언(竹篙方言) 146
주앙동어(壯侗語) 177
중국어 방언 32
中原音韻(중원음운) 40, 47
차청화탁(次淸化濁) 181
첨단(尖團) 49
첨단 구별 48
초어(楚語) 209
촘스키의 GB 이론 22
촬구모음(撮口元音) 91
축소 39
측성조(仄聲調) 136
커방언(客家方言) 86

커지아(客家) 방언 41
통사론 규칙 16
통섭(通攝) 231
통시적(通時的) 34
파동 124
평성자 134
평·측 유기 167
평행 구조 113
평행적 호응 111
하이루(海陸) 방언 41
합구(合口) 62
합병 120
해석 120
핵심 샹어(核心湘語) 145
헝산(衡山) 방언 93
형태소 변형 규칙 16
혼독 62, 97, 205, 212, 221
혼합된 방언 174
홍음(洪音) 55
홍음 운모(洪音韻母) 72
홍혼세분(洪混細分) 173
회귀적 변화(回頭演變) 34, 70, 71, 73
후고모음(後高母音) 29
후설 모음(後元音) 82
후위(後位) 우세 28

인명·지명

고유성성모(古濁聲母) 159
광창(廣昌) 109
깐방언(贛方言) 50, 163
깐어(贛語) 52
난징(南京) 53
羅常培 175
리링(醴陵) 50, 90
리우양(瀏陽) 90
린샹(臨湘) 방언 74, 83
린추안(臨川) 방언 175
마르티네(A. Martinet) 14
모지앙(墨江) 방언 54, 71
미엔양(沔陽) 60
민난 방언(閩南方言) 69
베이징(北京) 49
블룸필드(L. Bloomfield) 14
샤오양(邵陽) 125
서남관화(西南官話) 136
소쉬르(F. de Saussure) 13, 14
쉬엔조우(宣州) 109
스핑(石屏) 54
쓰촨관화(四川官話) 136
쓰촨성(四川省) 60
야콥슨(R. Jakobson) 13
용수이(永綏) 109

용순(永順) 109
용싱(永興) 방언 116, 131, 132
위시(玉溪) 54
윈난(雲南) 54
종지앙(中江) 62
주가오 방언 147
지난(濟南) 73
지앙시(江西) 50, 109
지앙추안(江川) 54
지엔수이(建水) 54
진닝(晉寧) 54
진탕(金堂) 117
청두(成都) 117
청마이 방언(澄邁方言) 69
촘스키(N. Chomsky) 13
치우베이(邱北) 54
타이위안(太原) 49
통청(通城) 50
平山久雄 175
푸민(富民) 112
푸치(蒲圻) 165
핑지앙(平江) 50, 51
하시모토(M. Hashimoto) 172
하위 방언(次方言) 167
하이난도(海南島) 69
하이데거(M. Heidegger) 253
해리스(Z. Harris, 1951) 14

후난(湖南) 50
후난성(湖南省) 74
후베이(湖北) 50

일반 색인

centum 언어 26
satem 언어 26
감소(rule loss) 42
거기에 존재함(Da-Sein) 253
공시적 구조(synchronic structure) 17
공시적(synchronic) 89
구개음화의 보편 규칙(universal rule) 28
구의 구성 성분(constituent) 39
규율 단순화(rule simplification) 88
규율 소실(rule loss) 88
규율 역전(rule reversion) 42, 88
규율 재배열(rule reordering) 88
규율 추가(rule addition) 88
규율의 순서 재배치(reordering) 42
규율의 추가(rule addition) 42
근원 언어(source language) 44
다양한 관점(dimension) 15
두드러진(marked) 28
매개변수(parameter) 24
묘사하는(represent) 39

색인

분절음(segment)　39
사회적 정체성(group identity)　144
삽입음(epenthesis)　115
상호 보완의 규율(generalization)　142
심리적 실재성(psychological reality)　45
언어 보편성(linguistic universal)　24
언어의 통시적(diachronic)　17
언어적 상황(linguistic situation)　92
영향을 미치는 요인(influencing factor)　44
음운 해석(phonological interpretation)　107
음절(syllable)　39
이동(shift)　69
일종의 표상(representation)　39
자질(feature)　39
재평가(重估)(reinterpretation 또는
　　　rephonologization)　107
전체성(wholeness)　15
조찰성(strident)　52
직접적(transparent)　64
통시적(diachronic)　89
형식적 표상(representation)　34

지은이	**허다안**(何大安) 국립대만대학(國立臺灣大學) 박사를 졸업하고 국립대만대학 중국문학과 조교수, 대만 중앙연구원(中央研究院) 역사언어연구소 연구원, 대만 중앙연구원 언어학연구소 소장 등을 역임하였다. 2010년에는 대만 중앙연구원 원사(院士)로 선출되었다. 연구 방향은 언어사(言語史)이며, 연구분야는 중국어 음운사, 중국어 방언학, Austronesian linguistics이다. 주요 저서는 《南北朝韻部演變研究》(1981), 《聲韻學中的觀念和方法》(1987), 《規律與方向: 變遷中的音韻結構》(1997) 등이 있다.
옮긴이	**신세리** 경성대학교 한국한자연구소 HK교수 주요 논문으로 「《淸華大學藏戰國竹簡(伍)》〈封許之命〉封建禮賜予품목의 상징물과 기타 문물분석—弓矢類, 命服類에 대한 토론」, 「《說文》省聲·省形字의 재구조—戰國 出土文獻의 몇 가지 예를 근거로」 등이 있다. 공저로는 『한자와 출토문헌』, 『孔壁遺文二集(下)』(花木蘭文化事業有限公司, 2023.03), 『중국출토문헌의 신세계—고대 동아시아에 대한 원류의 탐색』(周留城, 2018.08)이 있으며, 최근 도서출판 역락에서 출간한 대중서 『한자, 예술과 산업의 경계를 넘다』가 있다. 연구자의 주요 관심분야는 출토문헌과 고문헌의 관계이다. 『청화간』 및 『설문해자』 등 문헌을 중심으로 연구하고 있다. 또한 고문자 및 고대 언어 현상을 응용하여 문물의 언어적 기원에 관해 방법론을 모색하고 있다. **김기원** 단국대학교 외국어대학 중국학전공 초빙교수 주요 논문으로 「19세기 중국 문헌과 일본 문헌의 외국 지명 유사도 및 번역 표기 특징 연구—19세기 일본 문헌 『米歐回覽實記』를 중심으로」 등이 있다. 연구자의 주요 관심분야는 19세기 근대 어휘의 형성과 발전이며, 중국 근대 어휘를 중심으로 동아시아 어휘의 생성, 전파 및 관계를 연구하고 있다.

경성대학교 한국한자연구소 번역총서 9

규율과 방향
: 변천 중인 음운 구조
(원제 規律與方向: 變遷中的音韻結構)

초판1쇄 인쇄 2025년 2월 14일
초판1쇄 발행 2025년 2월 28일

지은이	허다안(何大安)
옮긴이	신세리 김기원
펴낸이	이대현
편집	이태곤 권분옥 임애정 강윤경
디자인	안혜진 최선주 강보민
마케팅	박태훈 우훈희
펴낸곳	도서출판 역락
출판등록	1999년 4월 19일 제303-2002-000014호
주소	서울시 서초구 동광로 46길 6-6 문창빌딩 2층 (우06589)
전화	02-3409-2060
팩스	02-3409-2059
홈페이지	www.youkrackbooks.com
이메일	youkrack@hanmail.net
ISBN	979-11-6742-892-9 94720
	979-11-6742-333-7 94080(세트)

정가는 뒤표지에 있습니다.
사전 동의 없는 무단 전재 및 복제를 금합니다.
파본은 구입처에서 교환해 드립니다.

이 저서는 2018년 대한민국 교육부와 한국연구재단의 지원을 받아 수행된 연구임
(NRF-2018S1A6A3A02043693)